思想录

Pensées

人 是一根
会思考 的芦苇

[法]帕斯卡　著　　天宇　译

中国华侨出版社
北京

图书在版编目（CIP）数据

思想录：人是一根会思考的芦苇／（法）帕斯卡著；
天宇译. —北京：中国华侨出版社，2017.12

ISBN 978-7-5113-7230-7

Ⅰ.①思… Ⅱ.①帕… ②天… Ⅲ.①帕斯卡（Pascal，
Blaise 1623—1662）—哲学思想 Ⅳ.①B565.23

中国版本图书馆 CIP 数据核字（2017）第 284429 号

思想录：人是一根会思考的芦苇

著　　者／（法）帕斯卡

译　　者／天　宇

策划编辑／周耿茜

责任编辑／高文喆　王　嘉

责任校对／王京燕

封面设计／一个人设计

经　　销／新华书店

开　　本／880 毫米 ×1230 毫米　1/32　印张／13　字数／270 千字

印　　刷／天津中印联印务有限公司

版　　次／2018 年 9 月第 1 版　2018 年 12 月第 2 次印刷

书　　号／ISBN 978-7-5113-7230-7

定　　价／56.00 元

中国华侨出版社　北京市朝阳区静安里 26 号通成达大厦 3 层　邮编：100028
法律顾问：陈鹰律师事务所
编辑部：（010）64443056　64443979
发行部：（010）64443051　传真：（010）64439708
网　　址：www.oveaschin.com
E - mail：oveaschin@sina.com

出版说明

　　我社非常重视世界各国文学名著的出版。《思想录》是帕斯卡的代表作，而该书又被法国大文豪伏尔泰称为"法国第一部散文杰作"。《思想录》一向被视为世界三大经典哲理散文之一。它是一部博大精深、充满睿智的哲理散文经典。

　　书中以一种浪漫思维的方式来谈问题，处处闪现思想的火花，更有许多提问和警句发人深省。全书集中反映了帕斯卡的思想理论，作者继承和发展了理性主义传统，对人的本性、世界、人生、社会、历史、哲学、宗教等多方面进行了深入的探讨，在西方思想史上产生了极为重要的影响。

　　中国华侨出版社一直贯彻以服务读者，质量第一的出版原则，愿此书能在多元文化影响下的今天为广大读者送上一缕文化的春风。

目　录

第一编
思索精神和文风

1

几何学精神与敏感性精神的区别在于：几何学中的原则都是十分明显但同时又脱离日常应用的；我们由于此类应用在日常习惯中的缺乏而难以将目光聚焦于此，但只要稍加注意，你就会充分地看出这些原则；但是如果对于这种大到不可能被忽视的原则也能做出错误推理，那只能说明是精神根本谬误了。

然而敏感性精神的原则存在于日常的应用之中，就直接摆在你的眼前。你并不需要费力去思考，只需要稍微动一下脑筋就可以。关键在于你要有良好的洞察力，这一点是必不可少的；因为这些原则都是难以察觉的微小，而又难以计数的繁多，这就让人几乎

---

* 本书的文字按照布伦士维格编次排列，正中的字段码就是布序序码。

不可能做到毫无遗漏。然而即使只漏掉了其中的一条，就可能差之千里，做出错误的推理；因此，我们需要有异常敏锐的洞察力去发现所有的原则，同时又需要保有正确的精神，才能避免将已知的原则导向错误的推论。

因此，拥有良好洞察力的几何学家都具有敏感的精神，他们不会把自己已知的那些原则引向谬误的推理；如果具有敏感精神的人可以将这种敏锐的洞察力运用到他们并不太熟悉的几何学原理中，那么这些人将很可能成为几何学家。

所以说，具有敏感精神的人无法成为几何学家，是因为他们不能将之运用在几何学的原理之中；而某些几何学家缺乏敏感的精神，是因为他们对自己面前的事物视而不见，习惯于显而易见的几何学原则，并且在充分地了解并掌握了这些原则的基础上进行推论，这大大区别于敏感性精神的掌握方法，所以他们在面对敏感性的事物时就会显得茫然若失。因为这类原则并非是显而易见的，我们只能切实感受到而不能真正地看到；对于那些不曾亲身感受过这些原则的人，我们想让他们感受到就更是难上加难了。这样的事物是如此的细微而又繁杂，我们必须以一种极其敏锐而又明晰的感觉才能感受到它们，并且在这些感受的基础上做出正确公允的判断；然而我们通常无法运用几何学中的秩序去证明这些感受，那是因为这些原则的获取方式与几何学原则不同，如果我们一定要尝试这种方法，那么就是在做一件永远不会得出结果的事。从某种意义上来说，我们必须仅靠一眼就知晓事物的全部而不是靠推理过程去解答。正因如此，很少有几何学家具备敏感的精神，具备敏感精神的人也很难成为几何学家；这是因为几何学家总是想用几何学的方式对待敏感性的事物,他们想从定义出发,继而用定理去证明,但是这类证明的推理方法根本不是这样,这就让他们的行为显得荒唐可笑了。这并不是说我们的精神没有在进行推论,而是它在以一种悄无声息的、顺其自然的、毫不造作的方式进行着推论;因为精神的推论是人力无法掌控的,这也注定了只有极少数的人才能切实地感受到它。

当然,凡事皆有两面性,这些人既然可以依靠感觉对事物的整体做出判断,那么几何学家的推理方式:即从提出一个艰涩难解的命题开始,而提出命题后的证明过程则需要更多的定义和原理,这些原理和定义对他们而言是如此枯燥并且需要大量的时间去观察,这种与他们的习惯截然相反的方式会让他们感到惊慌失措,最后导致的结果就是因丧失信心而止步不前了。

然而一旦你被谬误的精神所影响,那么你将会永远地错过敏感性精神,也不可能成为一名几何学家了。

因此,如果一个人仅仅是一名几何学家,虽然他拥有了正确的精神,但是对事物的认知却需要通过简单明确的定义和原理,进行推理和解释才能完成;如果不这样做的话,那么对于只能依靠简单清楚的原理才能证明自身正确性的他们,所产生的谬误将会是让人无法容忍的。

而那些人如果只是拥有了敏感性精神,那么他们无法通过思考和推理慢慢地深入到事物的根本原理之中,这些原理对于他们来说是闻所未闻的,并且也是完全脱离实际而毫无用处的。

2

正确的意识有很多种,其中有一种人只能正确地认知某一个序列上的事物,一旦涉及其他序列上的事物,他们就会荒谬得离谱。

有一些人拥有另外一种正确的意识,因为他们能够依据少部分的原则推导出正确的结论。

另外有一些人,他们能够深入到大量的原则之中,并从中得出正确的结论。

例如,关于水这一事物,有些人可以清楚地道出其种种功用,然而却对于这一事物的根本性原则所知甚少。如果不能够保证最正确公允的判断,那么从如此庞杂而细微的原则之中得出其结论是不可能的。

但是以上这些人却不一定能够凭借这些正确的精神成为伟大的几何学家。这是因为精神中的一种可能性与几何学大为不同:几何学是一门包含了大量原则的学科,而精神虽然可以深入地去挖掘少数的原则,但是面对含有大量原则的事物却束手无策。

由此我们便可以得出两种精神:一种是精确性精神,我们可以通过它敏锐地感知到种种原则并且深入地去挖掘其结论;另一种是几何学精神,拥有这种精神的人可以将大量的原则理解清楚并且从不混淆。这两种精神分别体现了精神的不同层面,一个是正确性与力量性,另一个则是广泛性。不过这两个层面很难同时存在,有时候精神的体现是强大而狭隘的,而有时展现出的却是广博和脆弱的。

3

如果一个人经常凭借直觉对事物进行判断,那么就很难理解事物的推理过程,这是由于他们习惯于一眼看出事物的本质而不是通过对原则的探索得出结论。反之,如果一个人习惯于通过原则的推理来得出结论,那么他也无法理解人们通过直接得出的判断,因为这些人常年沉浸在事物的原则之中却无法依靠直觉发现它。

4

几何学,敏感性——雄辩会被真正的雄辩嘲笑,道德也会被真正的道德耻笑。这一点说明了,道德之于判断是没有规则可言的,于是判断的道德会嘲笑精神的道德。

由于感觉与判断的关系,就如同科学与精神的关系一样。判断的组成部分含有敏感性,精神的构成之中亦包含了几何学。

真正的哲学思维,是从对哲学的嘲笑开始的。

5

对于他人而言,一个人如果可以判断一件作品而不遵循任何的准则,那么他的行为就如同下面这些没有手表的人对我而言一样。有一个人说:"时间已经过去两个小时。"另一个人说:"只过了三刻钟而已。"我看过自己的表以后,对第一个人说:"你此刻感到厌倦吗?"之后又对第二个人说:"是时间把你留住了吗?"因为此时此刻时间已经过去一个半小时,所以那些说我被时间留住或者说我仅靠感觉臆断时间的人就被我嘲笑了一番。这些人不知道我对时间的判断是依据我自己的时钟做出来的。

6

正如我们在败坏着精神一样,我们也在败坏着感情。

精神和感情的产生都源于我们的交往。但是精神与感情的败坏也同样是因为我们的交往。这就是说，感情与精神的产生或者败坏，取决于我们的交往是好的交往还是坏的交往。因此我们想要形成它们而不让它们有一丁点败坏的可能，就一定要善于选择，这是最重要的一点。当然，有一种情况下我们无从做出选择，即这些精神与感情既不曾产生过也不曾被破坏过。这三者之间形成了一个巧妙的循环，如果能从这可循环中跳脱出来，你就是一个幸福的人。

7

人类所具备的创造性之美只能被精神伟大的人所发现，精神越伟大就越能够发现。这种人与人之间的差异性是不会被平庸的人发现的。

8

对很多人来说，听晚祷和听讲道的方式并无差别，两种方式是一样的。

9

如果我们想要用最有效的方式去指出一个人所犯的错误，并将其纠正，那么我们首先要了解他观察事物的角度，因为从这一角度上来说他往往是正确的。我们首先要从他的角度去肯定这一真理，当然也要从另一个角度去指出他的谬误所在。他不会对这种方式感到不满，因为他知道自己只是不能够看到事物的各个方面而已，而他自己并没有什么错误的地方。一个人不会因为自己无法知晓全部的事物而感到恼怒，但是他却不喜欢看到自己的错误。而无法完全的从各个角度去认知事物是人本身所具有的局限性决定的，是因为人与生俱来的能力让他不可能在自己所处的角度犯错误,依靠精神直觉而获得的判断永远都不可能是错的。

10

能让我们为之信服的道理往往是我们通过自身的努力探索发现的,而不是那些在别人的精神之中想象出来的。

11

对于一名基督徒的生活来说,任何盛大的娱乐都是一种威胁。而在人类所创造出来的所有娱乐之中,戏剧是最为可怕的一种。戏剧之中的情感表达是如此的自然而又如此的细腻,以至它们能够激发我们内心情感的共鸣。而在所有能引起共鸣的感情之中,当爱情在戏剧中表现得真挚而又纯洁之时尤以为最。当爱情越发显得纯洁无辜的时候,就越能够打动那些纯洁无辜的灵魂。这种纯洁的爱情极大地迎合了我们的自爱心,同时也促使我们的自爱心想要将这种美好的感情在自身得以重现。而且我们可以参照自己在戏剧之中观察到的情感之美好,以此为蓝本塑造自己的良心,让纯洁的灵魂不再感到恐惧,让它们想象着自己以一种明智的爱情,这样一种完全纯洁的方式去恋爱。

由此,我们带着一颗满怀爱情甜美与芬芳的心情踏出剧院大门,并且从灵魂与精神的深处,对自己的纯洁无辜坚信不疑,这使得我们可以将爱情给予的最初印象毫无阻碍地全盘接受,甚至由于情感共鸣产生了一种愿望——在现实中能够得到同样美好的欢愉与奉献——并加以实践,随时准备抓住机会在某一个人的内心将这种最初印象加以重现。

12

有一件事一直在斯卡拉穆什①的心中萦绕不去。

医生说完一切之后，又谈了一刻钟，那已经是在他说完所有事情之后了。

13

克莱奥布林②无法认清自己的爱情，人们却喜欢看她的爱情，因为他们乐于看到她被欺骗，并从中发现乐趣，这其实是因为他们乐于见到他人犯错。

14

很多时候我们无法看到自身所拥有的真理，直到有一天，我们在一篇文章中看到了关于这种感情或者作用的描述，才能够真切地感受到它，此时的感动，会让我们由衷地热爱那个帮助我们去发现的人。这是因为他帮助我们通过发现自我而得到真理，而并非是在他身上看到。这种慷慨的精神让他显得尤为可爱，并且由于发自灵魂深处的共通性也会使我们发自内心地去热爱他。

15

雄辩是一个暴君而非国王，它习惯于用甜言蜜语让人服从，而不是凭借权威让人信服。

16

我们把讲述事物的能力称为雄辩，主要方式为：一、能够让听众自动自发地去倾听，并且他们也乐于倾听；二、能够在讲述时成

---

① 斯卡拉穆什，当时意大利的一名知名喜剧演员。

② 克莱奥布林，传说中的古希腊哥林多的公主，爱上了一个非哥林多血统的大臣米伦德，但是她自己并没有发觉。

功地吸引听众的注意力,并且引导他们主动去思考和反复思考。

于是,这种本领要求我们能够巧妙地运用自己的思想与表达,并且在运用时力求与我们的听众达到内心与精神的契合。想要做到这一点就需要深入的研究人心并且充分认识到它的力量,从而找出契合点并发掘出与之相应的文章中,恰如其分的表达方式。我们需要把自己当作一名听众来考量自己的文章,从听众的角度去体会文章的起承转合,看看文章的表达是否能够契合听众的内心,并且让听众的内心也深深地信服文章中的表达。作者需要尽最大的努力将事实本来的样子呈现出来,不要因为想要把事情说得漂亮而有所疏忽,不能过分夸大事实,也不可以减少一分一毫;讲述必须是紧紧围绕着主题,不可过分赘述,也不可略掉不提。

17

河流就好比一条前进中的道路,你可以随着它到达想去的地方。

18

如果你无法去理解一件事情的真相,最好的办法就是,把所有人的思想都归结到一个共同的错误上来,比如月亮就被人们当作四季更替以及疾病传播等现象的根源。人们最大的问题就在于常常对自己无法理解的事物抱有一种不安的好奇,这种毫无用处的好奇心简直比他犯的错误还要糟糕。

在艾比克泰德①、蒙田②和图尔吉的萨罗门③等人的作品中,思

---

① 艾比克泰德,古希腊斯多噶派哲学家,对于帕斯卡尔的思想有很大的影响。
② 蒙田,法国文艺复兴后期、十六世纪人文主义思想家。
③ 图尔吉的萨罗门,指的是作者自己。

想皆来自日常生活中的谈话,也因此他们的写作方式非常的朴实自然、令人回味,具有启迪性并且也很容易经常被大家引用。这就好像每当我们要说起,比如这一切都是月亮惹的祸,就如同我们提起其他的一些我们所共有的错误那样,永远不会忘记提上一句,就像上文所提过的那些思想一样:图尔吉的萨罗门曾说,如果我们无法理解一件事情的真相,那么我们能够获得一种共同的错误认知也是极好的。

19

我们写一部著作时所发现的最后那件事,就是要懂得什么是必须置之于首位的东西。

20

顺序:为什么我一定要把关于道德的教导与训诫编成四条而非六条?为什么我一定要定义品德操行为四条、两条或者是一条?为什么不能顺其自然而一定要"abstine et sustine"①,要么就跟柏拉图学习"以大公无私的态度来解决私人问题",不然就是别的事物?这么说吧,万物皆可一言以蔽之。事实虽然如此,但是不加上注解,这一切都会变得毫无意义可言。可是如果你一定要加上一个注解,只要你想注解的任何一条训诫之中含有一种普遍的绝对的意义时,那么你所提出的那些正是来自鸿蒙之初,恰巧就是你一直在极力规避的东西。所以,如果你可以用一句话就完整地概括它,那么它就会如同被封存起来一样让你感到徒劳而不可捉摸,永远是最初的混沌状态。它们无法互相包容的原因在于这就是它们

---

① 是斯多噶派的格言"节制与自持"。

顺其自然时的状态。

21

每一条真理都能且只能完全包含在其本身之中，这是自然所规定的，但是我们却想用违背自然的方法让真理之间做到彼此包含，所有的真理都只能应用于它所适应的条件之中。

22

我非常不希望听到有人说自己的讲述毫无新意：当你处理一个题材时就产生了新的东西。就好比两个人在打网球的时候，总会有一方打得比较好，虽然我们是在打同一个球。

我很乐于听到人们说自己正在使用的文字是先人所创。这就好比不同的文章并不等于就是用不同的方式去阐述相同的思想，相同点在于：我们可以运用先前的文字，只是在用的时候改变了写法，就可以从中产生出新的思想。

23

文字的不同排列可以形成不同的意义，而意义的不同排列可以形成不同的效果。

24

语言——我们一定要聚精会神地专注于此，除非是因为需要休息，但是一旦我们觉得需要休息的时候，那必然是最恰当并且最合适的时间，那么我们就别无选择地一定要去休息，因为疲倦会侵蚀那些无法在恰当时间让自己去休息的人，但有时候一些人无法做到心无旁骛，即使是还未曾被疲倦的感觉所困扰，他们还是会选择去休息。人们由于被邪恶的欲念所驱使，总是会做出一些与他人期待截然相反的事情，而且在让他人期待落空的同时，我们也发现这些事情是完全不利己的。当我们想要付诸实践去履行他人的期望时，所付出的代价也不外乎如此。

25

雄辩——就是一定要确保其本身是真实的，并且能够让他人出自本心的意愿而感到一种真实的愉悦。

26

那幅由思想构成的图画即是雄辩；而有些人总是喜欢在图画这幅思想完成之后再添上几笔，他们因为想要增添思想的写意效果而损失了其实在性。

27

杂记。语言——有些人为了在文章中过分追求形式的准则与格式规范而放弃了对于文字表述准确性的要求，他们着重于语句的对称工整和辞藻的华丽丰富，这种行为就如同在房屋装修时为了对称效果而装上毫无作用的假窗。

28

那些以人体形象为基础，并且这一固有形象在任何条件下都不可能产生变化的前提下，进而谈到其对称性的事物，都是对人来说显而易见的事物；这样看来人们对于对称性的要求从来不会考虑到其高度与深度，仅仅是就其广度而言的。

29

当我们抱着对一位作家的期待去阅读，却读到了一篇非常自然的文章时，我们会惊喜地发现自己是在阅读一个人。与之相反，一些拥有高级趣味的人往往抱着阅读一个人的心态而开卷，却在意料之外地看到了一位作家。Plus poetice quam humane locatus es.［你想要以人的方式发言却发现自己更像一位诗人。］那些真正在崇敬自然的人，便是讲述着万事万物包括神学都源于自然的人。

30

人们常常宁愿相信从他处听来的道理更甚于自己精神的判断。

真实是衡量一切的标准。

美好的道理都是简单朴实的，都是明细而确定的。

31

西塞罗那种过分铺张华丽的文风被我们指责批判，然而所有被我们指责批判的这些东西，都被人所崇拜，而且这些人并不在少数。

32

我们的天性，无论这种天性是强烈的还是微弱的，它与那些被我们所喜爱的事物之间的某种必然性的关联，塑造了我们关于喜悦以及美的典型。

这些事物可以是建筑、歌曲、论文、诗歌、散文、女性、飞鸟、河流、树木、房屋、服饰或者其他的什么东西，只要是从这些典型中得出的，那么就必然是能够令我们喜悦的。而为那些拥有高级趣味的人所不喜欢的事物，这其中的一切事物必然不是从那些典型中得出的。

就好比一首好的歌曲和一座好的建筑之间的关系，虽然它们属于完全不同的类别，但是由于它们都来自那个独一无二的好的典型，因而它们之间会存在着一种完美的关联性。同理可证，那些出自不好的典型的事物彼此之间也存在着一种完美的关联性。世界上拥有数之不尽的坏典型，所以坏典型就并不像好的典型一样是独一无二的。但是不管是根据哪一种可笑的坏典型而写出的十四行诗都一样坏，只要你看到它，就会像是看到一个按照那种典型而打扮出来的女人一样感到不快。

如果你仔细地观察过自然并且了解过那种典型，而后又在脑海中演绎了一下从那个典型而得出一个女人或者一座建筑的情状，那么你可以很轻易地体会到，从这种典型得出的一首十四行诗是多么的荒诞而可笑。

33

诗歌美。我们本应该像谈论诗歌之美一样去谈论一下几何学以及医药学的美，但是我们并没有那样去做。那是因为我们明确地知道几何学的对象，并且知道它的对象包含了证明，我们也很清楚医药学的对象，并且了解它的对象包含了治疗。但是我们却不了解构成诗歌之美的对象之中包含了什么。正因为我们对于自己想要模仿的那种自然的典型缺乏足够的认识和了解，就发明了像"黄金时代""我们当代的奇迹""命运的"诸如此类奇怪的词语，并且说这些无厘头的奇怪语句就叫作诗歌美。

但是如果有人想要用这种，在完全可以轻描淡写的小事上夸夸其谈的典型，去描述一位女性，那么就会出现这样一个令他发笑的场景：一位满身珠光宝气的美人儿，相对于评判诗歌之美我们更善于评价什么样才算美人儿。当然如果你不精于此道的话，就很可能高度地赞美她的这种打扮，可能还会有很多乡村人误认为自己看到了皇后，这样一来，从这种典型而来的十四行诗，我们就该称之为乡村皇后了。

34

如果大家都知道一个人凭借诗歌名扬四海,那么这个人就被贴上了诗人或者数学家的标签。但是一个全才的人却不会被人贴上任何一种标签,在他看来,做一个诗人与从事刺绣行业也并没有什么不同。

我们不会把一个全能的人称作诗人,或者几何学家,又或者是别的什么,然而他们可以成为任意一种人,也可以成为任意一种人的标准。我们无法从人群中辨别出他们,即使他们就跟我们处在同一个地方,说着一样的话。我们在必要之时会将他们想起并且运用起来,然而除此以外我们没有办法去辨别他们之中哪些属性是有的而哪些属性又是没有的。由于这两种属性在他们身上是同时存在的:当这些问题不被说起的时候,我们也不会去谈论其好坏,然而当他们说起这些问题时,我们就会说他们说得很好。

因此,如果我们称赞一位走进来的人诗歌做得很好,那么这种赞扬往往并不是发自真心的。并且如果在需要对诗歌做出评判的时候,大家又把这人晾在一旁,那时候就更加能显示出其恶劣了。

35

除了要表扬一个人诚实的品质之外,我们千万不要做其他的评价,例如这个人是一位数学家,或者是一位传教士,或者说他富有辩才。能让我感到欣慰的只有这种普遍性的品质。如果我们提到一个人就必然要提到他的作品,那可不是一个好现象。我希望一项品质只有在我们恰好有机会去运用的时候才被提起（Ne quid nimis①），比如只有在他真的说得很好的时候才可以这样去想，而不能在其他的时候去想这件事；不然这种品质就可能被过分美化突出并且拥有了一项豁免权。

36

只有当你能满足所有的需求时才会被人所爱，因为人会产生无尽的欲望。有人对我说："这有一位优秀的数学家。"他觉得我像是命题吗？可是我可不需要什么数学。"那还有一个优秀的战士"，他可不要把我当成一个堡垒去攻陷啊。所以说想要符合我所有的要求，那一定要是一个真实的人才可以。

37

［我们最好是能对于所有的事物都有一定的认识，毕竟我们不可能成为一个全知全能的人，不可能认识所有的东西。因为最理想的状态就是对所有事情都知道一些，这样的博学可是要比那种只对某一事物的全知全能好太多。当然，如果可以同时兼具两者更好，然而鱼与熊掌不可兼得，那就一定要选择博学了。大众是很好的评判人，他们深以为然并且也这样选择了。］

38

你并不是拥有诚恳这一品质的人，你只是个诗人。

39

等等，要是地面上迎来了电闪雷鸣，那些如同诗人一般只会求证此类现象的人，就没什么可证明的了。

---

① 古希腊格言，意思是"什么事都不过分"。

40

当你想要对一个例证加以证明，就是对曾经被用来证明其他事物的那件事物加以证明时，就要再从旁引入另一个事物作为例证。我们总是觉得有例证的帮助，可以让问题得到更好的证明，因为我们总是认为只有需要去论证的东西才是困难的。

因此，我们通常会用一个特殊的个例，去论证一个普遍性的命题；而又会援引一些普遍性的规律，去从旁佐证一个特殊的个例。我们总是认为作为例证的事物需要清晰明确，因为我们经常会发现需要我们去论证的事物都不是清楚明白的。其原因在于，我们对于需要证明的事物有一种固有的印象，它自然是模糊不清的，而为了能够容易地理解，我们则要求用以论证的事物一定要是清楚明确的。

41

马提雅尔①有一句箴言说的是人类总是乐于抱着恶意，这条箴言恰恰告诉我们应该对那些交了好运的傲慢的家伙提出异议，而不是对这些倒霉蛋儿或者是仅存了一只眼睛的伙计们抗议什么。如果你真的那么做，可就是大错特错了。

由于我们所有的行动皆是被欲念所驱使的，但是人道的作用却恰恰相反。

我们有义务让心怀善念的人感受到生活中的愉悦。

有一条箴言讲述了两个独眼人的故事，然而这个故事除了能满足作者微弱末的虚荣心之外却没有一点点的价值，甚至不能让

---

① 马提雅尔，罗马诗人。

这两个人觉得好过一点。这种仅仅出于取悦自己虚荣心而创作的东西都是毫无价值可言的。Ambitiosa recidet ornamenta［拿来装点的欲念就这么给去了］。

42

把亲王的称号加诸国王的头上这一行为显然降低了他的身份，然而心怀恶意的人却以此为乐。［鲍勃注本，附录 2］

43

那些总是喜欢用"我的书""我的注释""我的历史"之类的表达来谈论自己作品的作家，他们言谈之间的样子，就像是一个中产阶级不过是在巷子口的楼梯拐角占了个逼仄的小隔间，却张口就是"我的家"。我非常建议他们在谈论时使用"我们的书""我们的注释""我们的历史"来表述，因为他们作品中属于自己的部分通常不及他人的部分多。

44

只要你不主动去说，别人也就永远不会有机会去怀疑你的一切。

45

语言之间的转换就像是密码的破译，我们不是去改变语言文章所构成的意义，但是却把文字的形象从已知的一种转换成了其他的，这就完成了将已知的语种翻译成其他语种的过程。

46

品行低劣之人往往都是巧言令色之辈。

47

妙语连珠的人却不一定能写得出好的文章，这是因为他们灵魂之中这些沉睡的部分,只有在热闹的氛围之中,在听众的期待与热情之中,才能够被唤醒。

48

如果在一段文字之中运用了相同的词语,我们总是想要以其他的词汇去替换它,不过有一种情况下我们是不可以这样做的,那就是我们发现再也没有比这个词更能凸显这篇文章的了,任何的改动都只能让它逊于之前。我们心中燃起了毫无道理的妒火,我们无视这其中并没有任何的约定俗成来判断文章中不可以出现相同的词语,就给它贴上了这样的一个标签。

49

如果每个人都戴着虚假的面具生活而不是露出真实的自我,那么每个人都可以伪装成国王、教皇、主教甚至是威严的君主等等。而作为王都的巴黎,我们也可以把任何地方变成巴黎的样子,除了巴黎以外我们也可以假装任何一个地方是真正的王都。

50

意义的表达可以通过词语的变化来实现,这样让相同的意义在不同的文字之间找到了自我的价值,但是文字的价值却不能够用这些意义来体现。我们可以从中找到一些事项来证明……

51

皮浪学派①的观点就是坚持自己的观点。

52

只有笛卡尔学派的人才会主动谈论笛卡尔学派,关于外省人

---

① 皮浪学派,由古希腊怀疑主义哲学家皮浪创立的学派。

的说法也只有外省人自己才会去说,所以我敢说《给外省人的信》①这样的书名也只有出版商才会想得出来。

53

说一辆车是自己翻倒了,或者是被推倒了,要看是有意识还是无意识的。

同理,我们可以说水是无意识地流过溢出,也可以说水是有意识地流注灌溉进去。[梅特尔先生为方济各派所写的申辩就是出自他本人强烈的意志。]

54

杂记的表达方式就如同在声明:"我这样做的原因是我想要这样。"

55

每样事物都被赋予一种属性,比如钥匙就是拿来开启某样事物,而钩子需要吸附一些东西一样。

56

我总是禁不住去猜想我们是否被同样的事物所困扰,然而红衣主教先生却表示人们不喜欢被猜测。

不要说你的精神被不安填满了,你应该说,你感到非常的不安。

57

既然你注定会进驻我的空间,会打乱我的节奏,那么就请舍弃这些无谓的表达,诸如"我让你不省心了""我唯恐你会担心""我耽

---

① 这是作者当时因为和耶稣会论战而匿名发表的书信集。

误你好长时间"这样的客套听得我一点都高兴不起来。

58

你要是不说这句让我原谅你的话，我丝毫都没有注意到你这些不恰当的做法对我来说是种冒犯。"玷污了您的耳朵⋯⋯"还有什么话能比你请求我原谅你更过分的吗？

59

"将叛乱之火扑灭"，这比喻用得太过矫饰。

"如他这般洋溢着过人的才华"，这两个形容词都用得太夸张了。

第二编
人没有上帝是可悲的

60

第一部书中说，不识上帝的时候，人是可悲的。

第二部书又说，认识了上帝以后，人就是幸福的。

又：

第一部书告诉我们，以天性本身为证，我们说堕落即是天性。

第二部书这样讲道，我们从圣人留下的文字得知，曾经有过这样一位主教。

61

顺序——虽然我完全可以按照如下的方法去解决关于顺序的这一部分，诚然我们也不一定非要一成不变地去按照这个顺序：从论证普遍意义上的不真实开始，去说明红尘世俗的不真实，进而推断出被怀疑主义者与斯多噶学派所倡导的哲学式人生是多么的不靠谱。能明白这件事的人已经是凤毛麟角了,而我也不过对它有那么微乎其微的一点认识。我们无法运用任何一种已知的科学方法去研究和证实,圣托马斯①的方法不可以,数学倒是可以用来对它进行探究,但是如果我们想要进行更深入的探讨,数学也显得无能为力了。

62

在第一部最前面的部分,我们来说说几位曾经对自我认识进行过探讨的人。比如我们可以说说关于沙伦②创造的那种烦琐的拆分章节条目是如何让人感到厌烦不已。再比如谈谈蒙田那种毫无章法的写作方式是如何的混乱,以至他尽量维持文章的风雅的同时,不得不一直变化话题以免直面这样的混乱。

他与众人一样犯下了愚蠢的错误,那种经过精心设计的,并且作为主要部分呈现在公众面前的拙劣的自我认知的描述,让你确信这绝不会是他不得已或者无意为之。因为人总是避免不了的,或是由于自身的缺陷,或是因为不经意的状况而说一些蠢话,但是如果这些蠢话是你提前打好的腹稿,就会让人觉得忍无可忍,更何况你讲的还全是那样的话题呢……

63

蒙田——这个人有个很大的问题就是说一些毫不慎重的并且也是毫无用处的话,虽然古尔内③女士不一定这么认为。这样一个缺乏判断而轻易相信的人,便是有眼无珠,而由于更大的无知,

---

① 圣托马斯,全名托马斯·阿奎那,中世纪经院哲学代表人。
② 沙伦,蒙田的朋友。
③ 古尔内,蒙田的养女。

他还会去探索如何从圆形得到一个矩形，或者是世界的比较级。还有那些关于谋杀和死亡的观点。他叫人们不要畏惧死后的审判，也不要去忏悔生前的罪孽，对于死后获得救赎更是毫无兴趣。虽然我们知道生而为人就必须保持虔敬之心，但是他在书中的论调却是与此毫无关系，他从来都不是为了信仰而著书立说。我们可以原谅一个人在特殊的情况下，因为偶尔的放纵和轻浮而犯下的错误，但是那种像异教徒一样对于死后世界的漠然是不可饶恕的。我们知道如果一个人已经不再拥有虔诚的信仰，那么是否以基督徒的方式走向死亡就不会是他所期待的。所以我们会看到一个缺乏果敢的蒙田，在谈论着死亡。

64

然而我在蒙田身上发现的关于蒙田的一切问题，都不是最先在他身上，而是在我自己身上先看到的。

65

如果我们可以对蒙田指出来，他的作品中对于前人的故事和他自身都关注得太多。那么他身上的一些缺点可能会很快地得到改正，虽然这对他的道德方面无能为力。不过他的那些优点都是因为天道酬勤，是他自己努力的结果。

66

在所有的方法中最好的莫过于从自我的认知开始，这是最正确的方式，就算你不能由此而找到真理，你还可以做到独善其身。

67

物质上的科学不能帮我解决精神上的愚昧无知而造成的痛苦，但是精神方面的科学却能够让我坦然地面对自己在物质上的愚昧无知,这就是科学的虚妄。

68

人们可以学习任何一种知识,却无法学会如何成为一个正直的人。但是人们却喜欢在人前高声称颂自己是个正直的人,而不是他所学会的任何一种知识。人就是如此,明明知道自己从来不曾学会,但是却总是在人前夸耀这件事。

69

要保持一个适当的速度去阅读,不能太快也不能太慢,不然的话就无法去理解你所读的;要保持在中道,而不是趋近两端的无限。

70

自然不……——[自然让我们处在一个平衡的中间位置,如果其中的一端有了什么变化,那么另一端也会同时发生改变;我有动作,*Τά ζῶα τρέχει*①。由此我可以认为,我脑中的思想也是如此运作的,如果我产生了一种想法,那么与之相反的思想也会在脑中生成。]

71

知识同饮酒一样,都要适量:不学无术的人自然不可能有机会接触真理,然而如果你学得太多,那跟一无所知并没什么不同。

72

人的比例失衡——[我们被与生俱来的智慧所引导从而能认识到这一点:除此之外我们并不具备其他的真理,你一旦认识到这

① 希腊文,意思是"动物跑",其主词为复数,动词为单数。

一真理，那么与此同时你也将意识到自己在这真理面前是如何的渺小与卑微，从而只能真心地服从这一切。况且，我们只能依靠着这一真理而存活于世，那就必须主动地并且慎重地进行一番关于自然思考，充分地进行自我认知，并且参考自身在自然之中所占的比例……之后我们才可能对自然进行更广泛的研究。]好了，就请你把自己的关注点从周身那些微不足道的事情上转移开，去想象一下关于自然的伟大与崇高。由此你便能够发现太阳的光线是如此绚丽耀眼，就如同能够照亮整个宇宙的火焰永不熄灭，你会看到对于太阳巨大的运行轨迹而言，地球就像一个渺小的点，而当你知道太阳的运行轨道也不过是宇宙中众多恒星环绕轨迹中的一个小小的点，你就会感到震惊。如果你无法观测到更远的地方，那么就尽情地发挥你的想象吧，并非是因为无法从自然界获得更多的知识，你不过是囿于自己贫乏的想象力罢了。你所能见的世界相较于广袤的自然而言根本微不足道，人类没有能够接近宇宙的真实。我们尽其所能地发挥自己的想象并且将思想扩大到想象之外，然而相较于宇宙的无穷，就渺小得如同原子一般了。我们可以想象有一个球，任何地方都可以是它的球心，我们却难窥测其一面。最后，这是关于全能的上帝向我们展示的一种显像，我们会在这种认知面前彻底丧失想象力。

现在我们来反思一下自身的存在，相较于广阔的实在而言，他算是什么呢？我们可以想象着自己正处在这个世界最偏远的一处地方，而且我们还能够在自身所处的这个被称为宇宙的狭小的囚室之中，学习如何正确地判断地球、国家、城市和自己的真正价值！处于宇宙的无穷之中，人又能算是什么呢？

现在让一个人来讨论一下自己所能够想象的最微小的事物吧,不过这是因为我们想要在他面前呈现出另外一幅让人震惊的画面。就让我们一起来想象一个微小的寄生虫,而它的身体构造会更加的微小,想象一下它组织中的纤维、纤维中的血管、血管中的血液、血液中的液体、液体中的一点一滴、一丝一毫的气体。然后我们把最微小的这一部分再进行分化,穷尽一个人的想象,然后把他最终所能够想象的到的,最微小的事物作为我们正在探讨的东西,可能他会认为,这个世界上最微小的东西也就不过如此了吧。但是我们却要让他知道其中仍存在着一个无限。我们不只是要让他看见一个能够观察的宇宙,我们还要让他了解到一个原子之中同样包含着无限的世界。他会看到这个原子里面包含着无数的宇宙,这些宇宙的构成与比例跟我们所熟知的宇宙都是一样的,其中有属于它的空间、属于它的星球、属于它的地球。地球上的动物和寄生虫与他所熟知的这世界上的其他东西并没有什么不同,况且如果他能够持续不断地在其他的事物之中重复着找到相同的事物,何不让他沉浸在那些无论是细微之处还是显著方面都同样无尽的宇宙的神奇之中。我们的身体对于难以想象的整个宇宙的浩瀚而言,会微小得难以察觉,但是相对于我们同样难以想象的另一个无穷,这个身体就巨大得如同一个世界,甚至全部,这叫我们如何能够不惊叹呢。

如果你也思考过这样的问题,那么你会产生一种对自身的畏惧,而且当你意识到你的存在是处在无穷的宇宙之中,不可能穷极无限与虚无之中的任何一端时,你会因面对宇宙的无穷而颤抖。你的好奇心会渐渐变成真诚的仰望,你会慢慢地将自己对于宇宙的思索放在内心深处，你将不会带着怀疑的精神去进行关于宇宙的探索。

那么人处在宇宙的什么位置呢？相较于有我们便是无，而相对于无我们又是有，我们是介于有和无之间的。但是这两个无限对我们来说就是一个永远无法破解的谜题，我们无法到达任何一端，对于万物之源和最终的结果我们都是一无所知。我们来自无而最终走向万有永有，但是我们却永远无法看到任何一端。

然而我们能做的仅仅是能够发现一些关于事物在某一阶段的状态，因为我们已经对于探索事物的起源和终结感到了绝望。所有的事物都经历过一个从无到有的过程，但是除了自有永有的创世之主，又有谁能够纵观其来去呢，我们所有人都做不到这件事。

有些人莽撞地对自然进行探索，好像自己真的有面对无穷宇宙的能力，却是对自然的无穷一无所知。就如同天方夜谭，这些人凭借着自己无穷的如同宇宙一样的妄想，试图得到关于事物的真理，并且能够通过这些了解所有的真理。当然，这样的事情不可能实现，除非他们是在胡思乱想，或者他们的力量如宇宙一般无穷尽。

如果我们能够认识到这一点，我们就会发现这世界上所有的一切都被赋予了同样的属性，这种属性就是宇宙及其造物主所具备的特征，所有的一切都可以是无限的有也可以是无限的虚无。由此可见，科学在任何一个领域内的探索都是没有尽头的，难道你会认为几何学中的所有命题会有被完全证明的一天吗？况且这些命题的数量和精确度也是没有极限的。大家都明白我们所谓的那些用来证明最后的命题的根本原理，从根本上说也不是绝对的，它们还需要用其他的原理去证明,然后这个原理还得用另一个原理再去证明,这样我们就会有无穷尽的原理了。但是我们却把一些原理当作根本原理,这样做的原因就跟我们对于一些具体的事物所做的规定相同。尽管从根本上来说,所有事物都是可以无限分割的,对于那些我们的感官无法达到的物质,我们就认为这是一个不可分割的最小的单位。

关于宏观方面的无穷尽,是科学的双重性之中比较容易注意到的方面,所以有些认识到这一点的人觉得他们可以了解全部。就像德谟克利特所说的,他要把全部的都拿来说。

但是微观方面的无穷性就不是那么容易可以发现的了。哲学家总是很自豪地以为自己能够穷尽这方面的无穷性,不过他们却经常在这个问题上打脸。他们经常写一些内容和名字一样浮夸荒谬的著作,比如《万物原理》《哲学原理》什么的,书名最让人忍不了的就是《De omniscibili》①。

人们总是很自信地觉得自己对于事物的认知不仅仅是停留在表面,而是真正能够认识到最核心的部分的。宇宙相较于我们而言是大且无穷的,不过我们相对于虚无而言也是大而无穷的,这就让我们觉得那是自己可以掌控的了。但其实想要做到这两者所需要的能量并没什么区别,它们都需要无尽的力量,而且这两者之中你只要能够理解一个,那么另一个也就能被你认识。它们是彼此依存的,也是彼此相通的。它们由于处于事物的两个极端而能够相融相通,但是能够完成这一过程的,有且仅有一个地方,便是造

---

① 拉丁文,意思是《论可知的一切》。

物主之所在。

因此,开始意识到人类本身的局限性吧,人类是一种客观的实在,但是客观的实在不仅仅是人。人类存在世界之中的状态使得人类无法认识到虚无,也就无法认识到虚无之中所蕴含的第一原理,而我们在无穷面前又显得虚无,这就让我们无法看到其中所存在的无限性了。

我们对于事物的规律有限的认识,相较于事物的规律本身,与人类自身在整个宇宙之中占有的比例是相同的。

人类无论在哪个方面都有其局限性,所以决定了人在任何一个方面都会表现得很中庸。人类无法感知到任何一种极端:巨大的声响可以导致双耳失聪,强光能够引起短暂的失明,只有适当的距离才能看到东西,只有合理篇幅的文章才能阐明论点,太多的真相会让人不安(有些人,就我所知不明白为什么虚无扣除四,还是虚无),第一原理对于人类而言太过精细,过多的娱乐不会让你觉得开心,音乐也会因为太多的和声失去美感,太大的恩惠因为无法回报会让人怨恨而不是感激。Beneficia eo usque laeta sunt dum videntur exsolviposse; ubi multum ante venere, pro gratia Odium redditur. ① 人们对于极限温度都是无法感知的。我们不可能认识到绝对的品质,只会与之为敌,因为对于这些品质无法感知,所以我们只是在忍受。不学无术与学得太多就跟年幼与衰老一样会影响到人的精神。反正我们好像根本就看不到绝对的事物,这些事

---

① 原文为拉丁文,意思是"只有我们觉得可以报答的恩情才惬意,超出这个范围之后,感激就会变成怨恨"。

物从来就不关我们的事，我们与它们之间不存在任何的交集。

我们所面对的现实，就是我们对于世界的认识是有限的。人类就好比一个随波逐流的水手，在真理的海洋之中无尽地徜徉。我们想要靠近一个地点并且结束不定的漂泊，但是却永远只能看着它们渐渐远去，你要是想试图靠近，它们就会带着你开始以上无止境的追逐，你将不可能实现对它们的掌控。你无法抓住任何一样东西，这是我们极其不愿却又不得不接受的现实。人类总是怀着炙热的渴望，希望能够发现一个永恒不变的根本的东西，并以此为基础实现通往最高真理的路，然而人们却发现自己找到的根本不牢靠，自己距离最高的真理越来越远。

所以放弃你那些对于事物的真实与永恒问题的探索吧。你的思想无法透过事物多样化的表面，而且你也不可能在包含着无穷的有限性却又与有限性截然不同的无限性之间找到一个有限性确实的位置。

如果我们能充分地认识到这一点，那么人类将不会因为自己在无限宇宙之中所处的渺小位置而感到不安。人类不管对于真理的认知有多少，都不会改变他们有局限性这一事实。一个人知道得越多，就能够站得越高看得越远。但是他与无限之间的距离，仍旧是无限的遥远。就算你还有时间，你与无限之间的距离也是永恒不变的遥远。

一旦接受了这种关于极限的概念，那么关于有限的概念就完全一致了，在有限的区间内，人的思想所处的位置并不会产生什么不同。而从人类自身的角度去思考有限性这一概念，就会发现人类的痛处所在。

人类通过对自身的观察，认识到自己的局限性所在，作为有限的个体是无法理解具有无限性的全部的。不过，人类还是会渴望能够理解一部分他所在的世界。然而构成世界的每一个个体之间又是彼此相关联的，因此可以肯定，想要了解另一部分却没有认识它之中的某一部分或者它所在的全体是不可能的。

就好比人与他所认知的世界有一种关联性。人的存在需要在一个时间和空间的维度之中，人的身体是由各种元素构成的，作为一个生命体，他要维持一定的运动，他需要热量与养分的供应，他要依赖空气才能够不窒息，他可以感知周围的事物，也可以看到光亮，一句话，他与世界有所关联。所以，如果要了解人类，就要了解人类依赖空气生存的原理；如果要研究空气，就要探讨它对于人类生存的意义，诸如此类。真空之中不可能产生火焰，所以我们必须同时了解两个对象。

如果所有的事物之间都存在着某种难以发现的必然联系，可以把原本毫不相干或者相去甚远的事物相关联，并且彼此之间产生某种相互作用：比如因果关系，主动与被动关系或者直接与间接的关系。那么我们要么就是知道事物的全部以及构成它的每一个个体，要么就是一无所知。

[有两样事物让我们感受到同样的震撼，一个是于短暂而多变的事物之中，窥测到了它所包含在其中的或者是其所蕴含的一种永恒，而另一种则是在无限的稳定性之中，发现其所蕴含的或者是它身处其中的一种多变性。]

人类是由物质和精神构成的，从而能兼具两种不同的或者说截然相反的性质，然而事物的属性却是单一的，这就让我们无法真正地认识到事物本身。这是由于人类的逻辑思维仅仅是限于精神层面的活动，而不能是其他。因为物质同样无法完全地进行自我认知，所以如果我们要认为自己是单纯的物质的，那么人类所得出的结论便会荒谬得连自己都无法接受。

因此，单纯由物质构成的我们，是无法认识任何一种事物的。然而要是我们的构成部分包含了物质和精神，那么只要是单一属性的事物，无论是物质的还是精神的，我们都不可能完全地了解。

于是我们发现大部分的哲学家都无法对事物的属性做出正确的判断，并从正确的方面做出评论，他们总是分不清物质与精神的界限。你会听到他们对于肉体的夸夸其谈都是精神层面才有的，他们会说起肉体的堕落、欲望，对于死亡的逃避和对于空虚的畏惧，还有肉体的偏好、悲悯、厌恶等。可是等到我们谈论精神的时候，他们却又说到了一些纯物质的属性，比如它会存在于一个具体的地理位置，还有它的位移运动。

人类喜欢从自身的角度去衡量其他的事物，而不去观察事物本来的属性。我们会把属于人类的那种双重属性，加诸所有处于我们所在的世界中的事物，尽管那些事物本身的属性是单一的。

作为精神与物质的结合体，我们都应该觉得这是一种理所当然无须解释的事情，并且我们也是用同样的方式去解释所有事物的。但是最令人困惑的，恰恰是这一点。人类无法了解精神的全部，当然也无法了解肉体的全部，更不能理解为什么这两个元素能够结合在一起，构成一个在宇宙之中最为奇特的对象——那就是人类。正是人类自身的存在，构成了他所面临的最复杂难解的一个命题：Modus quo corporibus adhaerent spiritus comprehendi ab hominibus non potest, et hoc tamen homo est. [人类无法理解精神和肉体结合的方式,然而这就是人生。]

在论证结束之前,我提出两个思考问题,来为有关人类的脆弱性这一观点而告结束……

<h2 style="text-align:center">73</h2>

[然而,想要依靠理性的力量来解答这个题目似乎是不太可能的。所以,我们现在来看看理性在它的能力范围之内能有什么样的创见。这其中最好的一种情况就是我们可以自动自发地采取最好的办法去发挥事物自身所具备的特质。那么现在我们可以来探讨一下这个可能性,那些具有敏锐洞察力的理性思维是否真的将自己的能力用最佳的方式发挥了起来。]

到底什么才是最好的,关于这个问题的看法众说纷纭,有说是德行的,有说是享乐的,有说在于探索宇宙的真实的,也有说是真理的:Felix qui potuit rerum cognoscere causas(真正幸运的是那些能够发现事物真理的人);当然也有人说最好的莫过于一无所知,或者散漫悠闲,或者抛开幻想,或者是无欲无求,nihil admirari prope res una quae possit facere et servare beatum(只有万能之主,才能够辨别出哪些话才是真理),当然持怀疑论的人认为最好的是他们坚定不移的怀疑态度和永远无法下定论的精神,有些人则希望能够在此基础上发现更好的事物。不过已经有的那些意见已经让我们获益良多了。

本书的纲目可以按照规律做出以下的调整。

现在我们可以明白一点,在经过了一番长久而又艰难的探索之后,如果这些美妙的哲学还不能够让我们从中获得一些确实而又可信的道理的话,在最低限度上,它也可以帮助我们认清一个人的灵魂。此处,针对这个问题我们应该引入一些在此类事物上拥有过人之处的专家们的看法。他们是如何看待这个问题的实质的呢?394①。这些人是否对此类问题有一些更好的处理方式呢?395。关于这个问题的最初、发展以及最终的结局又有什么样的发现呢?399。

　　然而用关于灵魂的问题来考验这些对于知识的了解少得可怜的人,是不是太过复杂高深了呢?不如我们来降低一下难度,讨论关于物质的问题吧,思考一下到底是什么构成了我们所赖以维持生命机制的这副身躯,研究一下可以任由躯体支配并且转移的这些事物,看看到底能不能将它弄个清楚明白。对于这些问题,那些喜欢妄下断言,觉得自己无所不知的人,到底能明白几分呢?Harum sententiarum,393②。

　　如果理性是正确的,那么可以确信有这一点就已经足够。理性的完全合理性可以充分证明一点,它确信这世界上并不存在永远不变的真理,但是却对这个结果不满意,因为它一直觉得自身具有能够实现这一切所必需的能力,并且对此抱有强烈的愿望,一心一意地要得到想要的结果。毫无疑问这一点是要去实现的,而且在能够了解它的本质之前,我们有必要透过它所引发的一些现象来思考它所具备的能力,由此我们会知道那些发现真理所需要的特定形式以及特殊力量是否存在于它的身上。]

---

①　指的是蒙田的《文集》第 394 页,后面的 395,399,393 同理。
②　按此处的原文补足意思应该是"只有上帝知道这些意见中哪一个是真的"。

74

这篇愚蠢的书信体谈及了人类科学和哲学。

这篇书信体，要放在《论娱乐》这一篇前面。

Felix qui potuit. . . Nihil admirari.①

关于至善的不同理论，据蒙田在他的书中记载已达到 280 种之多。

75

第一部，1，2，第 1 章·第 4 节。

[猜测，如果我们想要从它自身出发，那么就很容易把它划到下一个等级，然后让它看起来像个滑稽的笑话。]再没有什么比这个观点更能被称作无稽之谈的了。他们在讨论一件死物同样是拥有感情、会感到畏惧和恐怖的，说是感情也可以被这些毫无知觉，了无生气，将来也不会拥有一丁点生气的东西所具备，（缺乏具备感知能力的灵魂，这些事情是如何可能加以实现的？）甚至还说这些死物所恐惧的东西就是真空。什么都没有的真空哪有东西让它们去畏惧呢？这是我见过的最滑稽、最愚蠢的论断了。更糟糕的是，他们还说远离真空是它们的一种基本运动规律，这些死物还会有手脚、骨肉和神经不成？

76

我们该写一些文章来反驳笛卡尔这样的人，他们对于科学的力量显然做出了过分的评述。

---

① 见第 73 段注释。

77

笛卡尔在自己的书中谈论哲学的时候,总是避免谈及上帝,但是当需要这个自然正常运转的时候,又不得不去谈及上帝,这也是他的书中唯一可以发现上帝的地方,这让我无法原谅。

78

笛卡尔不仅仅是靠不住,他还没什么用处。

79

[笼统一点的话我们只能这样说,笛卡尔的哲学构成部分是数字与运动,因为这些都是确实的。但是如果你要将它讲清楚,然后再去构建出一个关于数字与运动的模型,就显得荒唐而且惹人发笑了。理由是那只能让你困扰,毫无用处也不靠谱。这要是真的,一切哲学在大家眼里都会变得毫无价值,也不会有人去为它分心费神了。]

80

为什么我们不会因为一个人腿上的残缺而感到困扰,却会因为他精神的不健全而觉得麻烦呢?原因是这样的,一个腿脚不便的人也不可能认错怎样走路才是正确的,但是精神残缺的人却会将精神正直的人看作残缺的,所以前者让我们生出怜悯之心,后者却只能惹得我们恼火。

艾比克泰德曾经特意强调过这样一个问题:"我们不会因为有人说自己的头脑有问题而恼火,却不能容忍有人说我们的论断或者选择有问题,这是为什么呢?"这是因为我们可以万分地肯定自己的头脑正常并且四肢健全,但是我们却并不能肯定自己得到了真理的眷顾。我们以全身心地投入而得到了一个结论,应该是很肯定的;可是有些人却以同样的方式得出了相反的论断,这难免会让我们讶异又踯躅;如果大部分人都会去嘲笑你的这个结论,那么情况就会更严重了;还有更艰难的一点,相较于欣赏他人的睿智,我们一定要觉得自己的脑子更加可靠一些。不过要是面对一个有残缺的人,我们就不会有这些艰难的抉择和困扰了。

81

我们需要信仰的对象是精神,需要爱慕的对象是意志,但是如果这些对象都消失了,它们就只能寄托在虚妄之上了。

82

想象——掌控了人生之中的谬误和虚妄,扮演了生活中最具有欺骗性的角色,这种出色的欺骗性在于,它并未一直都是虚妄和荒谬的。因此要是我们能够确认它的完全的虚假性的话,我们也能够通过它来找出确实的真相是如何的。然而尽管它总是显示出欺骗性,却并没有显现出任何源自它本身的属性,它同时具备了真实与虚妄的特点。

我们要谈论的是聪明人而不是那些蠢人,只有聪明人脑补出来的东西才会有那种强大的并且令人信服的力量。就算理性尚在呼喊你,它也无法为事物的价值确定规则。

这种与理性相悖的强大力量,通常乐于掌控并且支配一个人的理性,它用在人类身上赋予一种第二天性来向世人显现出了强大的力量。你是否幸福,是否健康,贫穷或者富足,对理性的态度是信仰、质疑或者否定的,你的感官是否灵敏、它可以显得高明或者呆滞,这些都是取决于想象的力量。当然,我们最难以理解的就是,想象可以让拥有它的人获得一种完满而确实的满足,这是理性

所不及的。深思者在理智之中获得的欢愉远远不及聪明人在自我
想象中得到的快乐。他们傲视天下，相较于他人的小心翼翼与举
棋不定，他们总是信心满满毫无畏惧地雄辩。而且听众们的看法
通常更倾向于表面上的扬扬自得，这些脑补出来的聪明人在同类
之中也自然可以收获更多的好感。我们不能靠想象变成聪明人，
却能够靠想象过得快乐，理性的思维却做不到这一点，它只能让善
于思考的人感到痛苦。你可以在想象之中感受到无上的荣光，但
是在沉思之中却只能羞愧难当。

　　只有依靠想象的力量，我们才可以实现名誉的分配。我们可
以在想象之中表现出对于人、对于作品、对于法律、对于一些高贵
的存在的尊崇。无论何种富有，在缺乏想象加成的情况下，都会显
得微不足道。

　　不得不说这位年事已高的官员，拥有高尚而洁净的灵魂，受到
了所有人的尊崇。他不会让自己深陷于那些脑补出来的虚妄情
景，那些东西只能让意志薄弱的人痛苦，而他却是以理性为依据，
从根本上对事物进行判断。他怀着一颗充满虔敬与热忱的心步入
教堂听道，而他内心之中强烈的仁慈与爱意让他的精神变得更加
坚定。你看他走进教堂听道，那满怀虔敬的他简直堪称典范。如
果此时出来布道的牧师面容古怪且语声喑哑，或者胡须被理发师
弄得杂乱，又或者刚好非常的邋遢，这位长老便再也没什么庄严的
形象可言，不管他的道理有多么的崇高。

　　如果一个人站在悬崖边上，脚下只有一块小得只站得下脚的
木板，就算他是这个世界上最伟大的哲学家，他的理智明确地表示
了自身的安全，他最终还是会屈服于想象的力量。极少有人能够

在这种情况下保持冷静而不是因为恐惧而面白如纸或者冷汗涔涔的。

这个结果就说到这里吧。

有人看到猫或老鼠，或者弄出了一堆煤渣都会失去理智，这是众所周知的。就算是再精明的人也有可能被他人刻意的表达语气所误导，甚至一篇文章抑或是一首诗的能量也可以被影响。

正义原本的样子都可以被一个人的爱恨情仇所扭曲。如果你高薪聘请了一位律师，那么你所委托的案件在他的内心里就会是最正当的！他会在这种情绪的影响下以一种镇定的姿态站在法官的面前维护正义，尽管事实并非如此，但是却能够凭借这种伪装获得法官的好感。你的理智是如此的不可靠，就这样任意地被人误导，可以随意地走向任何的一个方向。

我能够描绘出这类人的所有行动，他们只有在被想象的力量所误导时才会偏离本来的方向。他们的理智在想象面前节节退败，而想象则以其强大的力量随时随地并且恣意地向人类阐述事物的原则，即使是最理智的人也抵抗不了，并且把这些想象看作自身的准则。

［大多数人都觉得那些凡事都依靠理性去抉择的人是愚蠢的。如果不想被这个世界上的大多数人所排斥，我们就只好人云亦云，然后苦苦思索并且蒙蔽自己的理智，去相信那些想象所带来的益处。而当睡眠充足精力充沛的时候理智开始活跃，我们却又不得不忙于追求那些虚假的事物，看着统御这个世界的主宰的眼色过活。这是导致错误的一个因素，当然还有其他的一些。］

行政长官们皆是懂得这个道理的人。他们身着大红袍，用貂皮大氅将自己裹得像一只猫，他们在各处悬挂百合花旗帜，他们在装饰得庄严肃穆的大厅里办公，于长官们而言，所有这些雍容之象都是不可或缺的。医生要有一头骡子并且穿上专属的外套，博士要戴着方帽子并将自己罩在一个宽大得过分的袍子里面。他们凭借着这样的装扮在世上招摇撞骗，而世人也最吃他们这一套——以表象来显示权威。知识可以凭借自身的崇高来赢得世人的尊敬，如果长官们可以伸张正义，如果医生都可以妙手回春，就不必倚仗这些外表的浮夸了。可惜的是他们并没有真才实学，如此便只能靠一些华而不实的东西取信于人，在表象上面做些文章。而事实证明，他们确实靠这些东西赢得了世人的尊重。只有战士这一类最本真的人才不需要靠外表来伪装自己，因为这些人与那些只有外表浮夸的人不同，他们是用自己的实力向世人表明自己身份的。

鉴于以上的原因，我们可以知道皇帝也是不需要依靠这类装饰的。他们被护卫还有仪仗簇拥着，是不需要靠各种服饰来宣告自己的。就算是最有勇气的人，在面对那些孔武有力装备精良的武士们时，在看到那些华丽的仪仗以及卫队之后，也免不了心头一颤。国王们拥有的不仅是华丽的装扮，还拥有强大的武力。如果能够将那位坐拥华丽的宫殿并且被四万禁军护卫的大公当作普通人，那是要有多么强大的理智啊。

当一位身穿礼服头戴方帽子的律师从我们面前走过时，我们便不由自主地要去赞赏他的才华。

想象的力量可以成就这世上的所有，比如美好、正义、幸福，而幸福却可以主宰世间的所有。有一本来自意大利的书籍深深地吸引了我，尽管我还没有阅读，但是我觉得光凭书的名字它就胜过了很多作品——Della opinione regina del mondo[《论意见，世上的女王》]。① 还没有去阅读我就已经开始推崇这本书了，当然它的缺陷不包含在其中，如果它真的有缺陷。

想象力能够产生的作用大致上是这样的，它似乎是有意地来到我们身体里并且将我们带到注定的谬误之中。不过我们会犯错的原因并不只是这个。

固有的经验和新生的事物具有同样的误导性。这两种截然相反的谬误引导我们，便引发了很多的争议，大家在争辩的过程中，要么就是错误地相信了自己的经验，要么就是轻易地被新鲜事物欺骗。如果有一个人能够做到不偏不倚，那就让他站出来说明！这世上的一切原则都可能是一种经验上的或者是感觉上的谬误，无论它看起来多么的正当又或者你的经验告诉你它一直是这样。

感觉和经验到底孰真孰假？有的人会说从小的经验告诉你当箱子里面什么都没有的时候就是空的，以此类推我们可以相信真空是存在的。这是由经验积累而形成的一种感官上的幻觉，而要证实它的谬误就要依靠科学的力量。还有一些人会说你在课堂上所接受的教育否定了真空的存在，如果你的生活经验让你产生了一种错觉，那么你就必须抛却这些过往之中的累积，回到最初的状态以摆脱这类谬误。

各类病痛也是将我们导向谬误的一个原因。生病的人无论是

---

① 关于这里提到的这本书，至今尚无定论。现在仅知道意大利的弗洛西（Carlo Flosi）曾有一篇论文，题名与此处所提及的书名相类似，但该书现存的几种版本都是在帕斯卡尔死后出版的。

感觉还是思考的能力都会受到影响，我们可以清楚地察觉出重病患者所遭受的损害，无论是精神上的还是肉体上的，那么我们便可以相信，即使是微小的病症也会在一定程度上有损判断和感觉。

当事情涉及我们自身利益的时候，想要做出公正的判断显然是不可能的。一个人不可以亲自审理自己的案件，即使我们相信没有人能比他更公正；就我所知还有一些人，为了避免此类错误，偏激地将自己导向了另外一种更加恶劣的不公正之中：如果让最亲近的人参与其中，那么再公正的案件也会以败诉告终。

我们的研究办法在正义和真理面前总是显得过于粗糙，这使得我们永远也无法到达那种精致细微的境界。而就算我们真的可以做到那种精致细微的程度，也会在接近它们的时候对它们造成一种野蛮的破坏，从而让我们在力求接触到它们的时候，反而走向了完全的谬误。

［人类得益于自身的特殊构造，使得他们对于探索真理的确实性或者是对于谬误的准则之类的研究没有丝毫的认识。我们可以开始探讨一下此中的数目……不过挣扎于感官和理智的相互拉扯之中，才是我们走向谬误的最强大也是最根本的一个原因。］

83

一定要从这一章开始探讨关于欺骗的力量这一课题。缺乏神的恩典，任何一样事物的真理都无从显现，对于人类这样一个充斥着各种各样谬误的存在而言，这些错误将会是不可避免的并且也是无从察觉的。理智和感官是人类认识真理的根源所在，然而这两个因素却都缺乏真实性，并且还在互相制造假象，因此人类便被他所看到的一切欺骗。感官通过制造错觉来欺骗理智的判断，而后感官又从理智那里将这种错误的判断接收过来,被自己知道的错觉所欺骗,理智以这种办法回报感觉的欺骗。精神的混乱可以蒙蔽自身的感觉,给感觉制造一种错误的印象。两者之间在进行着一场名为欺骗的竞争。

但是抛开那些意外导致的谬误,或者是那些因认识的不足引发的错误,避开这些错误被赋予的各种力量……

84

想象的力量如此的狂妄而且蛮横,以至于它可以将微不足道的小事加以夸大,好像它能与灵魂的重量等同,但是它在谈及伟大的事物,比如上帝的时候,却能够将其加以贬抑到一个极其微小的领域之内。

85

我们总是把自己陷在一些微不足道的小事上面,就比如说如何妥善保管自己微薄的财产。想象的力量可以让我们把虚无看成是一座大山。而这股力量再加一点努力,我们就可以很轻易地看到这些了。

86

[幻想的力量会让我觉得,一个人在狂吼乱叫的样子或者在进餐喘息的样子很讨厌。幻想可以带给我很大的压力,但是除此之外它能给我带来什么好处呢。就因为它生来就在那里,我就要甘心地去承受这样的压力吗? 当然不,就因为是幻想,所以我们要去抵抗它……]

87

Quasi quidquam infelicius sit homini cui sua figmenta dominantur.——普林尼①

88

一个孩子被自己画的鬼脸吓到,我们会说他只是一个孩子,但是一个如此脆弱的孩子,你能指望他随着年龄增长就坚强起来吗?我们的想象也是会随着时间的推移而发生改变的。一样东西可以随着发展的过程让自己进步完美,那么它也一样会在发展的过程中逐步走向消亡。而一样东西如果曾经是脆弱的,那么时间也不可能改变这种脆弱。尽管我们会说这孩子长大了,跟之前不一样了,但他还是那同一个人。

89

人类的习惯是一种天性。我们的信仰会由于这种天性变得越发坚定,我们将不会惧怕地狱,也不会因其他的事物动摇这种信仰。人们因为习惯而畏惧国王……,诸如此类。所以我们将不得不怀疑,如果灵魂的天性习惯于看到数字、空间以及运动,是否会让我们对已知的这些深信不疑而且看不到其他的存在呢?

90

Quod crebro videt non miratur, etiamsi cur fiat nescit; quod ante non viderit, id si evenerit, ostentum esse censet.（西塞罗583②）

---

① 意思是"对一个人来说,最可悲的事莫过于受控于自己的想象"。这是蒙田在《文集》中引用普林尼的话。

② 意思是"就算只是知其然而不知其所以然,因为习以为常,就不会觉得惊奇;否则人们就免不了会当做稀奇了"。

Nae iste magno conatu magnas nugas dixerit. ①

91

Spongia solis②——我们由于经验的总结，会将某些一直出现的现象定义为一种自然规律，就比如今天过后就是明天，等等。但是自然却通常不会赞同我们对规律的总结，何况自然不怎么去遵循它自己的那套规则。

92

我们所认定为真的那些规则，正是我们在习惯养成的过程中慢慢形成的原则，而不是其他。对于孩子来说，把这些从他们的父辈沿袭下来的原则变得习以为常，就像是野兽习惯猎食一样，是一个慢慢习惯的过程。

我们从经验中可以得知，我们因为养成了不同的生活习惯，从而导致我们对于事物规律的认知有所不同。如果有一种与生俱来的准则是不能够被习惯慢慢改变的，那么这样的事情就是不符合自然规律的，并且不能依靠自然的力量改变也不可能用其他的准则去代替。这可能是由于本性的差异。

93

父母担心与生俱来的爱会在孩子的成长过程中逐渐消失。但是如果天性这样就可以消失，又该算作是什么呢？习惯是人类的第二重本性，并且败坏了他的本性。但是人类的本性如何呢？为什么习惯是后天养成的？我有一种关于本性的忧虑，就是本性不

---

① 意思是"有这么一种人，就算绞尽脑汁，也说不出什么让人觉得有趣的话来"。

② 意思是"太阳的斑点"。

过是和习惯一样的东西,就像我们把习惯叫作第二重本性一样。

94

本性是自然赋予人类的天赋,omne animal. ①

人来可以把任何一种事物都认为是自然所赋予的,当然他们也可以把任何一种自然赋予的事物推向灭亡。

95

人类的记忆和欢愉都可以归类为直觉;更甚者,几何学的命题都可以被当成是一种直觉,我们所受的教育可以影响自己对自然的直觉,有时候这些直觉也会被教育否定。

96

如果你一直用一些不正确的方法去探讨这个世界的现象,那么当正确的方法出现在你的面前时,你也会视而不见,更不会想要去尝试。比如我们习惯于用血液循环的理论去解释被绑扎起来的血管会胀起来的现象,这就是个很好的例子。

97

择业是人生中的一件大事,然而却往往要听从运气的摆布。人们受到自己生活经验的影响,对泥水匠、士兵和石匠有了不同的看法。有人觉得石匠是优秀的,而士兵都是愚蠢的;另有一些人却认为士兵是世上最高尚的职业,其他的选择都是不入流的。人类的天性是喜欢亲近真理而讨厌自己变得愚昧,这本没有错;但是我们听从了他人因经验而形成的看法从而去实践自己的人生,这就是在实践中走向谬误了。我们被经验的判断所误导,造成了这样

---

① 意思是"各种野兽"。

一些现状，这里士兵集结，那边瓦匠扎堆……由此习惯向我们展示了其强大的力量，这是我们生而为人所具备的天赋都达不到的。诚然，人的天性各有不同。习惯限制了人的天性，并因此造成了本性的参差不齐；不过有些时候，本性却可以显示出一些强大的力量，无论习惯如何去约束，它都顽强地将自己的本真保留下来。

98

对事物的偏见会让我们在错误的路上越走越远，于是我们悲哀地发现有太多的人在舍本逐末。我们努力想要在现有的条件下做出最好的选择，然而我们目前所处的状况却是命运强加在我们身上的，你不可以选择自己的出身以及处境。

那为数众多的土耳其人、异端以及异教徒们由于旧有习俗的约束而将错误的准则当作世上仅存的真理，看着他们如父辈一样犯错是一件多么令人悲哀的事。但这就如同有的人成为锁匠，而有的人成为士兵一样，都是命运的抉择。

荒蛮之地的人不接受神的眷顾，这正是命运赋予他们的处境。

99

在愿望催动下的行动与其他的行动，两者之间存在着普遍意义上的并且也是本质上的差异性。

人心里的愿望无法直接变成信仰，但却是信仰的主要组成部分，随着观察角度与偏好的改变，一件事物的好坏真伪也就有所区别。如果你的愿望趋向于事物的某一方面，那么这个愿望也会想办法让你的理智对于这事物的另一方面，也就是为其所不喜的那一方面视而不见。所以你的理智与你的愿望步调一致，它对于事物的判断就只针对你的愿望所乐见的方面而不去考虑其他的方面。

100

自爱——人类的本性，即人类最本真的自我就是只爱自己并且凡事以自我为中心。不过他要如何去实现呢？他在自己身上发现了无数的缺点和悲哀，他所发现的事实往往与自己的愿望相违背，他希望渺小的自己可以显得伟大，他希望可悲的自己能变得幸福，他希望满身缺陷的自己是完美的，他渴望被人热爱尊崇，却只能得到他人的厌恶和轻视。身陷如此窘境，让他对于那些能够指出并且帮他发现自身缺点的真理抱有一种强烈的仇视心理，这是在一个人的身上所最不应该产生的极其邪恶的念头。他希望真理能够消弭却又无法去摧毁那些真理，所以他选择去破坏自己以及他人脑中所存在的真理；于是他开始费尽心思伪装自己，不只是在他人面前，在自己面前也同样，他不愿意透过别人发现自己的不足，也不想让别人在自己身上找到这些问题。

满身都是缺点肯定是一件很不好的事情，但是明知道如此而又不肯承认就更加要不得了，这等于在之前的缺点上又加了一条刻意蒙蔽的缺点。我们讨厌被人欺骗，我们认为一个人能够得到的尊重不应该比他应得的要多，否则就是不对的；反过来也一样，如果我们这样做，那么错的就是我们自己。

所以很明显的，如果我们本身就有这些缺陷与罪孽，而且恰好被他们发现了，那么他们其实并没有对我们做什么坏事，因为恶因并不在于这些发现的人；相反的，其实他们是在帮助我们摆脱这些不好的事，如果我们对自己的缺陷一无所知岂不是更坏。如果有人因为发现了我们的缺陷而对我们有偏见，我们要心平气和地接受，不管是他们发现我们缺陷的行为还是随之而来的这些偏见，只要那是我们应受的，那他们便是正当的。

一颗公正的心所能发出的情操便应该是这样的。但是你又能对此做些什么呢，也许你会发现自己真实的内心刚好抱着一种完全不同的愿望。你对那些真理心怀恨意，同时也恨上了那些向你揭示真理的人。出于对自身利益的考量，我们选择去欺骗他人，我们也愿意接受那些名不副实的，超出我们所应得的赞誉。

我开始惧怕这其中的一个证明。天主教的教义只要求我们在那唯一的一位面前毫无保留，将自己的一切包括罪过呈现出来，在世人面前我们可以保有自己的秘密，而不是要向所有人坦诚自己所有的罪孽。也只有在这唯一的一位真神面前，一切的事实都不可被掩藏，所有的秘密都不是他应该承担的，世上所有的约定都不可以成为他的束缚，这是对世人最大的慈爱，也是最好的恩赐。但是人类正在堕落，连这样的宽仁都不能让他们感激，也正是因此，欧洲的一大部分人都开始背叛教会①。

人心就是这样的自私而且蛮横。即使我们只要求他在唯一的神面前坦承错误，他仍然觉得不满足，而真正公正的做法本应该是在世人面前揭露他本来的面目。所以，他那私心要把对所有人实行欺骗当作最公正的办法了。

人类不可能完全地摆脱自私心，所以尽管程度不同，我们或多或少都会对真理有不同程度的反感情绪存在。正是因为这种情绪的存在，为了能够指出一个人的问题而不会过分激怒他，大家都要

---

① 指的是十六七世纪在欧洲大部分地区进行的宗教改革运动。

采取更多委婉的表达方式。比如说我们会将缺点描述得并不严重而且很容易改正,这个人可以轻易地被人原谅,而我们对这个人还要表达出赞赏和尊重等来加以证明。然而就算是这样做,对于有缺点的人来说还是难以接受。我们会仇视那些指出缺点的人,带着厌烦的心情去听他们指出自身的缺点。

因此,就出现了这种情形,如果一个人想让我们对他产生好感,就一定要做一些我们期待的事情,并且尽量避免做出让我们反感的举动:比如我们对真理怀恨在心,比如我们喜欢听到别人赞美,比如我们不喜欢真相,那么他就会选择隐瞒真理、阿谀奉承还有欺骗我们。

所以我们一定要小心地对待那些有权力的人,只有赢得了这些人的好感,我们才可以在这个世界上一帆风顺,并且拥有高官厚禄。一个君主的作为也许被所有人所不认同,但是却不会有一个人对他提及此事。其实这很正常,敢于说真话的人往往不会讨人喜欢,甚至危及自身,即使这话是为了他好。而簇拥在君主周围的那些人,比起君主的切身利益,他们更在乎自己的利益,所以为了不损害自身的利益,他们自然就不会考虑为君主谋求福利了。

每个人都希望自己是被他人所喜爱的,所以这样的损害就变得不可避免,普通人之间尚且如此,那些地位崇高的富贵人士受到的损害就更为严重了。人类的相处模式就是互相奉承彼此欺瞒,于是生活就变成了一个永远的骗局。每个人都是当面一套背后一套,大家的关系是靠谎言来维系的,如果你知道自己的朋友在背后是如何评价你的,即使他的评价公正而又客观,你们的友谊仍旧会不可避免地难以为继。

所以,无论人前人后,人类永远都是将假象和谎言呈现出来。他们不愿意并且也不会去坦诚相待,而这种劣根性,有悖于公正和公理的所有本性的东西,都是我们灵魂深处一直存在的。

101

有一个事实是显而易见的,要是大家都能够明白彼此的交谈中所蕴含的真实内容,那么这个世界上能成为朋友的人不会超过四个。关于这一点,只要看看大家为了掩盖真相而设计的那些谎言不断惹出来的麻烦,你就不会怀疑了。[而且也可以这样认为,全部的人将会……]

102

对于那些并非来自我们的本心,而是受他人影响而为恶的,只要我们找到它的根源,来个釜底抽薪,这些问题就迎刃而解了。

103

亚历山大因酗酒而导致的一些严重后果,远远超过了他为贞操而做的范例所造成的影响。无论是在德行方面还是在劣性方面,我们都很自然地接受了自己不如这些伟人的事实。特别是在犯错的时候,如果那些伟人也有同样的问题,我们还会觉得自己也变得不凡。但事实是,我们忽略了一点,这些伟人能与我们这些普通人联系在一起的地方,恰恰就是他们品性中恶劣的那一部分所在。他们并没有超脱于我们现在所处的这个世界,我们存在于相同的维度之中。如果这些人真的是伟大的,不是因为他们比我们站得更高,我们所在的水平线是相同的,只是他们能看到更高的地方。而在我们所处的这个水平线上,伟人、普通人、孩子和动物都拥有同样低劣的部分。

104

如果有一本书可以让我沉迷,我就会一直读下去,而忘记自己还有其他的事情需要处理,因此当我们对一些事情怀有过度的热情时,就会忽略掉身负的责任。为了不被热情影响,最好的办法就是选择一件不喜欢的事情去做,我们需要为一些事情寻找借口,这样就避免了因为沉迷而忘却责任的危险。

105

要想让一个人客观地去判断一件事物,而又不会因为我们描述事物的方法而影响他的判断,是一件十分困难的事情。只要你把自己的任何一点想象带入到这件事情当中,那么就等于把他的判断引向相反的境地,即使你只说了一句,这很漂亮或者它不清楚。想要做出正确的判断,就要让别人直接面对事物本来的样子而不受我们的影响,我们一个字都不要说是最好的。保持沉默就可以不对事物产生影响,但要是有人能从这样的沉默中脑补出一些方向和内容,又或者运动、色彩、声音都可以为他提供想象的空间,也许他是个术士之类的,那就不好说了。要做出全然公正的判断几乎是不可能的。或者说,那需要极度的智慧和理性。

106

如果能把握到一个人的兴趣所在,我们就很容易投其所好;但是人心本就多种多样,又是这么变幻莫测,就算是关于幸福的解答有很多种,人心也可以在下一秒就推翻他之前的定义,这就让事情变得无从捉摸了。

107

Lustravit lampade terras①——我心中有属于自己的晴雨表,它跟自然界的天气毫无关系,也影响不到我客观的身体状况。我可以在脱离幸福的抗争之中体会到一种胜利的自豪与快乐,相反,我也可能身处幸福的氛围却感到一种痛苦。

108

有些人只是因为想要说谎就说了,即使说谎这件事情与他本人的利益毫不相干;所以说想要判断一个人有没有说谎,仅仅去看他与事物之间的利害关系是不够的。

109

疾病让关于服药的问题变得自然而然,并且毫无抵触,这是一个人在健康的状态下万万做不出来也难以想象的。而且人在生病的时候也不会像健康的时候那样,有心情并且愿意出游或者进行一些娱乐项目。自然会在适当的时候,让我们产生最适合现状的兴趣和心愿。自然所加给我们的永远是最恰如其分的感情,而那些让我们焦虑不安并且与我们所处的现状而言毫无益处的情感,往往是我们自己臆想出来的并且强加于自己的烦恼。

无论我们处在何种状态,最自然的情况就是感到不幸,人类总是渴望自己能够得到幸福,但是就我们目前所处的状态而言,所需要的那种欢愉已经超出了。一旦我们有能力去得到那种欢愉,也不会真正感到幸福,因为那时我们还会渴望得到其他的愿望。

要阐述这一普遍性的命题就需要有更具体的例证⋯⋯

---

① 意思是"他用灯照亮大地"。

110

我们觉得事实变化无常的原因在于只能够发现眼前的快乐并非真实,却还不能意识到那些未曾体会过的快乐也是虚假的。

111

变化无常——我们总是错误地把人之间的互动看的如同弹奏一架普通的风琴那样简单。你确实可以把人看作一架风琴,但这是一架奇特的风琴[它的乐管并不是按照音节排列的],因此这架风琴也是在不断运动且变化的。如果你只懂得普通的风琴如何弹奏,那么就不要尝试弹这架风琴,不具备天赋的人是不可能在这里弹奏出和谐的音符来的。

112

变化无常——事物的属性是多种多样的,精神的偏好也因人而异;精神所能够接触到的任何事物都不可能是单一的,而精神对其研究对象来说也是复杂多样的,基于这两点的多样性,对于同一事物的感情也就显得变化无常了。

113

变幻莫测和稀奇古怪——土耳其的君主一个人实现了两件截然相反的事物,单凭个人努力去生活并且统治了世界上最强大的国家。

114

多样性可以涵盖的范围如此的广泛,我们用它来形容不同种类的音调、步伐、咳嗽、鼻涕、喷嚏……葡萄的种类可以根据果实的不同加以区别,我们把它们分成玫瑰香种、孔德鲁种、德札尔格种,还有一些嫁接品种,然而这样也不可能概括它的多样性。一根枝条上能不能长出两串葡萄呢?一串葡萄上会不会有两颗果实是一模一样的呢?这样的问题还有很多。

严格地去对相同的事物做出同样的判断对我来说是非常困难的,特别是在我创作一件作品时,要对它加以判断就更加不可能了。我要学习像画家一样去判断,与自己的作品保持一个不远不近的距离。然而怎样的距离才是最合适的,您知道吗?

115

多样性——我们可以把神学看成是一门科学,然而这门科学还有许多的分支。我们可以把一个人看作完整的个体,但是从解剖学的角度,我们也可以把人看作众多部分的组合:头颅、心脏、胃、血管、血管中的每一根、血管的构成部分、血液、每一滴血液……

远远看去,一座城市或者一片原野就是简单的一个整体,但如果我们慢慢靠近就会发现其中的奥妙。那之中有屋舍、砖瓦、花草树木、蚂蚁,你甚至可以看到蚂蚁的脚,或者是更小的东西,以至于无穷。而能够包含这些无穷尽的恰恰就是一片原野。

116

思想——我们可以将万事万物归纳到一个整体之中,然而它们彼此之间又各不相同。在人性之中我们可以发现各种各样的本性,也可以看到无穷无尽的天赋。在各种偶然因素的作用下,人们会趋向于选择被周围人所推崇的事物。这鞋跟转得不错呢。

117

我们现在所处的种种境遇,都是在他人喜好的影响下做出的选择。人们说这鞋跟转得这么好,这个鞋匠的手艺真好,于是就会有人选择成为鞋匠。又有人说这个士兵是多么的勇敢,于是就会有人参军入伍。你的酒量好坏,是醒着还是醉了,都是被他人的言语左右的结果。

118

一个人其他方面的一切都是取决于他最主要的才能。

119

自然将万物都依照其自身的规律进行创造:它可以让一粒种子在肥沃的土壤中生长并结出更多的好种子,也可以让一个真理在智者们中间得到更好的发扬,数字仿照空间的原理运转,它们的属性都是变化多样的。

万事万物都遵守一个共同的原则:正如根茎上长出叶子,然后结出果实;每一条原则都通向它自己的结果。

120

[自然的过程是将物质分解然后进行复制;人类的办法是先复制再进行分解。]

121

自然界之中的无穷和永恒,是通过将有限的事物进行无限的重复来实现的,时间、空间以及数字都是在不断地循环往复彼此衔接。自然界中并不是存在着某一种可以无穷或永恒存在的事物,而是这些事物在不断地进行着自我重复。所以我们可以判断,只有那个可以实现不断重复的次数才是无穷尽的。

122

时间可以让存在其中的人类随之衍变,时间也可以将过去的痛苦与混乱渐渐平息。所以,不管曾经有过怎样的历史,不管你曾经是征服者还是被奴役的,随着时光流逝,你再也不会是从前的那个自己。就比如在经历两个世代之后,曾经被侵犯过的民族就已经看不到当初的痕迹了。那些法国人在时间的长河之中,再也不会是当初的样子了。

123

男人当初爱过的那个女人,十年之后,就不再爱了。我们非常肯定,这两个人都与当初的时候不同了。曾经的他们都很年轻,但是现在女人已经不再年轻了。如果女人现在依旧能保持当初的清纯面貌,男人的爱也许就不会变。

124

我们无意之中发现自己看待事物时有些相似的方面:我们在看待事物时候的角度是多方面的,并且我们在看待这些事物时的眼光也是不同的。

125

人类是如此的自相矛盾,他们既盲目相信又经常怀疑,有时候过分瞻前顾后,但有时候却莽撞不计后果。

126

我们可以这样来描述人类,他们渴望能够独立,却摆脱不了本性的依赖,这一切都源于他们对生存的需求。

127

人类的现状是反复无常、百无聊赖、焦躁不安。

128

我们经常可以看到有人对自己所从事的工作感到无聊,并想要摆脱这种无聊的现状。所以他可能暂时停下工作,在家中快乐地生活,他也可以轻松愉快地出去游玩几天,可能会遇到一个令自己喜欢的女人,但是当这一切结束,回到现实的工作中时,他又要感到痛苦难耐了。

129

人生来就要在不断的运动之中度过,直到死亡为他带来永远的平静。

130

当一个士兵,或者是一个工人,又或者是其他的什么人,在痛苦地诉说自己所受的磨难,并且情绪激动的时候,你可以建议他试试什么都不做。

131

无聊是人生中最让人抓狂的事情。如果你整个人处于一潭死水的状态,无事可做,没有可以让你排解的乐子,没什么事情能让你专注,也没什么事情能让你的情绪起伏,你就会觉得难以忍受。这种状态下你会觉得自己是如此的空洞、乏力、堕落、软弱无能、毫无存在感,随之而来的就是一种来自灵魂深处的空虚、沉闷、阴郁、烦恼、忧愁以及绝望。

132

我认为只有像奥古斯都和亚历山大这种年轻的帝王,征服世界才会让他们觉得由衷地快乐,因为年轻人的热情难以抑制;然而像恺撒这样的年长者,应该更加成熟稳重,所以对于这件事就不该抱有如此的热情。

133

有两副面孔长得一模一样,其中的任何一副单独待着的时候不会惹人发笑，但是当他们在一起的时候，就会因为他们的相似而惹人发笑。

134

人们宁愿去称赞一幅画作之中，模仿事物本来样貌的幻象，也不愿意去称赞这个事物本身；他们喜爱虚幻的事物胜过喜欢事实。

135

能让人感到兴奋的并非是最终的胜利，而是为此而争斗的过程，我们喜欢看势均力敌的动物彼此争斗，却不会欣赏强者对弱者单方面的狂虐践踏。我们苦苦争斗是为了最终能够取得胜利，但是当结果呈现在眼前之后，我们就不再对它投注一丝一毫的关注。然而不是为了这个结果又是为了什么呢？这样的情况不仅是在游戏之中，在对于真理的探索上也会出现。我们喜欢与别人争论关于真理的话题，我们喜欢看到它是在争论之中诞生的而不是通过谨慎的思考与推理得出来的，争论出来的真理更能让我们喜悦。同样的情况在面对情感问题时也会发生，我们乐意看到角色之间的情感冲突而不是单方面的主宰，那看起来不仅不美丽，反而是残忍的。我们对于探索过程的着魔往往超过了对事物本身的追求。有曲折起伏的故事才会吸引人，只有欢乐没有忧愁的喜剧就会变得无趣，同样无趣的还有令人绝望的悲哀，不掺杂思考的情感，简单粗暴的严苛。

136

我们总是容易被一些小事左右情感，它们可以轻易地让我们难过，又可以简单地使我们得到慰藉。

137

我们只要把那些特别的行业都当作娱乐来看待就好,根本不需要仔细地观察和研究它们。

138

一个人可以成为一个工匠或者其他任何的什么人,只要他不是一直蹲在家里就可以了。

139

消遣——我们只要细心观察就会发现,人类的不幸往往都是由相同的原因导致的,那就是他们总是不甘寂寞,不肯乖乖在家待着;他们喜欢在不同的地方寻找刺激的事情,比如在宫廷中的尔虞我诈、战场上的危机四伏、各种极大的风险,还有很多由此引发的摩擦、愤怒、苦难等。如果一个人足够富有,让他可以安然地享受舒适的生活;那么他就应该满足于这份安逸,而不是心心念念地想要离开这片乐土,踏上杀伐之路。他们就是这么不安于现状,不能忍受一直待在房间里,所以就产生了需要社交与进行各种娱乐活动的需求;因为他们急切地想要从这个城里走出去,所以就花了大价钱把自己变成一个军官。

然后我开始进行下一步的思考,想要找出导致我们步入这样一种境况的原因,然后再通过研究这个原因去发现更深一层的根源。但是这个根源是如此的现实又让人悲伤,只要我们想要好好地捉摸一番就会发现,这种来自人类脆弱本性的那种不幸的宿命,居然是无法从任何途径得到慰藉的。

如果有一个人可以把这个世界上所有的财富权力都加在自己身上,那么这个人就只能够是一个国王,这也是我们现在所能够想到的世上最崇高的地位了。但就算是一个国王,如果你不允许他有任何的一种娱乐,即使他可以满足自己的一切需求,只要一想到一位国王生存的现状,那么他脑海中出现的必然是能够威胁到他权威的并且随时可能发生的暴乱,他的结局也逃不出身体被疾病败坏,人生以死亡告终的定论。所以说一个放弃了所有娱乐的国王是不会幸福的,任何一个在他统治下的最低贱的子民,只要还可以娱乐,都会比这个国王幸福。

人们有着各种各样的娱乐消遣,并不是因为这件事本身可以带来幸福,只不过是这个追寻的过程可以暂时地分散精力,让他不会想到自己痛苦的现状。于是我们会看到众多的人沉迷在赌博、交际、征伐以及钻营之中,他们不喜欢送上门来的好运或者是奖赏,就算是赢得了金钱地位或者是打猎的战利品,也不会让他们觉得多么的幸福。他们只是不想让自己陷入一个安静平和的氛围中去,因为那时他们就不得不面对自己的不幸,于是他们把自己置身于危险或者忙碌之中,来暂时忘却这种不幸。

所以,比起得到的猎物,人们更享受的是打猎的过程。

正是因此,人们才那么喜爱热闹和纷扰;正是因此,监狱才成为那么可怕的一种惩罚;正是因此,孤独的乐趣才是一桩不可理解的事。因而人们要不断地极力使国王开心并为国王搜求各式各样的欢乐,——这件事终于就成为国王状况之下的幸福的最重大的课题了。

国王只要一想到关于自己的事就不会幸福,所以他的身边总是围满了人,这些人的职责就是哄他开心,并且让他忘记思考自己的问题。

　　我们为了摆脱不幸的状况而发明了各种各样的娱乐,但是哲学家们却因为对人类本性的认识不足而否认了这个办法;哲学家认为在你对一只兔子并没有什么需要的情况下,花一天的时间去进行追逐就是徒劳无益的事情。但是他们不知道的是,这只兔子虽然不能帮我们得到幸福,但是可以万分肯定,追逐兔子的时候我们的视线就从不幸上面被转移开了。

　　让皮鲁斯①停下疲惫的脚步,不要去追寻安逸而是享受现在眼前的宁静,该有多么的困难啊。

　　[要是有一个人希望自己的人生能过得平静,那么他就需要获得一种幸福的生活,在那里他能够毫无顾忌地去进行思考而不用担心发现令人痛苦的事情,这是一种完全的幸福,但是这样的生活却有违天性。]

　　[一个人关于自身的探索是无论如何都不能够使人平静的,于是为了让自己不得安宁,这些人在他们本能的驱使下,开始无所不用其极。这种本性丝毫不关乎他们的幸福人生,而是一种身为浮夸的爱好——虚荣。]

　　[这些人错把这种对于某种事物的追求以及最终的实现当作了真正的幸福,而不是仅仅作为一种生活之中的娱乐,这才是我们真正需要谴责他们的地方,他们不该这样贪慕虚荣而错失了事物的本质。然而要说因为他们让生活变得如此不平静就要被谴责,那就是我们的不对了。然而如果全面地去看待这一问题的话,不

———————————

　　①　皮鲁斯,伊壁鲁斯国王,他曾经打算征服全世界之后再享受生活,他的大臣西乃阿斯则建议他享受当下的生活。

管是站在任何一方的立场上,我们都可以说他们对人性是不了解的。]

这些人不了解人性,正如同他们不了解自己,对于自己的狂热追求就更加难以给出一个明确的答案,他们不清楚自己想要的是追逐的过程还是被追逐的事物。所以,如果你告诉他们这些狂热的追求并不能满足他们对于幸福的渴望时,他们也不能够做出一个深思熟虑或者头脑清醒的人应该有的回答。因为这种冷静地回答会让部分人哑口无言:无论是那些让人着迷并且狂热追逐的对象,还是那些激烈刺激的追逐行动,都只不过是在转移注意力,让他们暂时放下对于自我的思考与探索。

(人在跳舞的时候总要时时注意自己的脚步,免得走错。绅士与猎人最大的不同在于,绅士将打猎看作一种高贵的乐趣,而猎人一点都不觉得这是有趣的事情。)①

这些人总是觉得他们为之钻营的那个位置可以让自己过得快乐安宁,却不知道人心不足才是他们的本性。那些所谓追求生活的安静祥和之类的说法,不过是为自己不甘于现状的野心找一个冠冕堂皇的借口罢了。

人身上存在两种截然相反的天性,并且在自己的灵魂深处不断制造各种矛盾:一种本能让这些人力图摆脱对自身无法改变的永恒的悲哀,去追求一些并不重要的事物或者消遣来转移注意力;而另一种相反的强大的天性却让我们认识到这种热闹的场面并不能使我们真正的幸福,我们需要安静下来。两种本性由于隐藏得

---

① 括号里的话为原文中的旁注。

太深而不可见,但是却不断地蛊惑我们去打破现有的平静,并通过克服所谓的困难来通往他们所追求的平静生活,如果能够得偿所愿的话,新出现的野心也会马上开始打破这种短暂的平静。

　　我们的人生就在这种反复的过程中被消磨殆尽,不停地被那种源于天性的力量荼毒内心,永远因为现有的或者还不存在的危险担惊受怕。在追求平静生活的道路上,费尽心力去克服一切阻碍,然而克服阻碍也不能让你的内心平静,就算是客观现实已经向你展示了平静的可能,你的本性也不允许你去相信真正的平静,你只能不断地去抗争。

　　所以人类的不幸在于天性中的躁动不安,即使是安宁的生活也不能够消除这种来自灵魂的不安宁;而他们的浮夸又让他们可以轻易地被生活中的小事牵动,忽略了真正的不幸或者是幸福的原因,而在狩猎或者是运动消遣中感受所谓的幸福。

　　他们这样做无非就是为了满足自己那一点点的虚荣心,让自己在朋友面前有些可以炫耀的资本。这样的人还有很多:一个数学家辛辛苦苦地证明了一个数学命题,不过是想让学者们知道自己做了前人所不能的事情;一个军官可以冒着生命危险去征战他国,不过是为了作为日后夸耀自己的谈资,这种行为真是愚蠢至极;当然还有一种人更愚蠢,他可以倾尽毕生之力投身于某项研究之中,但是并非是真心地热爱科学或者探求真理,他们不过是想让世人觉得他们有智慧。这种人是有知识的,但是他们又是愚蠢的,如果那些拥有冷静头脑和价值观的人也拥有这样的学识,那么就是另外一番情景了。

　　如果一个赌徒每天都可以在赌博之中赢一点,那么他的一生都会沉浸在这种快乐之中，但是如果你直接将他能够赢得的数目给他却又不允许他去赌博，那么他就会变得非常不幸了。你可能会觉得他的乐趣在于赌博的行为而非是赢钱，但是如果他一直赌并且一直输的话，赌博也会很快失去吸引力，让他不再感兴趣的。对于他来说，赌博不仅仅是一种娱乐，而是一种可以给到他刺激和活力的事物；赌博可以让他产生一种错觉，只有通过这种途径他才能够获得自己想要追求的幸福。他在自己建造的假象之中成了主角，并且为自己设置一个幸福的终点，从而激发了他强烈的追逐热情以及恐慌、愤怒的情感，他就像一个小孩子一样被自己臆想中所描绘的鬼怪吓到。

是什么原因可以让一个刚刚失去自己独生儿子才几个月，今早还在处理官司与诉讼的人，将这些烦恼都抛诸脑后，好像从来都不曾存在过一样？其实原因并不难猜到：他目前什么都不再考虑，正聚精会神地寻找一头野猪，六小时前他的猎犬还在奋力追逐它呢。所以只要我们能够找到一种合适的娱乐，不管一个人有多么的不幸和苦恼，我们都可以让他感受到幸福；反之，就算一个人现在感到自己是幸福的，只要他没有一个能够投身其中的娱乐，那么他迟早会因为无聊而感到不幸的。娱乐活动可以使人忘却不幸，没有娱乐的人是肯定不会感到幸福的。基于这一点，有权有势的人总是容易感到幸福的，因为他们可以让众人来为自己提供娱乐，因为他们有足够的能力做到这一点。

你有没有注意到，那些总监、主计大臣、首席州长每天都要从一大早就接见来自五湖四海的宾客，这得益于他们的地位，这些人的目的无非就是让他能够每天忙碌着接见他们而不会想到关于自身的问题。然而当这些大臣们失势之后，或者是被贬黜到乡下以后，在没有财富与仆人的状况下，他们只能过着穷困潦倒的生活，那时候他们就不得不面对自己的问题了。

140

[一个人可以因为失去了自己的妻子和独生子而感到痛不欲生，他也可以因为牵扯到一些重大的事件而让自己陷入一种麻烦苦恼的境地，但是这一刻他却可以好像什么都不曾发生过一样，看不出任何痛苦或者悲伤的痕迹，能够让他从这些情绪之中解脱出来的究竟是什么呢？你不必为这个答案感到惊奇，那只是一只球，有人把球打过来，为了能够赢得这一局比赛，他要集中精力去应对，让自己接下这个球漂亮地打回去。这件事需要他用心地去对待，那你就不能指望他还可以去分心思考别的问题了。这个球能够让他投注所有的心神，并且足以让他忘记这个世界上还有许多其他的事情需要思考。他本来应该去探索真理了解自然，应该去运用并且传授万事万物的规则，应该去专心治理一个国家，但是此刻他全部的心思都在如何抓到一只野兔上面，再没有别的了。他想让自己超越所有的人，但是他只能发觉自己的无力和愚蠢，所以他只能想象着自己是一只野兽，精神紧张只为捕猎。因为从根本上讲，他仅仅并且只能是一个人类，他不可能做到超出一个人类极限的事情，也不可能实现一切或者是无所作为，他不可能晋升为天使也不能堕落成野兽，他不过就是一个人。]

141

一个球或者是一只野兔就可以抓住所有人的注意力，连国王都不例外。

142

消遣——凭借着一位国王的尊崇地位，是不是就可以不需要像普通人一样依靠消遣来感觉幸福呢？是不是他只是瞻仰高贵的自己就足够了呢？他应该不会需要靠娱乐来消解忧愁了吧。我曾经看到有人献身于舞蹈，通过这样的专注来忘记家中苦难带给他的忧愁。但如果是一个国王就用不着这样了吧。难道赞扬自身的崇高伟大不比这些微不足道的娱乐更让人觉得幸福吗？还有什么事情能比这些东西更能让人的精神获得满足吗？相比于安静地欣赏作为一位国家的君主带给自己的无上荣光，难道把全部精神放到如何跳好一支舞，要不就是致力于怎样打出漂亮的球会让他更快乐吗？试想一下，如果有这样一个国王，他是真正的孤家寡人，没有伴侣，没有任何消遣娱乐，心灵绝对的安静平和，唯一要做的事情就是品味自身，我们很快就会发现，这位国王开始变得忧愁痛苦，因为他没有任何的娱乐可以排遣这些无聊。这就是为什么一位君主总是被围绕在众人之中，他们不会让君主有片刻的空闲时光，他们在公务结束的时候马上安排各种消遣娱乐，并且时刻准备着下一项游戏，好让国王无暇他顾；换句话说，这些人知道就算是一位国王，只要他静下心来思考自身的状况，也免不了会担忧困扰，所以就有一大群人围绕在君主身侧，想尽一切办法去避免这一状况的发生。

虽然我在这里谈到的一切都是基督教国家的君主，但我讨论的只是他作为君主的情况，而不是身为基督徒的他。

143

消遣——一个人从孩提时代开始就被人劝说要忙碌于积累财

富、赢得荣誉、关心朋友,甚至还要关心朋友的财富和荣誉。孩子们从小就被灌输这样的思想,只有获得了上面所说的这一切,一个人才能够得到幸福,只要有一样做得不够好,那么幸福就会离你远去,所以他们从小就事务缠身,忙于学习各种业务和语言,还要坚持体育锻炼。他们从小就体会到了生活的艰辛与苦难,都是因为我们用种种压力将他们奴役。或者你觉得尽管这个方法看起来不是很完美,但是却能够让他们得到幸福。如果我们想要夺走这种幸福该怎么做呢?再简单不过,让他们从这些枷锁之中解放出来,什么都不做就可以了。这时候他们就没有任何一件可以分散自己精神和思维的事情,他们就只能专注于自身状况的思考,他们不得不去想这样一些问题:我是谁,我从何处而来,又将归于何处。因为担心这样的状况,我们才会让他们全身心地投入到各种事务和学习之中,甚至在所有这些的间隙,还添加了各种娱乐活动。

人的内心究竟是多么的虚无和丑陋呢?

144

之前有过很长一段时间,我都致力于抽象科学的研究,但令我失望的是,同道中人少之又少。后来我开始研究人类,这才觉得抽象科学是不合时宜的,我对于这类学科的研究常常会把我误导,这比那些人对于这门学科的无知要严重得多。抽象科学没有多少人去关注也是正常的,但是我总以为研究人类自身的朋友该会有不少吧,毕竟这个工作很合适我们。不过事实证明我想得太多,致力于研究人类的甚至比投身于几何学的人还要少。我们总是想要去探知其他的事物,就是因为对自身的认识不足,但是从另一个角度去想,这种对于自身的无知是否才是真正的幸福呢,也许我们并不配知道这些关于自身的真理。

145

［人类的大脑只适合单线性思维，不适合一心多用，也许我们觉得能专心思索一件事就很不错了，当然上帝就不这么想了。］

146

人类是思想的动物，这是他们有别于上帝其他造物的根本，他们要像一个人该有的样子去进行思考，这是他们必须去做的，并且也是他们能够获得尊敬和赞誉的原因。人类需要思索的最重要的问题，应该是自己是什么，自己是因何而生，又将去往何处。

但是现实的情况，人们想的都不是这些问题，他们成日思考的是各种娱乐：跳舞、奏乐、合唱、吟诗作对、赌博竞技等，他们还会想着去征战，称王，但是却从来没有想过一个国王或者一个人应该是什么样子的。

147

我们总是喜欢活在他人的目光之中，并且为了这个虚假的偶像努力地去展示自己，却不愿意去正视真实的自我以及不满意在这个世界上我们本该拥有的样子。人们宁愿放弃生活的本来面目，却不知疲倦地包装那个在想象之中的虚假的偶像，并且依靠这种想象去生存。我们将所有的好处都给了那个虚假的偶像，而将真实的自己变得像个可怜虫。如果我们具备了某种好的品质，比如慷慨、诚实、安静等，就会迫不及待地用来添加这个偶像的名声，并且让所有人都看见；我们为了让一个勇敢的名声在众人之间传播，而把自己变成一个懦弱的人。人们通常会去追求这个虚假的偶像胜过关注真实的自己，有些人宁愿舍弃自身也要维护这个虚像,这便是人类灵魂之荒芜最明显的表现。如果一个人不肯为了维护自己的名誉而献出生命,那么荣誉就会被从生命中剥夺。

148

人类的狂妄让他们希望自己能够享誉世界,甚至是流芳百世;但是他们的虚荣心又会让他们满足于眼前少数人的恭维,并且为此欢欣鼓舞。

149

如果仅仅作为一个过客,我们是不会在乎是否被某一处的人们赞赏的;然而如果情况并非如此,如果我们需要停留一段时间,就需要考虑一下如何获得这些荣誉的问题了。但是这其中的尺度又要如何衡量呢?我们只能去参考自己那短暂而又虚荣的一生了。

150

虚荣深深扎根在每个人的灵魂之中,无论你是士兵、马夫、厨师还是门房,那种期望在人前显示自己并且获得他人尊崇的心态都是一样的,就连哲学家都不能免俗。有人写书去批判虚荣,但也是为了获得著书立说的荣誉;那些去读书的人,也不过是为了得到阅读的荣誉;此刻正在这里奋笔疾书的笔者,也不过是怀着同样的心情;如果你正在读我的书,或许就……

151

我们所有人都是从小就被荣誉这样的观念腐蚀着。我们周身充斥着各种赞扬之声,你的一言一行都被人称赞,连你的人都被称赞为睿智的,这样的例子还有很多。

不过波·罗雅尔①就没有让自己的孩子遭受过这些,他的孩子们从未听到过众人的称赞,也从来都不会为此困扰。

152

骄傲——通常情况下,我们想要了解一件事情只是为了能够与他人谈起,这是一种源于虚荣的求知欲。如果我们到海上去旅行,只是为了纯粹地观赏风景享受旅行,而不是为了要向别人炫耀旅途中的见闻,如果只是绝口不谈,这样的旅行还有什么必要呢?

153

让我们来讨论一下为什么人们总是希望获得身边的人尊重:骄傲是如此强大的一种力量,以至于人类所有的悲剧和某物都不能与它相比。只要是涉及它的问题,即使要我们献出生命,我们也会毫不犹豫的。

娱乐、狩猎、交际、喜剧、毫无意义的名垂千古,无一不在表述着人类的虚荣。

154

交不到朋友对我们来说其实是一件好事。

155

一个真正的朋友可以在任何时候为你说好话,而且还会在你看不到的地方给予助力,即使拥有最显赫的身份,你仍然不可能放过这样极大的好处,所以大家都在竭尽所能地去寻找这样一个朋友。不过挑选朋友的时候必须小心谨慎,如果你选中的这个人不够聪明的话,不但不会给你带来任何的好处,反而会成为一个麻

---

① 波·罗雅尔修道院是冉孙派的活动中心,其教育训练非常严格。

烦；愚蠢的人说出来的好话并不会有什么大的作用，因为没有人会去相信他们；如果这些人恰巧是最愚蠢的那一类，那么他们可能都不会说什么样的好话，这些人在众人之中的形象，使得他们只要以你朋友的身份在人群之中，对你而言就等同于是在说你的坏话了。

156

Ferox gens,nullam esse vitam sinearmis rati.[①] 这些人渴望鲜血胜过爱好和平；还有些人乐于看到死亡而不是战争。

好像所有的意愿都比苟且偷生来得好，即使对于生命的渴望从来都是源于天性的最强烈的愿望。

157

矛盾：对生命的轻视，毫无意义地放弃生命，还有对于求生意志的仇恨。

158

事业——人类的虚荣心所带来的诱惑是如此的强大，以至任何能够满足人类自身虚荣的事物都会被热烈地追逐，即使是献出自己的生命。

159

最可贵的莫过于行善而不为人知。于是在前人的书籍之中读到一些这样的事情（比如第 184 页）[②]，才会让我们欣喜难耐。遗憾的是这些事终究还是被世人知晓，所以这种秘而不宣并没有做到完备；尽管之前的人尽了最大的努力去保守秘密，但是泄露出来的

---

①　意思是"凶残的人需要依靠自己的武器来生存"。
②　指的是蒙田的《文集》第 184 页（1635 年版）。

只言片语也足够遮蔽所有的荣光；因为所有善行之中最可贵的部分就是让它不为人知。

160

打喷嚏跟任何一种其他的事物一样，都可以全然地分散我们的注意力；然而这一行为并非是出自本心，所以我们自然也不能够凭这一点就能忽视自身的渺小。这个行为的结果并不是我们所期待的那样，所以就算这个结果是我们通过自身的行动而得出来的，我们也不能够忽视它的目的并非是我们所专注的那一个，而是别的什么，从而打个喷嚏也就不意味着我们本身是脆弱不堪的或者是毫无主见的。

人类陷入悲伤无法自拔并不可耻，然而屈服于享乐就很可耻了。并非因为我们服从欲望地去享乐，而外界的各种因素却导致忧伤才会如此，即使我们是自内而外地去追逐并且沉溺于忧伤之中，依旧不会显得可耻。那为什么在理性的角度上，顺从快乐的愿望可耻，而服从于忧伤就不会呢？只因为忧伤是我们精神的一种选择，是我们理智的行为而非是被引诱的结果，我们是自己行为的主宰，而我们的行为不过是遵循了内心的指引，然而享乐却只是享乐而已。所以，做自身的主宰并能够掌控自身的行为才是光荣的，被欲望驱使只能够带来羞耻。

161

最让人惊讶的事情莫过于此：人们对于虚荣这样显而易见的存在毫无察觉，这个世界上没有人能够正确地认识他，我说愚蠢的人才会想要变得伟大，都会让你们大惊小怪。

162

如果你能够好好想想诱发爱情的缘由以及它所引发的结果，你就可以完全了解一个人的虚荣是怎么一回事。高乃依说他不知道是什么引发了爱情，但是我们可以看到爱情的可怕后果。这种完全可以动摇国本，影响一个国家的国王、军队甚至影响全世界的缘由，竟然是我们毫无所知并且难以察觉的事物。

如果克利奥帕特拉①的美丽能够减少几分，那么这个世界的历史就会有所不同了吧。

163

想知道人类的虚荣，就要先观察诱发爱情的因素以及爱情引发的后果，比如克利奥帕特拉。

164

一个自身非常爱慕虚荣的人，对于世间所有的虚荣都可以视而不见。那些年轻人整天耽于享乐、把自己完全放任在尘世的繁华与对远大前程的幻想之中，也只有他们才会对这些虚荣视而不见吧。如果这世上所有的享乐就此消失，那么这些年轻人就会变成一群可怜的人，他们会因为空虚而慢慢失去快乐的感觉，他们能够感受到生命的无聊却又无法充分地认识，更不可能想到办法去解决；关于自身的思考让他们悲哀又无力，这是一种多么可怜的境地。

---

① 克利奥帕特拉，埃及女王，曾经凭借美貌获得恺撒和安东尼的支持，希望可以重建希腊化王国。

165

思想——In omnibus requiem quaesivi① 真正幸福的人是不会想到要去追求幸福的,因为他并不会对幸福有所思恋,也不会有因为思恋而产生的无聊需要排遣。

166

消遣——在没来得及思考的情况下投身赴死,总好过在充分考虑过自身安全之后迎来的死亡。

167

既然已经认识到了人类的空虚,那就有义务去排遣它,这是来自人类天性之中的悲哀。

168

消遣——人类既然已经无法改变注定的死亡、悲剧以及愚昧,那么他们就觉得把这些事情完全抛诸脑后,反而会比较幸福。

169

人类总是想着要获得幸福,并且在这些幸福之中,他们要摒弃所有的可能不幸的念头;即使经历过很多的悲剧,他们仍然在考虑着如何获取幸福。如果想要得到幸福,永生是必不可少的一个条件,然而既然注定了不能够永生,我们就只能有意地去忽略死亡这个必然了。

170

消遣——我们承认一个人是幸福的,那么他会如同圣人或者上帝一样,不去寻求娱乐就可以更加的幸福;然而我们不能承认的

① 意思是"在所有事物中,我只追求平静"。

是那些通过娱乐而觉得自己幸福的人,这些幸福是虚假的。因为这种幸福并非发自本心,它们完全依靠外物的赠予,一旦环境发生改变或者任何一个微小的变化,都可以使这种不稳定的幸福被打破,从而导致某种不幸的发生。

171

悲哀——人类总是用各种娱乐来让自己显得不那么悲哀,可是这些娱乐却构成了我们人生中最大的悲哀。这些娱乐分散了我们的注意力,让我们无暇顾及关于自身的思考,然后促使我们逐渐地将自身消磨殆尽而不自知。如果不去进行各种娱乐,我们就会觉得空虚,从而认真地思考自身并且找出真正的根源所在,最终战胜内心的虚无。可悲的是人类总是耽于享乐,并且在浑浑噩噩中走完空虚的一生。

172

人们一直都学不会活在当下。一些人总是把眼光放到未来,觉得日子过得太慢,想要把今天快点过去;还有些人总是怀念着过去,不希望时间那么快溜走;人类总是轻浮地活在对于将来的幻想之中,不肯脚踏实地地过好眼下的生活;他们也同样的虚妄,总是沉浸在过去的回忆之中,完全不去正视自己的现状。这是因为人类总是不满足于自己的现状,想到现实他们总会因为不能得到满足而觉得痛苦,所以他们宁愿忽视现实;如果现在的状态让他们很满意,那么他们肯定会想办法将这样的时间尽量地延长下去。正因为我们没有办法改变现状,就只能寄希望于将来,把自己对于现实的无力转嫁到对于虚无缥缈的未来的设想当中。

如果你仔细地回想一下你所思考的事物,就会发现它们都是存在于过去或者将来，而你几乎是不会想到现在的；如果你想到了，也不过是为了通过它来谋划自己的将来。眼前的生活永远不是我们想要达成的那种，不管是回忆过去还是着眼现在，我们都只是为了能够获得期望中的未来，这才是真正的目的。所以我们的生活永远不存在于现在，我们总是将生活寄望于未来之中；我们觉得未来的生活才能够称得上是幸福的，因为你永远在走向幸福的路上，所以得不到幸福也就没有什么好奇怪的了。

173

人们常说日月食是一种灾祸的预兆，但是生活中的磨难是如此的正常，以至我们总会遇到这样或那样的不幸，人们常说的预兆也就很容易灵验了。如果反过来，他们说这样的气象属于祥瑞之兆，那就是弥天大谎了。如果一定要把幸福的可能性与这种罕见的天象联系起来，那么错失它的概率也就很容易得到了。

174

悲哀——所罗门是人类之中的幸运儿，而生活中的种种欢愉让他认识到了这种快乐的不真实；约伯则是最不幸的那一个，人生中的重重磨难让他看到了人类丑陋的真相；从两个不同的角度，他们对于人性悲哀的认知与阐述却是最深刻的。

175

人类由于对自身认识的匮乏，使得他们对于死亡也显得无知。身体健康的人总是担心自己明日就会归西；而真正病入膏肓的人，完全没有意识到自己发热的症状或者是正在生长的肿瘤，一味地觉得自己拥有健康体魄。

176

克伦威尔颠覆了皇室,建立了属于自己强大的王朝,他想要踏平所有的基督教国家,就连罗马帝国也只能匍匐在他的脚下。只是他的输尿管中出现了一个小小的结石,并在征伐的过程中逐渐扩大,他因此而丧命,于是他的王朝就此覆灭,皇室重掌政权,世界又恢复了原本的样子。

177

[三位东道主]很难想象一个人是英国国主、波兰皇帝以及瑞典女王的朋友,却难以在这个世界上找一处地方作为隐居之地、庇护之所吗?

178

关于那些被希律王屠杀的无辜之人——马克罗比乌斯[①]。

179

希律王曾经下令将两岁以内的孩子全部杀死,那之中甚至还有他自己的孩子,当奥古斯都听说这件事情的时候,就感慨道:"做希律王的孩子还不如做一头他圈养的猪。"《农神节书》第 2 卷第 4 章,马克罗比乌斯。

180

大人物与小人物的区别就在于所处的位置,一个是在时间车轮的中心,一个在边缘,虽然他们共享相同的遭遇、烦恼和激情,然而在时局动荡的时候,处在中心的人所感受到的颠簸就比较小了。

---

① 马克罗比乌斯,公元 5 世纪的作家,属新柏拉图派。

181

生活中总是充满着各种各样的不幸，为了消除不幸，我们总是有无数的事情去做，并且我们也真的去做了；只是真正让我们能够投入热情的事情，就是那种不得不去做否则就会后患无穷的。所有问题的关键其实是，你需要发现那个可以让我们只做有益的事而又从来都不会遇到任何可以导致不幸事端的办法，这个问题的答案就是行动可以变得如思想一样的不朽。

182

一个身处困境之中的人如果能够看到希望并因此而感受到幸福快乐，那么他也必然可以感受到由厄运所带来的诸般苦痛，否则我们就只能怀疑他是在幸灾乐祸了；这样的人会以发现希望而感到欢欣作为掩饰，他们所表现出的那种快乐都是假象，并非是因为对他人处境的关心，而只是对于他人的不幸抱着一种看戏的心态，并且从中取乐。

183

我们其实可以做到在悬崖上奔跑而无所畏惧，只要可以找到合适的障碍物，让你看不到自己是身处在悬崖上就好。

第三编
为什么要打赌

184

我们应该以书信的方式来向人介绍上帝。

在这之后，我们可以让那些寻求上帝的人投入到哲学之中，看看那些能够触动人类精神的哲学家、怀疑主义者以及教条主义者是怎么做的。

185

万能的主是慈悲的，并且用这种慈悲来对待世间万物，上帝用他的智慧让我们从精神上笃信宗教，又以他的慈悲让我们由衷地去信奉。但是如果有人想要通过武力来达到上帝所赋予人类的这一切，那么他们只能够把恐怖传播到我们的心中，terrorem potuis quam religionem①。

186

Nesi terrerentur et non docerentur, improba quasi dominaio videretur②——(奥古《书信集》,第 48 或 49 篇),第 4 卷:contra mendacium ad consentium③。

187

顺序——有些人担心宗教中所宣扬的是真理,他们仇视宗教并且鄙视它。如果我们想改变这种观点,就要证明宗教是符合逻辑的是合理的,让人们看到它的可敬之处并且加以尊敬;让人们发现宗教的好处,希望宗教是真的;最后我们就可以告诉世人,这是真的。

因为宗教能够完全地理解人类,所以它是可敬的;又因为它可以带给人们真实的幸福,所以人们才会真心热爱。

188

无论在任何场合,与他人交谈的时候我们要保证一点,一旦有人觉得自己被冒犯了,我们可以对他说:"你有什么好抱怨的呢?"

189

对于那些本身处境就已经使他们很不幸的人,我指那些不信神的人,我们要对其怜悯。如果要对他们加以谴责,只需要告诉他们信神所带来的好处,就足够令他们难过了。

---

① 意思是"这只是恐怖而绝不可能是宗教"。
② 意思是"如果你的统治让人民感受到的只有恐惧而没有教诲,那么看来它就是不公正的"。
③ 意思是"只有宗教会议才能裁决谎言"。

190

要对那些正在寻求之中的无神论者心怀怜悯，因为他们十分不幸。对于那些炫耀宗教的人，要加以痛斥。

191

炫耀神明的人要去嘲笑那些正在寻求信仰的人吗？他们之中到底哪个更可笑呢？然而那些探寻者并没有要看这些虚荣者笑话的意思，他们有的只是怜悯。

192

如果上帝想要因为米东的冷漠而去批判他，那么还是让我们先来批判吧。

193

Quid fiet hominibus qui minima contemnunt, majora non credunt. ①

194

……如果想要对宗教进行抨击，那么你最少也要对自己抨击的宗教有一个基本的认识。比如你说这个世界上没有任何一种迹象可以表明那些宗教所说的，然后恰好有这样的宗教说可以让你真正地认识到上帝，并且在任何地方都可以让你毫无阻滞地触碰到真理，那么我要说你确实是在抨击这个宗教。然而事实的真相却是完全相反的，它在告诉我们人类一直未能得见光明，也从未接近过上帝，上帝就像他在圣经之中给自己的称呼 Deus abscondi-

————

① 意思是"我们要拿这些人怎么办？他们对于微小的东西视而不见，又不肯去相信伟大事物的存在"。

tus^① 一样，隐藏自己以阻断我们对他的认识。而且还向我们揭示了同样重要的两件事：教会的确立是上帝给寻求他的世人在人间建立的标志，然而这个标志是有欺骗性的，只有真心寻求上帝的人才能够将其伪装识破。所以有些人盲目地四处宣扬自己在追求真理，却又没有找到能够揭示真理的启示；他们在无知的情况下抨击教会，却不知道这恰好证明了他们并非真心寻求真理，这些人未能识破上帝的伪装，反而证实了自己的虚假，真是徒劳无益的举动。

那些人不遗余力地攻击教会，甚至宣称在教会向他们指出的可以寻求真理的地方，也一无所获。真要是有人这样说，那他就真的做到了抨击宗教的一方面。不过我很清楚，一个头脑清醒的人不可能说出这样的话来；我甚至可以告诉你，世上还没有能这样做的人。那些人的行为方式我非常了解。他们可能会花些时间去翻阅资料或者向人讨教，这就是他们认为的努力探寻了。然后他们会向世人宣称自己曾经探寻真理却一无所获。但是我想跟他们说的是，这种对于真理的轻视和对自身浅薄的坦然，让人难以忍受。这是关乎他们自己甚至是全人类发展的重大问题，绝不可能因为这件事是发生在一个遥远的陌生人身上，并且与我毫无干系，就可以被轻易默许的。

只有那些愚蠢又固执的人才会对此事毫不在乎，我们的灵魂所关乎的都是对于一个人来说最为重要的东西，而灵魂的不朽将会是我们倾其一生也要探寻的事物。人类所有的思维和活动都应该是为了这件事情服务的，我们在努力探寻灵魂的不朽是否存在，

----

① 意思是"隐蔽的上帝"。

如何才能够实现这种不朽,我们所做的任何一种改变都是为了探索并且实现这个目标,如果不是这样,那么我们现在所思所想的一切,我们所作出的一切努力都会变得毫无意义。

我们必须去证明一个人灵魂的不朽,因为这是我们人生中最大的快乐和最重要的事情。我们要能够在人群中辨别两种人,一种是努力寻求生命意义的人,还有一种就是对自己存在的意义毫不关心的,我们无法让他们正视灵魂的存在和不朽,所以我们就必须将这些人排除在真理之外了。

对于那些真心寻求灵魂不朽,并且因为怀疑而悲叹的人,我只能惋惜,这些人看到了灵魂深处的悲哀并且力求摆脱这种境况,他们一生之中最重要的事情,主要任务就是寻求这种方法。

但是有些人却对于自己的灵魂缺乏真正的关心,他们并没有到广阔的世界中去寻求关于人生和思想的真谛,他们只是在自己身上做了一番探索,毫无斩获之后便轻易地放弃了。这些人总是容易轻易地去相信别人的意见,却从来不肯去思考问题的根源在哪里,也许他们本身并不清楚自己想要追寻的到底是什么东西,但是那种无知和固执却让他们坚持愚蠢的论调不肯放弃;而我对这些人的看法,是与之前的那些人完全不同的。

那些对于自身、对于永恒、对与人生最关键的部分毫无所知而且也漠不关心的人,我不会怜悯,只会感到气愤、讶异和震惊,在我看来这种漠然与魔鬼无异。我并不是因为自己对于宗教的虔诚和热情才这样说,而是我认为我们需要以一种更加严谨的态度,从逻辑的角度,站在人类自爱与集体利益的立场看待这个问题,这一点就连这个世上最愚蠢的人都能够发现。

就算是不够聪明的人也能够看清楚眼前的事实:对于我们现有的人生来说,所有的幸福都是虚假易碎的,你所感受到的快乐都是幻觉,唯一真实的就是你所承受的无尽的苦难以及你注定要走向死亡的结局,永恒伴随你的真相是,死亡会在未来的某一天降临在你面前,你将会永远地消弭,在那之前,是永恒不变的痛苦煎熬。

无论我们在生前如何的英勇无畏,都无法逃脱最终走向死亡的命运,这个世界上唯一确定的也是最让人害怕的一点莫过于此。我们可以认真思考,然后得出这样一个结论:只有真正追求幸福的人才有幸福可言,生命中最美好的事情不过就是期待生命可以有另一种形式的永恒。有一点是可以肯定的,对于自己灵魂的永生毫不怀疑的那些人是幸福的,而毫不关心自己灵魂永生的人,也就不可能有获得幸福的机会。

所以,这种处于怀疑之中的人生就会是不幸的,但是在这种因怀疑而产生的不幸之中,我们有义务去探寻关于灵魂的真相;但是如果有这样一种人,他们不但不相信而且也不去追求真相,那么他们就不只是不幸,而且还背负了一种恶。如果这些人不但不会因此而感到不安,还四处去向人宣扬自己的劣迹,并且以此为傲,将这些东西构建在虚假的幸福和虚妄的荣耀上,对这样的造物,我真的没什么可说的了。

完全无法想象是什么让他们可以这么认为的。人生本来就没有任何获得幸福的可能,伴随我们的只有长久而又无法摆脱的悲惨。当你发现自己无论怎么样努力都不可能发现真相的时候,还有什么心思去关注所谓的虚荣?所以我实在无法理解一个能够独立思考的人怎么会产生这样一种念头。

　　"我不知道自己是如何来到这个世上的,我不了解这个世界,也不了解自己,我对于自己周围的一切都是一无所知的状态。我对于构成身体的物质一无所知,我对于感觉也同样一无所知,我不了解灵魂,甚至不了解构成自己的那一部分精神世界。我在自我审视,我的精神也在回应着我,同样的,我的精神也对这个世界一无所知,就如同它对周围一切的事物一无所知。我知道自己存在于广袤无垠的宇宙之中,我自身的存在仅仅是广阔空间中的一个小小角落,令我困惑的是为什么自己会在这个角落而不是其他什么地方,同样的我也困惑在漫长的时间长河之中,我短暂的一生为何占据了这一点,而不是在那之前或者之后的无限的时间中的某一段。我看到了空间与时间的无限性,而我的渺小就像是一个原子,也像是烟花绽放的瞬间。我能够知道的唯一一件事情,就是自己即将面临死亡,这是在不久的将来不可避免的结局,但是对于这个结局我能够知道的东西恰恰是最少的。

　　"我不知道自己是如何来到这个世界的,我也不知道自己将会以何种方式结束这一生,我只知道在我的生命结束以后,可能会彻底地消失,也有可能前往上帝的天国获得永生,但是我也不确定自己的将来会是其中的哪一种。我的人生就是如此的不堪一击而又充满了未知。这一切的一切都会让我把自己的未来变成一种无奈接受的态度,我对于获知将来的真相不再抱有任何期待,而是安然地看着时间流逝。也许我的这些疑问可以给我带来一些小小的启示,但是我已经不愿意去探索也不想去努力;我愿意就保持着现在这种无知者无畏的态度去迎接死亡,看着它从我一无所知并且毫不确定的未来慢慢地靠近,而对于那些仍然要在这上面投注所剩人生的人们，我只能投以鄙视的目光。"①

谁会希望跟一个以这种方式讲话的人做朋友呢？世上的人那么多，你愿意跟这样的人倾吐自己的心事吗？在你痛苦需要帮助的时候你会想起他吗？而且最后，你觉得这样的人这一生还能有什么可取之处呢？

其实他们这些缺乏思考的人与宗教为敌，是宗教之幸，他们的抨击所能够给宗教的真理性带来的伤害小到可以忽略，但是他们的存在本身却能够为证明宗教的正确性提供强有力的依据。基督教所宣扬的教义之中有两个最重要的部分，一个是人性的堕落，还有一个就是耶稣基督的救赎。而我觉得，这些人如果没有崇高的品质证明自己是被救赎的那一部分，那么至少他们身上出现的这些违背人类天性的部分，也足以向世人证明人类的堕落了。

人类最应该关心的事情应该是他本身的存在状态，而最能够牵动人类情感的莫过于永恒的意义，所以那些对于现世的悲哀、自身的生存状态和灵魂永恒毫不关心的人，是有违天性的存在。这些人有着迥异于常人的一面，他们对于微不足道的小事投注了过多的兴趣，费心地思索，用心地感悟，推测着将来，但都是这种毫无意义的事情，比如怎么保住现在的职位或者如何维护自己的荣誉，明明这些身外之物都会随着死亡而变得毫无用处，但是他却丝毫不关心自己的死亡。一个人可以因为毫无意义的事情担惊受怕，但是却对具有重大意义的事物毫不关心，一个灵魂出现了这种状

---

① 原稿旁注："不管它们的可能性如何，那都只是绝望的题材，而非虚荣心的题材。"

况是多么令人惊讶。这样的灵魂，只有无所不能的上帝才能让他实现，这种不自然的麻木和匪夷所思的状况是普通人办不到的。

难以相信人类可以漠视自己的灵魂安然度日，并且还可以向人炫耀自己的这种行为，这是对人性的一种怪异的颠覆。可是在日常生活中我们却看到了很多这样的人，幸好我们发现其中的大部分人只是出于单纯的模仿，而并非是发自本心地安于这种状态，不然光是这个数量就让人不可思议了；而那些模仿的人无非是听人说过，这样的特立独行才是最能迎合潮流的做法。但是想要戳破这种虚假的表象，告诉他们这种寻求尊崇的做法不过是在自我欺骗，其实很简单。我可以对这世上的任何一个人说，这种做法其实并不能获得他们想要的尊重。人们只会接受并且认可对自身存在有益的事，所以想要获得尊重，你必须让自己的品质为世人所知，让大家看得到你是一个诚实可靠并且乐于助人的好伙伴，只要你肯动动脑子，很快就会想明白这一点。如果有一个人声称自己抛弃了上帝，并且不相信全知全能的上帝的存在，认为人类是自己思想和行为的主宰，人类可以为自己的人生负责，但是对我们而言这真的是有益的吗？难道我们应该因为这件事情而感谢他，并且毫不怀疑地相信他的话，在发生重大事件的时候难道我们能够从他那里得到安慰、劝解和帮助吗？难道就因为他把这件事情告诉了我们，并且还是用一种骄傲的姿态声称灵魂不过就是虚无缥缈的存在，就可以让我们安心了吗？我并不觉得这是一件可惜的事情，反而觉得这才是令人觉得可悲的，甚至可以说是这世上最为可悲的事情了。

这些人的论调并不能让人相信他们的主张，反而能够让我们更清楚地认识真相，只要仔细推敲一下，就可以发现这样的想法是多么的谬误、多么的有违常理、多么的偏离本心，又与我们一直以来想尽办法所要成为的那种人有多大的背离。其实只要你听过他们的论述，你就会发现，他们所描绘的那种怀疑感觉以及能够援引的种种理论和证据是多么的靠不住，他们甚至会以一种令人无语的方式去让你赞同。曾经有这样一个人就说过类似的话，他说："请不要再继续探讨这样的问题了，不然的话我可能会转而投向上帝的怀抱。"听到这样的话，你难道不觉得他很有道理吗？想象一下，你真的能接受这种人跟你一样都是上帝的信徒，是追求永恒道路上的同伴吗？

因此如果有人只是出于虚荣而去模仿这种狂放不羁的行为，而并不是出于发自内心的真情实意，那么这些人就是不幸的。希望他们能够坦诚地面对内心的痛苦，让人们知道自己想要追寻光明而不得，这并不是可耻的事情，只有全然的黑暗才是可耻的。如果一个人不能够认识到被上帝抛弃是一件多么不幸的事情，那么他思想的弱小足以使我们谴责；如果一个人放弃了对于永恒真理的追求，那么我们就可知这个人的内心是丑陋低劣的；而那些公开抨击宗教的斗士们，我们称其为懦夫。这些不信神的恶行其实该留给那些内心住着魔鬼的人来做，他们才是有能力作恶的人；而那些可怜人如果无法认识上帝，至少不要再做欺骗自己的事情。希望他们终有一天能够认识到什么样的人才会是真正幸福的，这些人或者是因为认识上帝而发自灵魂深处地虔敬上帝，或者是还没有认识上帝但是正在努力去寻找他。

然而那些对于上帝缺乏认知也不想去认识上帝的人，连他们自己都丝毫不关心自身的状态,又怎么能够期待别人对他们加以关注呢?他们的愚蠢只能够让我们鄙视,而能够为他们提供救赎的,只有宗教之中的那位全能的上帝,这已经是非人力力所能及的了。想要在宗教之中寻求真谛,就必须去探索去认识它,如果那些可怜的人能够得到眷顾,获得真诚的信仰,如果我们有可能陷入他们今天这种怀疑的可悲之中,易地而处,我们就应该去回应他们的期待,我们应该让这些人更多地关注自身的处境,即使没能找到光明,也应该努力地去靠近光明。不管他们是不是讨厌这些论调,我们都该劝这些人花些时间来听听这些劝告,在那些虚度的光阴之中,这些劝告也许会给他们带来些什么,不管怎样他们不会有任何的损失。我真心地祝福那些相信神并且在追求真理的路上不断前进的人,我希望他们的愿望都可以实现。这些人总有一天会找到属于自己的启示,我这里已经搜集了这些证据,而且我已经在遵循这些顺序在做……

195

我觉得我需要先指出有些人的恶,然后才能开始关于基督教神圣的论述。这些人对于追求真理这件事如此冷漠,这件事明明就是人生之中最重要的并且关系到自身存在的大事。

这个错误的认识足以让我们知道这些人多么的愚蠢和无知,但是因为被长时间的经验和环境所误导,被自身感觉制造的幻想欺骗,他们对于这一点竟然毫无察觉。

有一点是确定的,那就是人的一生短暂如流星,而死亡,无论它究竟是怎么一回事,却是永恒的;因为有了这个永恒的终极目标,我们所做的一切都是以此为前提,我们所做的一切改变,也都是以此为终点所重新规划的路线,否则我们将会因为失去重点而寸步难行。

这件事情已经是毫无疑问的了,如果有人说自己出于理性的思考选择了其他的人生,那么这种选择本身就是有悖于理性的。

所以那些从不去思索生命意义和精神永恒的人才是最该被谴责的。你可以想象他们生活的清醒,他们通过欺骗自己和对于人生意义的漠视来逃避思考的痛苦,他们耽于享乐并且任由物质支配自己,这些人只顾眼前而对自己的灵魂无动于衷。

但是这种永恒存在的东西并不会因为他们的无视而消失。死亡的威胁无处不在,而且是在不久的将来,他们就不得不面对死亡的到来,他们有可能让自己的灵魂置身于无穷的不幸之中,也有可能会就此消弭无形,可是迎接他们的到底是哪一种必然,连他们自己都不知道。

他们很有可能因为这种可怕的不相信,而把自己置身于一种可怕的陷阱之中,陷入无穷尽的悲哀之中;但是他们在这件事情上的轻忽却让人惊讶,他们不肯费力去辨别那些思想的真伪,无论这些思想是为了欺骗无知而轻信的人显得冠冕堂皇还是为了考验那些真心探求的人而显得晦涩艰深。他们不关心这种观点是有充分证据的还是那种经不起推敲的。他们对于显而易见的事实毫无察觉,然后就这样无知无觉地把自己置于不幸的境地。他们对于这种境况如此的坦然,只是静静等待死亡的来临,并给出他们最终的结局,他们不关心甚至还能够跟他人炫耀这样的悲剧。如果你用一种严谨的态度考虑这个问题,那么眼前这匪夷所思的情景就足够让你感到恐惧了。

对于自己的无知可以无动于衷本身就是一种恶，所以我们一定要让这些在蒙昧状态之中消磨一生的人，认识到自己的愚昧无知，并且对自己的处境感到不安。如果一个人不去追求光明，而是在黑暗之中走向死亡的话，他们就会是那样的。你从他们那里除了不知道以外，什么都得不到。

196

人类学不会跟自己的灵魂交流，所以他们的灵魂是空洞的。

197

那些安于自己无知现状的人，已经冷漠到对任何事物都提不起兴趣，而他们的这种冷漠已经让我们不得不去关注了。

198

人类对于自己本性的颠覆体现在：他们把精力放在了微不足道的小事情上面，却对关乎生存的问题视而不见。

199

人类目前的悲惨状况可以用一个简单的画面来形容：有一大群死刑犯在同一个地方，他们带着相同的镣铐，每天都会有几个人在众人面前被处决，他们就这样看着，明白了这就是自己的未来，但是这却并没有什么改变，因为他们除了感到绝望和恐惧，并没有任何的办法去摆脱这种悲惨的结局，他们都只能默默地等待死亡来临的时刻。

200

有一个身在监牢的犯人，再过一个小时不到的时间就可以知道自己的判决结果，在这一个小时的时间里，如果他是一个正常人，那么打听到了这个结果，就可以利用这段时间准备上诉；然而如果他的本性已经被颠覆了，那么他可能会在这一个小时的时间里娱乐自己。因此，如果有人能够对于迫在眉睫的危险视而不见，仅仅沉浸在眼前的欢愉之中，那么这就显然是有违天性的。这就是上帝手掌的分量。

所以我们可以知道，能够证明上帝真实存在的，不仅仅是那些对真理孜孜以求的人，那些愚昧无知的人同样也可以。

201

人们所提出的诘问通常不是真的为了抨击宗教，而是为了驳斥他们自己。那些反对宗教的人所提出的所有问题都只是证明了他们所反对的宗教。

202

[那些没有被上帝的光芒所引导的人，我们能够感受到他们在黑暗之中陷于悲伤和绝望的惨状；然而那些沐浴着上帝神圣光辉的人，却被这种耀眼的光芒晃了眼，看不到真正的上帝。]

203

如果不想让我们被 Fascinatio nugacitatis① 损害到自身，那么我们就只好装作自己剩余的生命已经只有八天那样生活了。

204

如果我们能够献出生命中的八天时间，那么我们就能够献出自己一生的光阴。

205

当我把自己短暂的一生置于无限的时间长河之中时，我会发

---

① 意思是"毫无用处的妄想"。

现,我所经历的这段时间,甚至是我所能够了解的时间,都只是其中微不可见的一点点,我不了解时间,而永恒的时间也不可能去了解我;于是我感到震惊和恐怖,我不知道是什么力量把我安置在现在这个时间上,而不是其他的任何时间,为什么我被放置在宇宙空间的这个角落而不是别的什么地方。我的此时此地到底是出于谁的安排呢? Memoria hospitis unius diei praetereuntis. ①

206

令我恐惧的是面对这样广阔的无限空间而我将永远的一无所知。

207

这世界上还有很多的国度是我们一无所知的!

208

我想知道为何人类的认知和身体都有一个不可超越的极限,为何人生不过百年而非千载?人天生的特质到底有什么理由非要是这样的呢?时间可以无限地延伸,但是留给人的却是这样一个数字,而出于什么理由我们选择了这样的一种属性而不是其他的,我们是不是有必要去尝试另外一些可能性呢?

209

难道因为你的主人对你有所偏爱就能让你忘记自己身为奴隶的现实吗?也许你此刻正是春风得意。但是你有没有想过,这个主人开心的时候会宠爱你,惹怒了他也可能会马上让你受皮肉之苦呢?

① 意思是"那些不相信上帝的人,他们的希望就如同对往日客人的回忆"。

210

一部喜剧只要是以悲惨的结局告终,不管中间的过程多么的美好,都无济于事;一旦我们在最后时刻让灰尘沾满了头发,那么这就是永远不可更改的现实了。

211

最可笑的就是把自己的希望寄托在那些同胞身上,人与人之间的关系是如此的脆弱:没有人会帮助对自己毫无用处的人,人类就是如此的可悲、软弱无力,而且将自身利益放在首位,我们最终只能独自一人走完一生。如果你选择了这样的生活,如果你注定了永远都是一个人,那你还会去关心自己的房屋是否建造得华美舒适,或者其他毫无意义的消遣吗? 那个时候除了真理,任何事情对你来说都毫无意义,而如果你不去探寻世界的真相,那只能证明比起关乎自身的真理,你宁愿活在与别人的关系中。

212

消逝——最让人害怕的一点莫过于,你感觉到周身所有的一切正在一点点地消逝。

213

生命是这个世界上最不堪一击的事物,它存在于我们与地狱之间,存在于我们与天堂之间,是这之间唯一的存在。

214

如果一个人对于自己可悲的现状还能够自鸣得意,那他的作为就是这世间最大的恶行了。

215

人类总要以人类虚荣的方式选择死亡,他们不会因为惧怕危险而逃避死亡,他们害怕的是自己的死亡有损名誉。

216

人们总是害怕突如其来的死亡,所以那些地位崇高的人总是希望自己随时随地可以进行最后的忏悔。

217

一个土地继承人在发现了自己家的地契之后,怎么可能会对它置之不理,甚至说出这张地契可能是假的这种话?

218

那个深处监牢之中的哥白尼,他的见解我们大可以不必去考虑;但是关于灵魂的思考却不是。要认识精神的永恒性是否为真实的,这个认识关乎所有人类的未来。

219

显而易见,如果我们能够认识到灵魂是不是真正不朽,那么这个世界的道德观念将会变得大不一样。而那些哲学家却把关于灵魂的探讨放在一边,倾尽一生的时间去讨论关于人类道德的问题。

而柏拉图的观点,就更像一个基督徒。

220

蒙田的文集中阐述了一些哲学家的二难推论以及其中的一些谬误,这些谬误产生的原因其实是他们忽略了关于灵魂不朽的问题。

221

无神论者在探讨事物的时候总是想要说得分明,但是谈及灵魂的物质属性,他们的这些说法就变得模糊不清了。

222

那些无神论者到底是依据什么判断说基督徒死后不可能复活？比起重生，凭空出现一个生命不是更加困难吗？比起在虚无之中创造一件事物，难道不是把已有的事情重复一遍更为简单吗？难道重现竟然比创造更加难以实现吗？我们受困于经验的限制，总是觉得一个人的出生要比他的重生更容易实现，这就是凡人认知的局限性。

如果一只母鸡可以完全不需要公鸡的帮助就能生蛋，你为什么就不能接受一个处女怀孕呢？人们总是仅凭外表去判断一件事情，而不去思考它的本质。是不是有人已经证明了母鸡与公鸡的不同，做一只母鸡就无法孕育胚胎呢？

223

那些对于人死后复生，对于处女怀孕这些事情抱有怀疑的人，他们提出的问题并不值得过多推敲。认真考虑一下，让一个生物复生，与让一个人或者动物出生相比，哪一个更有难度一些？人们对于自己毫无经验的事情总是一无所知的，他们未曾见过的那些生物，人类并不知道那些生物的生产过程是什么样的。

224

本来一切都会变得非常顺利，只要你相信福音书的预言都会应验，只要你相信耶稣基督就是救世主，但是总有一些人是那么的愚昧，他们怀疑圣餐以及其他的一切。

225

那些无神论者在精神方面的能力，只有其中的一小部分能够被展示出来。

226

那些坚信自己的理性力量的无神论者,他们在理性思考的部分是非常强大的,不过他们是怎么说的呢? 他们说:"你难道没有看到吗? 野兽与人,基督徒与土耳其人其实并没有区别,他们都要经历同样生老病死的过程。异教徒与基督徒一样都拥有自己的先知、自己的博士、自己的圣者、自己的教士,以及其他的一切。"(可是这一点并不能用来反驳上帝,因为圣经之中都已经写下了。)①

对于那些丝毫不关心真理的人来说,上面的那些理论已经能够让他心安理得地继续生活了。但是对于探求真理的人来说,就要继续观察思考了,那些对于他们来说还远远不够。这是一个关乎全人类的哲学问题。但是有些人只会在这个问题上停留一下,然后毫无结果,他就会继续投身到娱乐之中,并且向众人宣扬自己已经思考过这个问题了。也许我们应该转而向我们所怀疑的这种宗教来寻求结果,也许它能够给我们提供一个答案,也许我们能够在宗教之中找到阐述这种艰涩的真理所需要的道理。

227

按照对话的顺序——"我应该做什么呢? 我在任何地方都找不到想要的答案。我应该成为一个无神论者,还是我应该去信仰宗教呢?"

"世界上没有永恒不变的事物,它们在变化之中得到永恒。"——这样说也不对,因为还有其他的……

---

① 括号里的话为原文中的旁注。

228

无神论者总会用自己没能摆脱黑暗找到光明的理由来反对宗教。

229

我到处寻觅，但是仍然没有找到光明的踪影，这样我对于自己所看到的一切都感到迷惘。因为我在这个世界上所看到的一切，都只能让我越来越不确定，而且感到不安。试想一下，如果这个世界上根本没有任何一样事物可以向你证明上帝的存在，那么我们就会成为完全的无神论者；相反的，如果我们周围充斥的各种神迹显现，那么我们会坚定不移地相信上帝。但是现实令人难过得想哭，我们能够找到证明上帝存在的证据少之又少，但又不是全然的无；我无数次地向世界祈求，如果创世的故事是真的，那么就应该让我们明白地看出来；如果那只是一个虚假的传说，那么就应该让我们一眼看破其中的虚妄；不管是哪一种结果，都应该明明白白地展现在世人面前，这样我们就可以毫不犹豫地去走向真理的一方。可是我目前的状况却完全相反，我处在前所未有的迷茫之中，完全不能够认清自己，也不知道我要履行怎样的义务，要采取怎样的行动。我倾尽自己的全部精力想要发现真理，这样我就可以按照它指明的道路行事，只要能认识到永恒的真相，我愿意付出任何代价。

那些能够在自己的信仰之中生活得轻松随意的人，让我感到了一种忌妒，他们完全糟蹋了自己被赋予的那种天赋异禀，如果是我的话，那么情况就会完全不一样的。

230

这些相互对立的命题,要么就是在逻辑上不可思议,要么就是在事实上不可思议:比如上帝是存在的,或者上帝是不存在的;比如人既是物质的又是精神的,或者人只是单纯的物质的个体;比如这个世界是被创造出来的,或者世界不是被创造的;或者人生而带有原罪,或者我们是无罪的。

231

你觉得上帝不可能同时具备大而无限和细致到不可分割这两种属性吗?然而事实就是如此。我还可以告诉你世界上其他可以实现这种属性的物质存在。比如一个质点在以一种绝对的速度进行永久的运动:在它到达的每一处都是最小的组成部分,而对于它所处的每一点来说它都占据了全部。

希望这个世界的无限性能够让你认识到,自己并非全能,你还有很多事情需要去学习去了解,即使你曾经觉得自己已经没有什么事不知道了。在你探索真理并且充实自己的过程中,千万不要说自己已经把所有的事情都了解清楚了;你应该在学习的过程中不断地认识到,这世界上需要你去了解的东西是无穷无尽的。

232

一个以绝对速度在进行无限运动的质点,它是任何一个事物最微小的组成部分,当它停留在任何一处的时候,它同时具备了无限性和不可分割性,这种无限性并非是在数量上体现的。

233

无限—无物——人类的灵魂存在于肉体之中,它于物质的存在之中认识了数量、时间以及维度。它通过自身来发现其他的一切，并将这一切统称为自然、必然，并且认为在此之外并不存在其他的事物。

无穷加上一仍然是无穷，并不会有任何的变化，我们加上的那一点就是在无尽的维度上再扩大那么一点。有限的事物在无穷尽的面前就等同于不存在，我们也可以认为有限的事物在无限面前成了零。如果拿我们的灵魂与上帝相比，拿我们所知道的那些道理与上帝的相比，那结果就差不多。我们的那些道理与上帝的道理根本不存在任何可比性，其中的差距比一和无穷之间还要大。

上帝的正义就如同他对于世人的怜悯一样，可以包容一切。然而对于有罪的人来说，这种正义就显得没那么宽宏了，但是至少比起那些被宽恕的选民们所带有的罪孽要好得多。

我们都知道数字的无限性，但是却说不清楚这个无限的数到底是什么样子的。我们能够知道的是关于数字是有限的说法是假的，那么关于数字无限性的判断就是真的了。可是我们却不能判断出这个无限数字的属性，它既不是奇数也不是偶数，因为在这个数字上面加一不会对它有任何的影响；但是我们可以确定它仍然是一个数字，对于有限的数字来说，我们可以断定它不是奇数就是偶数，但是这个数却不行。从这一点我们可以发现，确实有一个全知全能的上帝存在，只是我们无法说清楚他的样子。

我们已经发现了许多客观实在的事物，但是它们都不能代表真理，那么我们是否可以判断，真理并不是一个客观实在的事物呢？①

---

① 这句话在原稿中写于页旁。

　　所以,我们能够知道并且了解那些客观存在的事物,因为我们与它们有着共同的属性,即有限性和客观实在性。我们知道有些存在是无限的,但是我们却并不能了解这些无限的存在,因为虽然我们都具有客观实在性,但是人类却是有限的存在。这就是为什么人类既不能知道上帝也不能去了解他,因为上帝是无限的,同时也不存在于这个客观物质的世界。

　　然而我们却可以通过信仰去确认上帝的真实性,我们也可以通过他的光辉来了解神的本质。我在上面已经说明了,人类可以确认某些事物的客观实在性,但是却不能充分认识这些事物的本性。

　　既然这样,我们就只能运用人类天性之中的禀赋来进行探索了。

　　假设上帝是客观实在的,然而他却具有无限性以及不合理性;他既是无穷的又是不可分割的,与作为人类的我们没有任何相似之处。所以人类是无法真正认识上帝的,人类也同样不能确认上帝是否真实存在。如果是这样的话,那么还有哪一个人会去追寻这个问题的答案呢?他不可能是一个人类,因为人类与上帝之间不存在任何的关联。

　　所以,当一个基督徒没有办法清楚明白地向你解释这种信仰的时候,你又怎么能去指责他呢?他们所向世人展示的,不正是那个人类没有办法说清楚的宗教吗?在世人面前,他们所讲述的关于这个宗教的事情,就是向你说明他的愚昧、stultitiam①;那你又

――――――――――

　　①　意思是"愚拙"。

凭什么因为他们不能阐述明白而心生不满呢？如果这个宗教真的能被讲清楚，只能证明人类违背了约定：它们存在的真正价值，便在于这件事情的不可言说。好吧，就算我们不追究那些随随便便把这件事说出来的人，我们也不去追究他们在完全不清楚的情况下就随便得出结论，但是我们却不能放任这些人不经过探究便轻信了。现在，我们就开始对这个问题进行一番探索吧，让我们开始探讨一下，世界上是否真的有这样一个上帝吧。那么，你是相信上帝确实存在，还是不存在呢？关于这个问题，我们的理性思维并不能起到什么帮助，因为我们的认识无法跨越无限的量度。我们只能在这里碰一下运气，因为在这个无限量度的尽头，总会有我们想要的那个结果。但是该怎么押注呢？我们的理性思维并不能给出任何建议，无论在哪个尽头，都不是它能够到达的；依据理性去判断，我们仍旧不知道上帝是否真的存在。

所以就不要五十步笑百步了，那些随便对上帝存在与否做出自己判断的人，对于这个问题跟你一样无知。但是不行，我仍然要指出他们的谬误。他们不是错在做出了选择，他们错在选择了其中的一个方面，因为不管你选择了是还是否，你所犯的错误并没有任何的不同，唯一正确的做法是不去任何一边。

确实，可是你却别无选择，既然已经在这个世界上，不管是否愿意，你都只能去参与这场赌博了。可是你要把赌注压到哪边呢？我们可以考虑一下。既然两边一定要选其一，那么就应该选择对自己来说风险最小的那一边。你无法失去人性中的真与善；你可以用自己的才智和勇气，自己的学识和幸福去拼一拼；但是你终究要本能地去逃避谬误与失败。现在事情已成定局，那么你为了不让自己的灵魂受到伤害,就应该走向这一边而不是那一边。这个结果已经是完全确定的了。那么要如何获得幸福呢?我们来看看如果相信上帝存在会有什么后果吧。首先来比较一下两种结果带给我们的得失:如果上帝存在的话,那么我们所期盼的一切都会实现;如果上帝不存在,那么你的现状不会有任何的改变。所以你还等什么,把赌注都压在上帝存在的那一边好了。"能想出这个主意的人真是聪明。确实,我们一定要下这个赌注,但是压这么多会不会太冒险了?"我们再来考虑一下。如果输赢概率相同,我们用一生的时间下赌注,赢回了可以重生一次的机会,那这个赌注还是值得去下的;如果用这一生的时间,可以换回两次重生机会,那就没有理由不去赌这一局,况且你已经无权说不;再说如果你还算是个善于思考的人,你应该知道,在这种局面下最好的办法就是孤注一掷,用一生的时间去赢得可能到来的两次重生机会。这里可是永生与永久幸福所在之处。如果是这样的话,那么在这无数次的尝试中只要有可能赢得一次,那么下这个一生的赌注就是值得的;除非你已经没有思考的能力,否则没有人会放着这样的机会不去赌一下三倍赔率的赌局(再说你有无数次的机会去下赌注,只要有一次你赌赢了,永生的幸福之地就会属于你)。更何况,这个赢得赌局之后的奖励又是真实存在的,你又是用有限的赌注,在一场早晚会赢的赌局之中。所以你就不该犹豫,而是一心一意地想办法尽快赢,没有什么其他的可能性,你不会永远赌输,而你赢了以后的奖品确是永远的幸福。既然你只能投身到这场豪赌之中,你就应该放弃所有的顾虑去拼一次永生,这并不是用自己的生命去冒险,因为赌输了你也并没有失去什么。

　　好比我们不得不参与一场赌局，我们所下的赌注是确定的，但是赌局的结果却有无限的可能性，这就好比我们所投入的这种有限的财富和我们在赌局之中所期许获得的无限多的奖励之间的距离；这些言辞毫无意义。因为这种假设根本就是不实的；从逻辑上来说，每一个喜欢赌博的人都是在用实实在在的东西去赌一个不确定的结果，而且他们最终能够赢得的东西也是有限的事物。所以这样说是不对的，我们所下赌注的有限性与输赢概率的不确定，这中间有着无限的距离。其实，这种无限存在于输赢的确定性之间，输赢所占的百分比决定了赢得赌注的概率与我们所下赌注的可能性之间的比例。所以，如果输赢的概率各半，那么这个比例就是一比一；这个时候我们的赌注与赢得赌局的概率，这中间的距离肯定是可以估量的。如果一场赌局有一半的概率可以赌赢，而且你能赢得的东西又是永恒的，那么这个假设是任何人都不能抗拒的。我们可以验证这个事实；如果人类有可能接触到真理的话，那么就肯定是这一点了。

　　"我赞同你的说法，我相信这是正确的。但是有没有什么办法能够让我能够预见到这个结果呢？"——当然有，圣经和很多东西都可以给你预兆。

　　"我知道，但是现在的我是被限制的，手不能动、口不能言，我被强迫参与这场豪赌；没有人来拯救我，而我又不能靠自己来找到信仰。现在我能怎么做呢？"

　　确实如此，你的思想让你不得不面对这个问题，但是你却不能得到信仰，不过你至少也知道了自己在信仰这个问题上的无能为力。所以，你要想让自己相信的话，就不要再通过理智的方法去证明和寻求上帝了，你可以直接蒙蔽自己的感情。你不知道该向哪里寻求，但是你却渴望认识上帝；你在寻求帮助，希望能够改变自己在信仰面前的无力；那你就该跟那些人学习，既然你已经不得自由，就把自己的全部财富都投到赌局上；这些人已经改变了他们不认识上帝的境况，他们已经找到了你所想要找的那个办法。你可以学着他们的样子，假装自己是在虔诚地信仰着，去领圣水、谈论圣餐之类的。通过这样的办法，你会像被驯化的动物一样而变得虔诚信仰。"可是我却害怕这样。""有什么好怕的，你已经一无所有了。"

你内心的情感才是最大的问题所在，因为你需要摒弃这种感情，才能够让自己走上这条道路。

这个问题我们就说到这里。到现在可以确认的是，相信上帝存在只能给你带来无尽的好处。你会成为一个可以信赖的人，你变得敬畏神明、忠诚可靠、心怀感激并且积极向上。你不会被任何虚无的假象所引诱，虚荣和娱乐都会离你远去。如果你想知道还有什么可以期待的，那么你可以看到自己参与这场赌局的结果就是这一生已经被你握在手里，与你赢得无限的幸福和生命相比，你的赌注已经不值一提，从此以后你会在生活中的所有方面都看到这一点；所以你最后可以确定的一点是，你几乎没有任何风险地投入这场赌局，结果就是毫无疑问地赢得了无限。

"啊！每次谈论这样的话题我都觉得无比畅快并且沉醉其中。"

假如你觉得这样的说法你可以欣然接受，并且你觉得无从反驳。希望可以了解说出这件事的人已经全心全意地在侍奉这全知全能并且无限仁慈的上帝，他愿意付出所有，只为了能够让你也认识到信神的好处，并且为了上帝的荣耀，跟他做同样的事情，只有这样，你才能够从这种虔诚的祈求之中获得你想要的强大力量。

234

如果我们只能够去做我们可以确认的事情，那么我们就可以不再去管宗教的任何事情了，因为我们对于它所有的事情都是不了解的。但是人类却会引发战争，出海远航，这些事情都是多么的不确定啊。这样看来其实大可以什么都不要做，因为好像没有什么东西是我们能确定的；我们都不能确定自己看不看得到明天，因为有很大可能性我们是看不到的；这样看来，宗教反而比明天的事情看起来更能确定一些。我们不能肯定宗教是不是存在，但是谁又能证明宗教是不存在的呢？所以通过上面的推论，我们可以知道根据概率来说，正确的做法就是为了那些不确定的事情去努力；这样的话，那些为了明天或者其他的不确定的事物努力的人，他们的行为也就解释得通了。

圣奥古斯丁看到了人类出海远航、发动战争，但是他只看到了人们投注精力在这些不确定的事情上，却没能发现可以证明这种行为正确性的那个概率论。蒙田发现了灵魂不完整的人会让人不喜，并且对于做任何事情都毫无抵触；但是他也没能发现这些问题的内在原因。

他们只是看到了这些事物的表象，却没有能够发现这些现象之下隐藏的本质；跟那些已经发现其本质的人相比，这些人就像是只能看而不能思考一样；因为现象是可以看到的，但是本质只能通过思考得知。虽然他们的精神帮助他们发现了这些隐蔽的现象，但是跟那些能够发现本质的精神相比，他们的作用就跟眼睛差不多了。

235

Rem viderunt, causam non viderunt. ①

236

上面的概率说已经充分指出了你该做的事情，那就是不顾一切地寻求真理；如果在有生之年都不能发现你所追求的真理，那么你的生命就变得毫无意义。如果你觉得上帝应该留给那些想要真心追随的人一些能够显现他神圣意志的东西，其实那些东西一直都在，只是你没能发现而已。所以，你最该做的事情，就是倾尽所有去寻找真理。

237

机遇——人类的生活方式肯定会随着下面这两种不同的假设而产生变化：第一种假设是人类可以永生不灭，一直存在于世界之中；第二种假设是人类并不是永生不灭的，但是我们并不知道自己在什么时候会彻底消亡。实际上人类就属于这第二种假设。

238

这个世界其实什么好处都没有给过我，我一直生活在苦难之中，除此之外，还有耗费十年的时间（这个十年并不是确指，而是一个概率上的数字），努力去获得他人的认同和喜爱却没有能够得到想要的结果。

---

① 意思是"这些人只能看到事物的表面，但没有看到内在的原因"。

239

反驳——相信神的人是有福的，因为他们可以向上帝寻求救赎而免予遭受炼狱之苦。但是他们仍然无法摆脱自己对于地狱的恐惧。

答辩——那些不信神的人对于地狱毫无概念，但是假如地狱真的存在，那么他们就会成为被惩罚的那一类人；而那些相信神的人，他们确信地狱的存在，并且希望在审判日到来之前可以得救而不必下地狱。这两种人之中，到底谁觉得地狱更加可怕呢？

240

有人对我说，如果我是一个有信仰的人，那么我就应该摒弃所有的享乐。但是我想对他们说的话却恰恰相反，如果他们能够马上放弃眼前的享乐，那么他们就可以找到自己的信仰。所以，该采取行动的正是这些人。如果我可以轻松地把自己的信仰加诸你身上，我早就那么做了，可惜我不能，所以你对我说的话是没有办法实现的。可是要你们马上停止欢愉却是可以实现的，这样你们就能知道我说的话是真是假。

241

顺序——我担心自己确信了上帝的存在，然后去发现自己做出了错误的判断；然而比这更让我担心的是，发现自己前面的判断是错的，而上帝是真实存在的。

第四编
信仰的方式

242

第二部的序言:来说一说这些曾经去探索上帝是否存在的人们。

我很羡慕那些敢于谈论上帝的人,因为这需要很大的勇气。如果你在对一个不信神的人谈论上帝,那么你总要从创世开始说起,跟他们说明神的存在。但是如果跟你谈论这个问题的人是一个虔诚的基督徒,那么这一点就不足为奇了;如果是一个虔诚信仰上帝的人,那么他可以毫不犹豫地跟你指出,这个世界只能是上帝创造出来的,而没有其他的可能性。但是如果你在对一个没有信仰的人说起上帝的时候,这些人身上已经没有神的光辉笼罩着他们,我们想要把这种光辉传递出去;然而这些人却耗费所有的精神在这个世界上寻找能体现真理的一切事物,可惜他们最终得到的是与他们一样陷于黑暗并且迷失方向的人。如果你让他们去观察这个世界,希望他们能够从太阳的天体运动之中,或者是任何一个微小的事物之中发现上帝,你觉得这样就可以让他们找到一直在探索的真理,那你可能就想错了。这种做法无非是让他们认为,上帝存在的证据是站不住脚的。我所有的知识和经验都可以向你证明,这些现象最容易让他们轻视我们所宣扬的宗教。

　　这种向人类解释宗教的方式与《圣经》之中的有所不同,没有哪一部著作能够像《圣经》一样清楚地描述上帝。然而在那本书里,上帝却被描述为不可见的,特别是人类堕落之后,上帝就再也没有让人类见到过他;只有耶稣基督能够给人类指引,让他们认识神;他是人类和上帝之间唯一的联系,除他以外再无别人:Nemo novit patrem,nisi Filius,et cui voluerit Filius revelare。①

　　这就是《圣经》在很多时候都想要告诉我们的,想要寻找上帝的人,只要你们去找就能够找到。但是这跟一般人所理解的"类似于中午的太阳"所散发出的光芒并不相同。我们从来不会这样谈论一件事:如果你想要找到中午的太阳或者是海水,只要你去找就可以找得到;所以我们可以知道,想通过自然界之中的事物来发现上帝是不可能的。这也是为什么,《圣经》之中还提到了另外一句话:Vere tues Deus absconditus②。

243

　　有一个问题非常值得我们去注意:大卫、所罗门等曾经撰写经

---

　　① 　除了子和子所愿意指示的,没有人知道父。——《马太福音》第 11 章第 27 节。
　　② 　意思是"你实在是隐蔽的上帝"。

书的人,从来都没有试图通过自然现象来向世人证明上帝的存在,这是多么的令人惊讶。他们从未想过告诉人们,可以通过证明真空的不存在来显示上帝的真实。然而他们之后的那些聪明绝顶的人却都是这么做的,可见那后世的这些聪明人,远不如那些经书作者们的智慧。

244

"天哪,你怎么可以不去说明天体运动的和谐以及鸟类的飞行构造证明上帝确实存在呢?"我确实不会这么做。"难道你信仰的宗教不应该这样解释吗?"不应该。虽然对于天体运动以及飞鸟来说,上帝赐予了它们这样的恩典,一定程度上,这确实都是真的;可是大部分的人类却并不这么认为,他们眼中这些都不是真的。

245

我们可以通过理智、习俗以及灵感这三种途径来获得信仰。基督教是世界上仅有的一个拥有理性的宗教,只有通过获得灵感皈依宗教的人才是这个宗教真正的信徒;它同时也要具备理智与习俗,因为习俗能够实现它将神的旨意传递出去的愿望,而想要得到一个好的结局,就必须对上帝赐予你的灵感抱以虔诚:Ne evacuetur crux Chtisti。[①]

246

顺序——在写好《论我们应该寻求上帝》这一封信之后,还要写一封名为《清除障碍》的信,在信中我们要探讨"机器"(即人体),如何清除来自这个身体的障碍,以及通过理智去寻求上帝。

---

① 以免基督的十字架落了空——《哥林多前书》第 1 章第 17 节。

247

顺序——我写了一封信，想要鼓励朋友去投身于寻求上帝的事业之中。他回信说："寻求也不会有什么结果，这种寻求对我来说毫无用处。"我告诉朋友："不要这么轻易地放弃。"朋友回信说，如果能够找到真理他会非常开心。但是如果他直接信仰了这种宗教，而宗教本身并没给他带来什么好处的时候，寻求就毫无意义了。关于这个问题，我回答友人说："机器。"

248

这封信要阐述的是通过机器来证明上帝的作用。信仰与求证是不同的事物，求证是人类的行为，而信仰是上帝给人类的恩典：Justus ex fide vivit①；上帝亲自将这种信仰根植在人的心中，求证不过是通过信仰的一种途径，fides ex auditu②；但是上帝已经将信仰放在了人们心中，所以人们会说 credo③ 而不是说 scio④。

249

如果你以为完成各种仪式就可以证明自己的信仰，那么你是在迷信；但是如果你不去完成这些仪式，那么你的行为就是高傲。

250

想要真正地认识上帝，就要让自己的思想和行为保持一致，这意味着你必须亲自去完成跪拜、祈祷这些仪式，只有这样，那些不肯皈依的高傲的人才能够真正地归顺上帝。如果你以为可以借助

---

① 义人必因信得生——《罗马书》第 1 章第 17 节。
② 信道是从听道来的——《罗马书》第 10 章第 17 节。
③ 意思是"我知道"。
④ 意思是"我信仰"。

这些仪式性的东西，那么你就变得迷信；但是如果你不能让自己的行动和内心统一起来，那么你就会成为一个高傲的人。

251

除了基督教之外的所有异教，都只能够在表面上做文章，他们可以控制普通民众，却不能让有智慧的人顺服。如果一个宗教是纯粹出于精神高度的，也许聪明的人可以理解，但是普通人却不行。只有基督教能够做到让人的思想和行动完全结合起来，这样的宗教才是具有普适性的。基督教能够让普通人的信仰提升到精神层面，也能够让那些有智慧的人更接地气，这两个要素缺一不可，因为普通人需要理解文字的含义来体会其精神，而聪明的人则需要通过这些文字来让自己的精神顺服。

252

人类必须对自己有一个正确的认识，我们是物质的同时也是精神的，从这一点可以看出，仅仅通过求证来让人信服宗教是远远不够的。我们能够求证的事物少之又少，而且这样的求证也只能使人类的精神相信宗教。但是经验却不同，它能够使得人类限制精神的，属于物质的那一部分彻底驯服，所以这是我们能够找到的最强大的并且最有说服力的求证方式。难道有人会想到去求证明天会不会到来或者人会不会死的问题吗？这些都是人类最确信的事物。所以是习惯让我们相信了那些事物；也是习惯让很多人变成基督徒、土耳其人、异教徒、匠人、士兵……（洗礼的过程让基督徒变得比土耳其人更加虔诚。）当然，如果精神最终找到了真理，也只能通过养成习惯的方式让人类获得信仰，而且这种习惯恰好能够增强我们对于宗教的信心，这正是人们最缺乏的东西；如果每次宣读信仰都要求证一次，那可就是个大麻烦了。人类需要通过一种更简单的方式来获得信仰，那么我们就需要靠习惯养成来获得信心，只要有这种习惯，我们就可以毫不费力地，不用花任何的心思和努力就接受信仰，并且能够顺利地说服自己的精神，并且让肉体的行动完全符合这种信仰。我们不能够仅仅通过一次见证来让精神皈依，而肉体却还在信仰之外徘徊。我们需要同时作用于精神和肉体，在人的一生中，一次见证就可以让他的精神完全皈依宗教，但是对于肉体我们只能通过习惯的养成来让他与精神保持一致。Inclina cor meum, Deis。[1]

理智需要权衡很多的意见，需要参考很多的原理，这些还需要东西再一一进行呈现，因此理智想要做出行动需要经过漫长的时间；如果在这个过程中缺少了任何一条原则，那么理智就有可能迷失或者直接做出错误的判断。但是人类的情感就不一样了，它们的反应非常迅速。所以想要让自己的信仰坚定不移，它们就让信仰根植在你的情感之中。

253

从来不依靠理智去判断，或者只通过理智去判断事物，都是非常不可取的。

254

我们经常会看到人类对于事物过分地相信盲从，这件事情是一定要被指责的。这种行为可以称为迷信，迷信的危害跟没有信仰同样的大，而且迷信也是人与生俱来的一种罪。

---

[1] 上帝啊，求你是我的心趋向你的法——《诗篇》第119篇第36节

255

虔诚跟迷信是不一样的。

如果人过分执着与虔诚，就会变成迷信，从而有损于那份虔诚。

异端教徒们谴责我们这种迷信式的顺从，那就是要做到他们所谴责我们的……

人们只是因为没有见到耶稣基督，就开始怀疑宗教、怀疑圣餐。

认为所有的命题都可以在一本书中是一种迷信。关于信仰……

256

我想说的是，就算单纯地考虑信仰本身，真正的基督徒也是极少数的。很多相信宗教的人只是出于一种迷信；那些为数众多的不信神者则是因为天性的高傲，但是很少有人能够协调两者成为真正的基督徒。

当然我说的人里面，所有天性之中就已经被栽植了信仰，还有一切因为得到了某种见证而皈依宗教的人，是排除在外的。

257

这世界上有三类人：一种人是能够认识到上帝并且虔诚地奉献自己的人，这些人是拥有强大的精神并且能够获得幸福的；还有一种人是不认识上帝但是却在努力探索上帝所在的人，这种人的精神很强大，但是却很不幸；最后一种人是完全不认识上帝也没有想过要去寻求上帝的人，这种人就是愚蠢并且不幸的了。

258

Unus quisque sibi Deum fingit. ①

厌恶。

259

普通人可以完全规避自己不想面对的问题。犹太人可以教导自己的孩子不去考虑圣经中预言过救世主降临的章节。很多人其实也都是这么做的。很多假的宗教因此而得以幸存，当然，对于很多人来说，真的宗教也是这样保全下来的。

但是还有一些人控制不住自己的思想，而且你如果想阻止他们思考的话，那么这种思考反而会变得更加频繁。这些禁不住思考的人破除了虚假的宗教，如果真正的宗教没有能够让他们驯服的理由，也一样会被取缔。

260

那些人通过印刷书册来宣扬自己的观点，并且为了增强说服力还会大量地去印制和散播混乱。

权威——我们不能够轻信任何人所说的话；如果我们不能做到完全不掺杂个人经验，客观地去评断，那么所有的事物都不值得你去相信。

你不能够去相信别人的言论，你要相信的是能够让你自己信服的，并且你的理智也在告诉你的那些事情。

信仰对人类的意义太重大了，否则各种各样的矛盾都会变成真的。

---

① 每个人都为自己制造了一个上帝——《智慧书》第 15 章第 8 节、第 16 节。

如果信仰可以通过历史悠久来证明自己，那么古人要怎么相信宗教呢？如果大多数人都赞同的宗教就可以被认为是真的，那么如果世界上再没有人类的时候，又要怎么相信呢？

盲从并不是谦虚而是虚伪，那与骄傲并无差别。

所以还是把事情摊开来说比较好。如果我们只能选择去虔诚信仰，或者否定信仰，又或者去怀疑信仰，那你所做的一切都没什么意义。但是信仰真的有一个判定的标准吗？我们可以评价动物们所做的事情都是对的，那我们是不是可以去判断一个人的行为是好是坏呢？

人可以通过正常的方式去相信、否定或者怀疑信仰，那就跟马天生喜欢奔跑那样自然。

我们不应该去惩罚那些罪犯的。

261

那些对于真理十分冷漠的人，总是说这些事情还没有定论，还没有让大家都信服，所以他们也不相信。这些人是不可饶恕的，因为他们的罪过在于对真理和仁慈的麻木不仁。

262

迷信和欲望。疑虑是一种坏的欲望。如果一个人的恐惧并不是出于对上帝的信仰，而是出于对于上帝真实性的怀疑，那么这种恐惧就是坏的。因为由信仰而生的恐惧才是好的，而由怀疑而生的恐惧则是坏的。好的恐惧是源于信仰的，所以这种恐惧能给人类带来一种希望，这是对人类所信仰的上帝的一种希望；但是坏的恐惧只能带给人绝望，因为他们所恐惧的对象恰恰是他们所不确信的上帝。有信仰的人担心自己被上帝抛弃，而没有信仰的人则害怕上帝是真实存在的。

263

有些人在还没有获得见证的时候，会这样说："如果奇迹发生了，我的信仰将会变得更加坚定。"我们看向远方的时候，会觉得也许理智是有限的，因为透过理智我们能看到的世界是有限的；但是当我们到达之前所能看到的极限时，理智又会把我们带到更远的地方去。理智一直在不停地运动发展，这是一个不可阻挡的过程。世界上任何一条真理、任何一种准则，在理智面前都是有限的，理智在不断发展，总会有找到它规定的例外或者是它不能够适应的情况。想要证明这件事情并不难，我们只需要找到一个例外的情况，然后做出结论，这个原理并不能适用于所有的情况，因为我们可以找到一些在那之外的例子，于是它就不是绝对普遍性的。我们还需要说明另外一点，这种没有绝对普遍性的原则也同样适用于这条原则本身，如果我们最终发现并没有任何一条原则或者真理能够在这个普遍性之外，那我们真的会因为陷入两难境地而显得无力又悲哀了。

264

我们每天都会感觉到饥饿和疲倦，所以没有一个人会对每天重复进食和睡眠感到厌烦；如果这些感觉不是如此频繁地出现，那可能就会遭人厌弃了。这个道理运用到人的精神层面也是一样的，如果精神不再感受到饥渴，人类早晚会感受到这种精神上的无聊。第八福就是人类的精神对于善的饥渴。

265

我们的信仰所表述的东西，有可能是感官所无法触及的，但是这绝不意味着两者之间是互相矛盾的。它们并没有互相冲突的部分，知识信仰所处的层面位于感官之上。

266

我们通过运用望远镜去观察，已经发现了很多星球，这些星球都是我们之前的那些哲学家不知道的。所以有些人就很直接地用这个数据来反驳圣经中的话，他们说自己已经完全了解，世界上只有 1022 颗星球。

我们能够看到在地球上生长的草，但是如果到了月球表面，我们就看不到它们了。总有这么一些自以为是的人，他们会说，我知道啊，这些草还有自己的脉络，其中还有一些小虫，以上这些就是一棵草的全部了。还有人会说，元素之间的组合形成了化合物，但是元素之下就再没有其他的了，这又是一种自以为是的说法。不过我们却可以从他的话中找到一些小小的灵感，对于我们无法用肉眼去观察的事物，我们不能够否认它的存在。所以，我们可以去附和别人的一些观点，但是不可以被他们的理论限制了自己的思维。

267

运用理性思考的最基本条件，就是要知道这个世界上有众多的事物是你所不能够掌控的，如果你连这一点意识都没有的话，那么你的理性思维就是靠不住的了。

如果这个世界上存在理性思维所不能够掌握的事物，那人类又有什么办法去理解超自然事物的存在呢？

268

顺从——人类如果想要理解理智所能达到的，就必须做到适时的怀疑、判断和顺从，如果你无法做到这一点，那就永远认识不到真正的理智。当然会有无法接受这三种行为的人：他们有的是因为对于无法通过证明的方式去肯定一切；有的是因为不知道在哪些时候需要顺从所以永远保持怀疑；还有一些就是根本没有办法自己做出判断，所以永远都是顺从的。

269

真正的基督徒是知道该在什么地方顺从的，所以他们能够很好地运用自己的理智。

270

圣奥古斯丁说过，理智是应该跟随信仰而做出判断的，所以当理智决定顺从的时候，这种判断就是合理的；反之，如果理智对于这种认知缺乏判断，那么便是没有遵从信仰的原则了。

271

我们因为睿智找回了自己小时候的样子。Nisi efficiamini sicut parvuli。[①]

272

理智的自我否定也是最符合其逻辑的判断方式。

273

我们无法用理智去判断所有的事物，因为宗教的神秘性和超自然现象都是在其理解范围之外的；但是如果我们不通过理性的方式去看待宗教的话，那我们的信仰就会变成荒诞滑稽的东西了。

---

① 意思是"如果不变成孩童的模样，就无法进入天堂"。

274

人类的理智最终总是不可避免地屈从于自己的情感。

但是想象与感官之间的差异却是那么的不明显，以至于我们通常无法区分这两种不同的事物。有人会把自己的想象当作是感官体验，有些人则会以为这些感受都源于想象。想要区分它们就需要有一个标准，所以我们打算用理智去判断。但是理智往往会屈从于情感，从而我们永远也找不到区分两者的标准。

275

人类区分不开自己的幻想与真实的感受，所以当他们幻想着自己皈依宗教的时候，就把这种假象当作了真实的信仰。

276

罗安奈[1]曾经说过，理性的判断总是后知后觉的；他因为某件事情而感到高兴和刺激，但是理智并没有预示产生这种感受的理由，然而他知道自己正是因为这个理由才会产生这些感受的。可是我却不这么认为，我觉得他们并非因为这个后来才被发现的事情的理由才会引起这些感受，恰恰是事件产生的这些感受促使他们去寻找这个原因。

277

人类情感有一套属于自己的准则，而这些准则是理性的逻辑所不能解释的，关于这一点的证明，生活中比比皆是。我想说的是，人类会发自本心地去敬爱上帝，并且在奉献自己的同时也就自然地做出了爱自己的行为；但是有些人却出于一种任性而想要违

---

① 罗安奈，作者的一个朋友。

反这种天性。这些人放弃了对上帝的信仰,转而去专注于自己的内心,可是这样就等于用理智的方式去爱自己了吗?

278

人们只能够通过自己的灵魂去认识上帝的存在,通过理性的方式是无法找到上帝的;因为上帝使其与人类的灵魂相通,却断绝了理智的道路。

279

人类是无法通过理性的逻辑去获得信仰的,因为信仰是上帝给予人类灵魂的恩典,所以切记勿信人言。那些异教徒从来不会这么告诉你,他们向你展示了一条由理性的逻辑推理最终发现信仰的道路,但是我们知道,这条道路是不通的。

280

就算认识到上帝的存在,你距离真正的全身心奉献依旧有很长的路要走。

281

灵魂、天性、原则。

282

人要同时拥有理智和精神才能够真正地认识到真理,因为想要认识最根本的原理只能够依靠精神,这一点是理智无论如何也无法达到的。但是怀疑主义者却坚持用理智去探索真理,所以他们只能够失望而归了。我们能够确定这些并不是我们的幻觉,即使我们不能够通过理智的推导证明它的真实性,也不过是因为理智在真理面前总是特别脆弱的,而并非是因为我们自己的理智出了问题。有关时间、空间、运动以及数量的概念,都属于根本原理范畴的知识,它们与我们理智所能够确认的其他概念一样牢不可破。这些由理智与精神共同确认的真理,从推理到最后的证明都是如此,这就是理智所以坚定不移的原因。(精神告诉我们空间是三维的、数字是无穷的;所以理智便通过推理证实了没有两个完全相同的平方数存在。我们通过自己的精神感知到真理,然后通过理智去证实,虽然是两种不同的方式,但是得到的规则是绝对的。)理智不可能要求精神将所有最根本的原理证明清楚,同样的,精神也不会要理智预先知道自己想要证明的真理才认可证明的合理性,这本身就是不合理的。

所以我们应该让那些怀疑主义者看到理智的局限性,这样他们就会放弃想要用推理去证明一切的想法,他们会谦虚地学习真理而不是去怀疑真理,就好像不是通过推理而得的就不是真理一样。如果上帝能够让我们通过自己的精神与天赋去认识所有的事物,再也不需要去通过推理来获得真理,那该有多好。然而现实世界不能实现我们的这种愿望,我们很少能够通过精神获得真理,大部分时间我们对于真理的认识只能通过理智来实现。

因此只有极少数的人能够通过天赋的精神获得信仰,他们无疑是被上帝眷顾的,所以他们对于宗教的信心是不可撼动的。但是对于没有受到感召的大多数人,我们就只能够通过理智的推理告诉他们上帝的存在,可是这并不能代替上帝的感召,他们只有在精神上也同样能认识到上帝的时候,才能够获得信仰,并且得到最终的救赎。

283

顺序。关于圣经之中是否有顺序的驳论:灵魂之中的顺序是存在的，它与理智所遵循的顺序不同；理智有自己的顺序，它需要依据原则并且靠逻辑推理来实现。有些人却做出了一些滑稽愚蠢的行为，妄图用理智的顺序去发现爱，他们把关于爱的各种原因按照次序排列，但是发现这并不能使我们被爱，因为爱是没有次序的。

耶稣基督和圣保罗，还有圣奥古斯丁都懂得关于爱的原则，他们来到世间只是为了传递福音；他们遵循的顺序跟理性的逻辑完全不同，因为理智的目的是为了教导他人。关于爱的次序问题，有一点需要强调，那就是在涉及灵魂的终结问题上，我们总要避开不谈，这是为了能给予灵魂更好的指引。

284

一个人可以毫不思索地就皈依宗教，这件事情没什么好奇怪的，那是因为上帝让这些人感受到了神爱世人以及人需要憎恶自己的罪孽。上帝给了这些人方向，并且使得这些人皈依。人类的信仰经常会缺乏正义并且显得不够坚定，除非他们是感受到了上帝才变得虔诚；只要人类可以认识到上帝，那么他们就会因信心而产生信仰。大卫曾经请求上帝为他指引方向，可见他对于这一点认识深刻。

285

宗教的面貌会因为不同人的理解而产生变化：有些人的认识仅仅停留在教会组织这个概念上，所以对他们来说，宗教的真实仅仅就是他们所见的那个组织形式；有些人认识到了宗教中有使徒的存在，而学识渊博的人知道宗教与世界起源有关。而天使所知道的远远超过这些。

286

　　有些人的精神之中被赐予了信仰的天赋,所以当他们发现我们的宗教告诉他们的与他们内心一致的时候,即使没有读过圣经,这些人也能够自然而然地皈依。这些人能够认识到自己是上帝的造物,他们发自内心地敬爱上帝并且憎恶自身的罪孽。他们认为自己只能够等待神的感召,然后去认识到神,依靠他们自己是完全不可能的,因为他们没有力量也没有通向神的方法。基督教向世人宣告,我们都需要敬爱上帝并且憎恶自身的原罪;神爱世人,但是人类已经堕落到背离了神,所以神就化身为人并与之相结合。有些人在被创造的时候,神就已经把信仰放在了他的精神之中,所以他们的信念让他们理解了自己的义务并且认识到人类的脆弱,并且对真理坚定不移。

287

　　那些不需要通过预言和见证就可以皈依基督教的人,他们与有过这些经历的人相同,对于基督教的认识都是正确无误的。他们是通过自己的心来信仰的,这就与灵魂的信仰判断一样。他们的信仰只是因为认识上帝,所以这种信仰就是正确的。

　　诚然,这些只因内心认识到上帝就信仰的人没有能力去说服一个没有信仰的人。虽然他们自己并不能证明这一点,但是那些曾经有过见证的基督徒却可以很容易地说明,这些人才是真正认识了上帝而信仰的。

　　所以,上帝已经向世人宣告了耶稣到来的预言,这是毫无疑问的,耶稣基督将会把神的意志传递到所有信奉基督教的土地上,而且也会教导所有的信众也向世人宣告他的预言;因此我们可以十分肯定，神的意志就是在这些人的身上，不可能是别的什么人。

288

我们应该对上帝心怀感恩，因为他已经向我们显示了自己，并且还将自己隐蔽起来，使得那些骄傲的智者们无从知晓他，我们千万不可以因为上帝将自己隐藏起来就有所埋怨。

有两种人可以认识到上帝：其中一种人拥有谦卑的心，这与他们的精神是否强大无关，只是因为那颗爱卑微的心；还有一种人是精神强大并且可以认识真理的，他们可以克服一切的困难来证明自己的信仰。

289

证明——1. 从宗教的本身和它的组织来评述，基督教的建立虽然不合常理，但是却如此强大和良善。2. 基督徒的灵魂是圣洁、高尚和谦卑的。3. 圣经中的奇迹。4. 特别是耶稣基督。5. 还有关于使徒的。6. 还有摩西以及其他先知的神迹。7. 犹太民族。8. 预言。9. 只有基督教才是永恒的。10. 宗教是能够将所有事物解释清楚的真理。11. 基督教同律法一样神圣。12. 以世间万物的行动为依据。

有一点可以肯定，如果在获得了关于生命的意义、信仰等等问题之后，宗教能够让我们信服，那么我们就应该去信仰，这没什么可犹豫的，我们完全没有必要对那些皈依宗教的人报以嘲讽和轻视。

290

道德、理论、神迹、预言、标志都能够作为宗教真理性的证明。

第五编
正义和作用的缘由

291

关于不正义的论述将采用书信体形式,中间会有一出滑稽剧,主题是:你的先辈已经拥有一切。"朋友,既然你的先辈拥有这一切都是理所应当,那么你在山的这头出生就足以解释一切。"

"你为何要置我于死地?"

292

有个人生活在河水的对岸。

293

"为何要置我于死地?""想知道原因? 就因为你住在对岸。朋友,要是你跟我住在同一边,那么杀了你就等于犯罪,我就不应该以这种方式杀掉你;可是既然你住在我的对岸,我就可以用这样的方式对待你,并且杀了你还被当作是一种勇者的行为。"

294

这个世界到底是以什么样的原则为标准在运作着呢？如果那只是一个人的心血来潮，这个世界该有多混乱。可如果是根据正义的话，为什么人类总是不顾正义呢？

诚然，如果人类知道什么是正义的，那么他们就不会用一个国家、一个民族作为最基本的概念去约束他治下的民众；如果他们真的是正义的，那么所有人都会被这种正义所折服，这种真正的正义是永恒的，并不是统治者想要用波斯或者日耳曼人的假想和闹剧就可以取代的。真正的正义是普适性的并且是永恒的，不会随着时代和环境变迁。如果只是地理位置的变化就可以颠覆法律，子午线两边遵守不同的准则，一个国家的根本大法随时可以改变，权力的更迭也可以跟着时代的步伐，行星的运动轨迹可以作为一种罪恶的象征。以界河来区分正义是多么荒唐的事情。难道就因为我们生活在比利牛斯山的两侧，就注定了一方是正义而另一方邪恶吗？①

我们都知道正义是这个世界的潜在规律，而不是一个国家或一个种族的风俗习惯。如果有统治者在制定法律的时候，刚好有一条具有普适性，那么这套律法就能够永远地存在下去了。但是人心是那么的善变和鲁莽，所以统治者的法律没有一条能够永远存留下来。

道德约束人类的行为，所以偷窃、乱伦、杀害父亲或孩子这些

---

① 比利牛斯山是法国和西班牙两国的边界，这里指的是1639年开始的法国和西班牙的战争。

行为都可以用道德去评判。可是仅仅因为两位君主发动战争，住在两国境内的民众就可以互相残杀而不用被道德谴责，难道还有比这件事情更滑稽可笑的吗？

我们当然知道这个世界是有自己的准则，然而当人类堕落的时候，这一切的准则也就随之消亡了；Nihil amplius nostrum est; quod nostrum dicimus, artis est. Ex senatus consultis et plebiscites crimina exercentur. Ut olim vitiis, sic nunc legibus laboramus. ①

这种混乱让大家都搞不清楚正义到底是什么，有人说是维护法律的权威，有人说只是为了统治者的便利，有人说是一种约定俗成……当然按照最高的那位神圣智者的话来说，这世间本没有什么正义，因为时间可以改变一切。习俗能够统治一方的原因在于，已经被那一处的人们完全接受，大家都深以为然罢了。如果你用根本的原则去衡量习惯，它便不攻自破了。法律仅仅是法律而已，它凭借自己的一套规则成型，想要服从法律的人并非是因为正义，而是在服从自己心中的一个幻象，他们并不在意法律的本质，如果你想去纠正这一点，那么你也会犯错。如果你想对法律追根究底，那么你会发现它不堪一击，如果你对人类的脑洞没有一个基本的概念和认识的话，你也会觉得百年的时间可以让大家对法律恭敬至极，也是神奇。想要颠覆一个国家的统治，最好的办法就是研究这个国家的风俗，找到其中不合理的部分。最终，我们也许就能够找到一条普适性的原则，可以永恒地统治这个社会了。如果你想

---

① 意思是"没有什么是我们的，那些我们以为的都是人为的。人们因为元老院和人民而犯罪。过去的人苦于罪孽，现在的人苦于律法"。

在这个问题上打赌，那只能输个倾家荡产了，因为这里没有什么正义可言。民众会轻易地被蒙骗，一旦他们觉得自己被压迫了，就会立即反抗，那些因为好奇而去攻讦习俗的人和反抗的民众流血牺牲，最终的获利者仍然是站在高处俯瞰众生的人。所以一位聪明的统治者喜欢摆弄愚民政策，还说这是为了他们好，还有优秀的政治学家说：Cum veritatem qua liberetur ignoret, expedit quod fallatur。① 想要长治久安，就不能让民众意识到政权是如何建立的，因为他们会发现反抗的合理性，会发现正义不过是当权者的意志；我们要欺骗民众，让他们相信这个政权是正义的、权威的，并且能够永远地存在下去。

295

两个孩子在争夺所有权，一个说这条狗是我的，一个说这是我的地方。全世界都是这样，这不过是一个开端，一个缩影。

296

我们把是否对西班牙宣战、屠戮西班牙人的决定权放在了一个人手里，这个人还是与这件事有千丝万缕的关系，完全不能作出公正判断的一个人。

297

Veri junis。② 如果这个世上还有真正的法律，那么统治整个国家的就不会是那一套被宣称为正义的道德风俗。

因为这个世界上已经没有了正义，所以人们才会想到用强权

---

① 意思是"我们要让那些不能够意识到自由的人继续被蒙蔽下去"。
② 意思是"真正的法律"。

或者是别的什么东西来代替它。

298

只有服从于正义而强有力的统治才是正确并且正当的选择。如果只有正义，那么就会有心怀不轨的人想要推翻，因为政权是这么的孱弱；如果只有强权，那么这种专制就会被正义的人指责。所以这两点缺一不可，如果我们的统治满足了其中一点，那么就需要把另一点也补充进来。

我们会因为分辨不出正义而引起争论，但是强权之中没有争论，所以很好辨识。所以我们不能够把强权加在正义之上，因为它会剔除正义而自立。所以我们不能够让正义变得强势，就只能够把强势的东西当作正义了。

299

我们在通常情况下会参考法律解决问题，有时候就直接服从大多数。为什么大家会认同这样的方式呢，因为这就是强权的做法。所以，如果是一位强权的君主，多数大臣的意见也就不那么重要了。

我们确信财富平等才是正确的，但是这种正义不能够让大家服从，我们就只能够让他们在强权下屈服并以此为正义。我们要同时具备这两点才能够长治久安，所以既然无法让正义压过强权，我们就只能用正义去装点权力。

300

想要自己的财产能够安全有保障，财产的拥有者就要让自己拥有武器。

301

少数服从多数的原因并不是大多数人更有道理，而是力量掌握在他们手里，我们只能屈从于强力。

我们遵循古训的原因不在于他们有多么权威，而是在于这些训条的唯一性，可以让我们避免很多纷争。

302

强权能够起到的作用跟习俗是不同的；拥有强权的那些人缺乏创造性，他们更习惯于去跟从，而且他们拒绝把荣耀赋予那些真正有创造力的人。因为这些人是极少的，而这些人一旦想要获得这种荣誉，就极有可能从那些他们轻视的但是有力的人那里获得讽刺，甚至是压迫。希望那些创造者能够认清事实，不要妄图沾染自己无力维持的荣誉。

303

强权统治了这个世界，但是意见却没有。——但是如果意见想要实现点什么，就得通过强权。——那是强权之下的想法。我们都觉得温和的路子才是最美好的，原因很简单。想要走钢丝去冒险的人是极少数的，我们这些大多数人可以聚在一起嘲讽他并且让大家反对他。

304

人类彼此之间，是因为互相需要才会互相尊重；每个人都想要掌控别人，但是却不是每个人都能够实现，有些人能够做到，就有另外一些人会被统治，所以这个社会就出现了不同的阶级。

所以，我们可以猜测现在是人类互相团结的开端。人们最初在互相争斗，然后强力的一方胜出，开始统治失败者。统治的关系一旦确立,统治者就会想办法停止纷争,他们会出台规定,让统治权按照自己的想法维持下去,有些人选择通过民主选举的方式,有些人选择世袭制度。

出于维系统治的需要,人们开始运用自己的想象力。之前我们凭借强权来扭曲事实,现在我们通过理想化来规定强权;法国人把强权想象成贵族的所有物,而在瑞士,强权被想象为属于平民的东西。

所以有些时候对于个别的人来说,他们获得的尊敬出于别人的想象。

305

不要随便把一个瑞士人当作贵族,这会惹人不快,因为如果他们想要在共和国任职,就必须先证明自己的平民身份。

306

因为强权需要维持自己的统治根基,所以在这个世界上就不能够缺少贵族和官员,这就是他们随处可见的原因。但是强权的归属只是出于人们各自的想象,这就让谁是贵族谁是官员变得不那么稳定,这些人都是可以被取代的。

307

一位君主的强权在于他本身,而不是民众的想象赋予他的;但是财政大臣就不一定了,他的地位源自想象,所以他需要用庄严肃穆的假想和华丽的外表来掩饰自己。同理可证,医生和法官的地位也都是想象而已。

308

因为国王出行的时候总会有很多的卫兵、官员还有华丽的仪仗,这些都是能够让人产生敬畏的东西,所以人们便开始因为习惯而产生错误的印象。即使国王只是独身一人,他们仍然会有这种感觉,普通民众不能区分国王本人与这些仪仗的区别。习惯扭曲了他们对真相的认识,他们认为国王所用的这些都是出于某种天赋神权,所以他们会用天人之姿、气势非凡之类的词汇形容君主。

309

时代的风潮用同样的方法来创造美丽与权威。

310

我有一些自己的方式去区分国王和暴君。

我在自己的旅途之中总是很细心地观察。

能够创造习俗的人是伟大的,我们应当给予尊敬。

作为一个尊贵的人,最大的乐趣是给别人带来幸福。

他们知道财富的作用是慷慨的施与。

我们要探索每个事物的属性以便区分国王和暴君,比如权力的属性就是保护民众。

如果用力量去镇压苦难,如果一个士兵摘掉了法官的帽子并将它丢弃,那我们就能够对这些加以区分了。

311

通过民主和想象来建造的国家只能够维持在一定的时间内,在这种国家生活的人都是温和的并且是自主的,但是强权之下的国家就会永远地统治下去。所以民主的国家会有一位国王,而强权政治只能产生暴君。

312

已经建立起来的东西才能够被认为是正义的,所以我们就理所当然地认为所有的法律都是正义的,我们不去思考法律的原因就是因为它们已经在那里了。

313

如果每个人都要提出自己的意见,那么内战就是不可避免的了。比如说我们决定对大家论功行赏,但是每个人都觉得自己值得奖赏,这个纷争就已经开始了。不过如果有一个愚蠢的人因为世袭制而获得了权力,他造成的危害就不会比前面这种情况更大,而且有时候是可以避免的。

314

这个世界上的一切都是上帝创造的,快乐或者痛苦都是上帝赋予的。

这个准则可以应用在上帝或者是你自己的身上,如果是在上帝身上,那么这些准则就写在福音书里,如果是在你自己身上,那么你就篡位,并让自己成为上帝。上帝周围的人都满怀仁爱之心,并且这些人也祈求属于上帝的这种权力,那么事情就显而易见了。你可以看出自己与上帝之间的区别,你不过是沉浸在自己的欲望之中,而且在放任自己的欲望而已。

315

能够发现产生这一现象的根源是值得赞美的。大家为什么不要求我对一个衣着华丽、仆从众多的人表达尊重?那是因为强权已经使我形成了一种习惯,我知道要是我不表示尊敬,等着我的就会是一顿毒打。这就跟两匹马身上装着不同的马鞍一样明显,高下立见。蒙田居然没有发现这些区别,还为别人对这一问题的发现和探索而感到惊奇,真是太可笑了。他说:"是的,这些事是怎么出现之类的。"

316

一个心智俱全的公民的想法：装扮华美并不只是一种修饰自己的假象，这些装饰意味着他对于那些仆从的统治地位，你从他的头发就可以知道有佣人、香粉匠供他驱使，从他衣服上面的装饰可以知道他家中有很多的缎带金线……所以这些仆从就不仅仅是一种伪装，也不是单纯的装饰作用。这些人是他的权力的一种象征，而精心装扮正是为了向世人展示这些权力。

317

尊敬的意思就是随时随地说一句"麻烦您"。看起来好像是客套虚礼，但是这句话却表述了一个真相。这意味着只要是对方要求的我就要让自己被麻烦，不管最后会不会对你有用我都要这样做。我们还可以通过这种尊敬去知道哪些人才是真正有权力的，只有在我们遇到了非常麻烦的情况时，我们才能够更清楚地知道哪些人该是被尊敬的，这可不是简单地坐在扶手椅上就能办到的事情，要是那样简单，人人都可以获得尊重了。

318

他有四名仆从。

319

我们做得最漂亮的事情就是以貌取人，而不看本质。两个人之中到底应该谁做出让步？应该是不够智慧的那个人低头吧。但是我们两个一样聪明，那么就会引发争端。这是我看到他有四个仆人而我只有一个，如此显而易见的事情，数一下我就应该让步的。如果不这么做的话，那就是我自己愚蠢了。我们通过这种办法平息了一场争端，难道不是以貌取人带来的好处吗？

320

当人们不把规矩当作一回事的时候，那么最没道理的事情也会变得理所当然。难道皇后的长子世袭一个国家还不够荒谬吗？让一个拥有显赫出身的旅客去管理船这是绝对不会发生的。

人们的习惯会改变很多事情，就算是最不正当最可笑的事情，一旦我们一直这样做下去，最后这件事情也就变成最合理而且最应当的事情了。难道我们真的要选一个德才兼备的最智慧的人出来吗？在没选出来之前就会有一场战争的，因为大家都觉得自己才是那个人。这种规则不会有结果，我们只能找一个不会引起争端的标准，那么没有什么比君主的长子这一身份更明确更独一无二了，没有人可以对此有所怀疑。最合理的办法却不是最好的，因为有可能引起战争。

321

一个小孩子也会因为有人向自己的同伴表示尊敬而惊讶不已。

322

高贵的身份是通往成功的捷径，你可以在年纪轻轻的时候就受人尊重并且声名卓著，这些荣誉普通人也许要再花 30 年才能实现，所以你的身份就轻松地帮你赚取了别人 30 年的时间。

323

该如何定义自我？

如果我从一个人的窗前经过，刚好他也在向窗外看，我能认为他是为了看我才站在那里吗？当然不能，他看向窗外却并没有看到我。但是你能说因为爱慕一个女人美丽的容颜就是爱她的人吗？也不能，因为这个女人可能会由于某种疾病导致毁容，她的美丽不再是那个人，就可以使男人不再爱她。

那么如果有些人是因为我的智慧和我的知识仰慕我呢？他们也不是在爱我，因为这些品质都可以失去，而我的人仍然存在。那么这个自我到底存在于何处？如果不是在肉体之中也不是在精神之内的话。况且如果不是因为这些随时都可以失去的品质，如果这些品质并不能构成我的根本，那么我们又为什么要爱惜自己的肉体或者是精神呢？人类真的可以单纯地去喜欢某一个人的精神实质而不去管它到底是什么人吗？这显然是不可能的也是不正当的。所以我们所喜爱的从来都不是某一个人，只不过是一些品质。

那么我们就不应该鄙视那些因为自己的身份地位而获得尊敬的人，你所喜爱的那些东西也不过就是别人用来装饰自己灵魂的某些品质而已。

324

公民的心智都是非常完整的，比如：

1. 他们能够长期沉浸在打猎的快乐之中却不会喜欢诗歌。有些小智慧的人觉得自己高人一等，看不起普通民众的享乐，但是因为他还不够智慧所以不能意识到，其实那些人比他要正确。

2. 人们习惯以貌取人，比如看中他们的身份和财产。这一点也是非常正确的，但是总会有人自以为是地去批判这种做法，他们并不知道只有茹毛饮血的野人才会不尊重未成年的君主。

3. 人类在被现实刺伤之后，或者是恼羞成怒或者是希望通过荣耀洗刷耻辱。当然考虑到这种行为所伴随的好处并不仅限于最初的目的，还会有其他更好的事物，所以这种行为就是值得赞同的；如果一个人被冒犯而不想要反击，只能说明这个人已经彻底屈服于这种压迫而丧失希望。

4. 人类总是喜欢做一些看似没有结果的事情，比如出海远航，或者走在船舷上面。

325

蒙田的认知是不对的。人们会按照习俗去规范自己的行为，并不是了解了它的争议性或者是道理，而仅仅是习惯影响下的惯性，但是人们却要在心中认为自己是由于正义才会遵守的。人心只能遵从正义和理智，否则的话，习俗也不会有人去尊重。不具备正义和理智的习俗就是暴政，理智与正义的统治下都是自然的原则，所以欲望统治下的王国反而会有更多的暴政。

所以我们遵从法律和习俗的行为是合理的，因为这些法律和习俗自有其规律；虽然这些规律并不能指明真正的正义与真理，这些规则已经被大家想象成真的，而我们对于什么是真的一无所知，那么为了长治久安，这是最好的办法。但是民众无法接受这个真相，他们认为自己在法律和习俗之中可以找到自己认为的真理；所以他们把律法的无可争议的古老性以及不含任何真理性的权威当作证明真理存在的证据。虽然只要细心地观察就可以知道这些法律并不具备公正性，但是人们却愿意去相信和服从，但是一旦有人说出了这一点，这种法律以及它的统治就会被颠覆。

326

人们因为相信法律的公正而去服从，所以告诉他们法律的真相是很危险的事情。为了预防可能的反叛，我们会在同时告诉人民,法律仅仅因为称其为法律就应该被遵从,就像出身高贵的人天生就受人尊敬一样。如果我们能够让人们意识到真相,让人们知道正义的界定是怎么样的,那么一切叛乱就不会发生了。

327

人类可以依靠直觉对于世间一切做出正确的判断,这是由于他们生而就有的一种愚昧无知,这才是人类的真实所在。关于科学的两个极端通向同一个终点。一个终点是,我们都知道自己在出生的时候是全然无知的一种状态。另外一个终点就是一些拥有强大精神的人,在经历过世间一切,达到人类所能够达到的知识领域的极限,最终发现自己仍然是无知的状态,与一个新生儿的时候并无区别;但是这种无知是出于对自己的充分认识,是一个智者的结论。但是还有一些人是介于两者之间的,他们已经脱离了出生之时那种全然的无知,但是却没有能够达到人类知识领域的另一端,他们拥有一些所谓的知识就开始自命不凡,以为自己知晓一切。正是这些人败坏了这个世界,因为他们根本认不清现实。那些普通民众与真正的智者才是这个世界的主体,存在于中间的那些人轻视其他人,他们也同样被这些人鄙视。因为他们无法认清这个世界,这个世界的主体却知道该怎么去判断。

328

作用的原因:对观点不断地肯定和否定的循环。

因为人们喜欢沉浸于一些虚妄的娱乐和享乐之中,所以我们可以知道人类的本质是虚妄的,但是现在我们又开始怀疑这个结论。后来我们看到了他们拥有健全的心智,他们的判断都是非常合理的。所以我们可以看出他们并不像之前的论断那么虚妄,所以我们就是在不断地推翻之前的种种判断。

然而现在我们又要开始攻讦最后的这个结论了,我们需要做出一个判断,即使民众可以对事物做出应当的判断,但是他们的本质上仍然是虚妄的;这些民众所认为的真理其实是他们想象中的对象,所以这些真理就不是牢不可破的,由此而来的各种见解和判断也就是并不公正也不全面的。

329

作用的原因:我们能够确认一些事物是好的,比如善于吹笛是好事,就是因为人类的脆弱性。

就如同不善于吹笛是一件坏事同样出于人类的脆弱性。

330

因为有了理性的判断,而多数的民众又是无知的,特别是后面这一点赋予了一位君主权威。我们可以十分确信这个世界上的人本质上都是脆弱的,然而国家的统治竟然是建立在这种脆弱性的基础上,真是让人觉得惊讶。通过理智的判断而建立起来的事物,它的根本却是不堪一击的,就像我们对于智者的崇拜一样。

331

我们在谈论到柏拉图和亚里士多德的时候,就会联想到穿着古希腊长袍的哲学家形象。然而实际上他们都是些很实在的人,他们会跟自己的朋友一起享乐,他们的《法律篇》和《政治学》都是消遣之作。真正能够体现他们哲学家精神的是他们那种朴实的生活本身,而这些著作则是最不哲学的属于消遣的那一部分。他们的政治学作品都是为了写给那些疯狂的人看,如果他们严肃正经地在谈论如何治理国家,也是因为他们晓得喜欢这类言论的人都把自己作为了一方土地的统治者。这些哲学家讲述这些理论也只是为了让这些疯狂的人不至于毁掉这个世界。

332

如果你想要统治除了自己领地之外的所有地方的所有人，那么你就是暴君。

所有的事物都应该各司其职，而不能够越界，强权、美学、品德、虔诚都有各自的领地。但有时候你会发现强权与美学相遇就一定要争个高下，即使属于两个不同的领域，彼此并不了解，也妄想去统御对方。可是在这一点上所有一切都是无能为力的，就算是强权在面对真正的智者时也会显得无力，强权只能够在一些表面的事物上取得想要的成果。

暴政：所以这种暴虐的说辞显然就是错误的："人们会因为你的美貌而畏惧，会因为你的暴虐而爱戴……"

暴政的特点就是企图通过非正当的方式去取代正当渠道，获得想要的东西。通常我们要遵循的一些原则和义务是这样的：比如喜欢美丽的事物、畏惧强权、相信科学等。

所以我们应该按照这种既有的规则去行为，我们不应该拒绝这样去做，也不能去做别的事情来取代。我们不可以因为没有强权就不尊敬，也不能因为不睿智而不去畏惧，这样的说法也是错误与暴政的。

333

我想你肯定遇到过这样的人，他们会跟你说一些大人物是如何对他推崇备至，就因为要让你因为小看他而懊悔。如果是我的话，会让这个人一一列举他能够获得他人推崇的原因，并告诉他我可能会因此而推崇他。

334

作用的原因：我们的所有行为都是由欲望和强权驱使的，只是欲望催动的行为是自发的，而强权下的行为是被迫的。

335

作用的原因：所以我们可以肯定，每个人都活在自己所绘制的假象中，即使人们拥有完全的心智做出判断，但是那在他们的思想之中却是不完整的，因为这些判断都是依据假象得出的。这些人的理智之中可以看到真理，但是他们却把真理放在了错误的地方。所以我们可以知道，自己应该尊敬身份尊贵的人却不是因为他们的出身真的足够优越。

336

作用的原因：我们需要在内心中有自己的判断，这种判断不必说出口，我们可以附和世人的想法，并且根据内心的判断来看待事物。

337

作用的原因：阶级。民众会对上位者表示尊敬，那些并不博学的学者却蔑视他们，因为这些人觉得高贵的身份只是偶然，并不能代表品质好坏。但是真正的学者却会对他们表示尊重，他们是根据自己的思想作出判断，而不是为了附和世人的想法。基督徒有的是对宗教的信心而不是智慧，所以他们会轻视这些学者，即使他们看到了学者们对他们示以尊重，这些基督徒只是追随着内心的感受而去行动。但是更高一层的基督徒则会因为看到了更多的光明而去尊重这些学者。所以，只是因为人们的认知是呈阶梯式分

布的,所以他们对于同一事物所持的观点就会从赞同到反对交替
出现。

338

　　然而那些真正的基督徒却只能在虚幻的东西面前低头,这并
不是因为这些东西使他们折服;只不过是因为上帝说人类要受到
惩罚,所以使基督徒在这种愚昧之下匍匐:Omnis creatura subjecta
est vanitati. Liberabitur.① 所以基督徒要服从上帝的旨意,他们就
只能够遵照上帝的观点去做,圣汤玛斯就是这么解释《雅各书》里
面关于富人优先的那些话的。

第六编
哲学家

339

从生活的教导中我们就可以知道大脑比脚重要,所以我可以清楚地知道如果没有了手脚、没有了头人会怎么样。但是如果没有了思想,人就变得跟石头或者动物没有区别了,这简直难以想象。

340

人们通过数学方法得出来的结论,更符合逻辑的要求,这是动物所达不到的;然而逻辑的处理方式却不能够表达意志,我们可以说一个动物拥有自己的意志,但是一部理性的机器却没有。

341

有一个梁库尔公爵①的典故,是关于鱼镖和青蛙的,我们发现动物其实也可以按照理性的判断去行动,它们的经验是如此,所以就只会这么做。

342

动物的行为以及语言如果是通过理智的判断而不是本能的反应,那么它们所做的事情,所说的话就会不一样。如果它们可以在捕食的时候告诉同伴自己的猎物已经被捕获,又或者已经逃走了。那么有一些更为重要的事情就可以表达出来,比如它们被束缚住了,自己挣脱不了,需要同伴来解开绳索。

343

就算没有任何脏东西,鹦鹉出于本能也会不停地搓它的喙。

344

本能和理智都是天生就具备的某种品质。

345

如果我们反抗自己的主人可能会倒霉,但是如果我们没脑子的话就会变成一个笨蛋,这样看来人类的头脑要比任何的主人都专治独断。

346

人性的伟大正是由于人类懂得思考。

347

人类是一根会思考的芦苇,他可以是这个世界上最脆弱的东

---

① 梁库尔公爵,起初生活放荡,后来在妻子的感化下皈依宗教。

西,就算是一阵风或者一滴水都可以让他消亡,你根本都不需要用到这个世界上的强大武力。但是他却因为自己的思想而变得高贵,即使是这个世界毁灭了他的肉体也不能有损他的高贵。人类能够知晓自身的消亡,也能够知道这个世界的无穷,但是这个世界却并不知道人类已经了解了这一切。

所以人类是因为学会思考才获得了尊严,我们需要探索和提升的也恰恰是我们精神的部分,追求精神的无限性而不是相较于宇宙在空间上和时间上的无限性。所以人类要遵循的最基本的道德准则就是不能停止思考。

348

人类是会思考的芦苇,所以我们所应该寻求的就不该是物质上的永恒,而应该是精神上的不朽,这才是人类的伟大之所在。因为宇宙在空间上的无限性,我所占据的空间在它面前就会化作永远的虚无,但是因为具有思考的能力,我却可以通过自己的精神来理解整个宇宙。

349

要说精神的伟大,就不得不说斯多噶派的哲学家,他们能够做到控制自己的情感,这是任何物质性的力量都不能达到的。

350

斯多噶派的学说就是只要你成功地做了一件事情,那么你就一直都能够做成这件事情,如果你的意愿是如此的话,那么你就能够有所成就,人类的精神可以引导他们成就任何事情。可是很显然这种事情并不是哪里都行得通,只有对那些极度狂热的人才有效。

艾比克泰德还得出过这样的结论，如果这个世界上已经有了虔诚的基督徒，那么我们就能够让全世界的人都变成那样子。

351

人类的灵魂不能够掌控那些他们偶尔才会触及的伟大的精神，因为这些精神中的伟大于灵魂而言就仅仅是一瞬间的接触，它跳上去之后又马上远离，这只是一个瞬间的过程，而不像是稳稳地坐在伟大的精神宝座上那样稳定。

352

一个人的品行是要通过他在平日里的表现来判定的，我们依据的是平均水平，而不是他偶尔爆发时候的超水平发挥。

353

单纯一方面的品质爆发是不值得赞美的，我们需要注意的是一种均衡的发展，如果一方面有所进步，那么与之相对的另一方面也应该如此。就比如伊巴米农达斯①身上同时体现出了善良和勇气两种品质的极致表现。如果你只有一方面的品质达到了极致的状态，那么就很容易走向精神的堕落。人类的精神可以实现从一个极端到另一个极端的突然跳跃，但这只是短暂的瞬间，实际上它仍然需要处在一个平衡的点上面，就像是火焰的跳动仍然要基于火把的中心。如果这种极端的发展无法解释灵魂的维度，它至少可以说明灵魂的运动型。

354

人类的本性并不是一直都在变好，他们偶尔也会堕落。

---

① 伊巴米农达斯，古希腊底比斯有名的政治家和统帅。

就像热情也会慢慢冷却,而这种冷却恰恰让人类意识到了热情最可贵的部分。

所有的事情都有好和坏两个方面,并且是更迭出现的。随着时间的推移,人类的创造也是以同样的趋势在发展变化。Plerumaque gratae principibus vices. [①]

355

人们会厌倦一直不停地进行辩论。

王公大臣们也需要有一些娱乐消遣。职责并不是他们的全部,权力偶尔也会让人觉得疲倦;你能够感受到伟大的时刻就是它离开你的时候。持续不变的东西都会让人感到厌倦,所以要重燃热情就得先把它冷却。

自然的进展步伐就是有进有退的,它会在前进和后退的过程中不断地交替,然后不断地重复这种变化。

海水和太阳的运行规律也是这样。

356

人体所需要的养分要通过少量的食物不断地进行补充,慢慢地吸收。

357

如果你在一心一意地追求道德的极致,在不经意的时候就会让罪恶乘虚而入,因为罪恶在无限小的这个方面是慢慢渗透并且难以被人察觉的;但是体现在无限大的方面,我们就会看到各种各样的恶行不断出现。这时我们就会被各种罪恶包围而找不到自己

---

① 意思是"大人物总是乐于看到这种变化"。

所追求的,关于德行的极致。这就是人类在追求完美的时候经常会犯的错误。①

358

人类不会成为天使也不能堕落成野兽,但可悲的是人类总是想变得跟天使一样,但最终却总会更加像一只野兽。

359

每一种德行以及罪恶之间都维持着一种微妙的平衡,这种平衡使得身处其中的人能够维持自身的道德准则,这就像是两股相反作用力达到了平衡一样。如果其中一方的力量消失,那么我们马上就会被推到另一边去。

360

斯多噶学派的哲学家总是提出一些荒谬又不现实的想法。

他们说除了那些高智商的人以外,其余的人都是同样邪恶而又愚昧的,就好像所有处在水平线以下的人都一样似的。

361

探讨关于至善的问题:Ut sis contentus temetipso et ex te nascentibus bonis②。他们到后来也奉劝别人放弃自己的生命,所以这个论题是有问题的。既然生命是这么美好,为什么还有人想要放弃它呢?

362

Ex senatus consultis et plebiscitis③...

---

① 这里是原文中的旁注。
② 意思是"为了能使你自己满足同时也出于你的美好"。
③ 意思是"元老院与民众"。

我们需要这一类的引述。

363

Ex senatus-consultis et plebiscitis scelera exercentur.^① 赛，588。

Nihil tam absurde dici potest quod non dicatur ab aliquo philosophorum.^② 论占卜。

Quibusdam destinatis sententiis consecrati quae non probant coguntur defendere.^③ 西。

Ut omnium rerum sic litterarum quoque intemperantia laboramus.^④ 赛。

Id maxime quemque decet, quod est cujusque suum maxime.^⑤

Hos natura modos primum dedit.^⑥

Paucis opus est litteris ad bonam mentem.^⑦

Si quando turpe non sit, tamen non est non turpe quum id a multitudine laudetur.^⑧

Mihi sic usus est, tibi ut opus est facto, fac.^⑨ 戴。

---

① 意思是"罪孽都是由元老院和民众造成的"。语出赛涅卡。
② 意思是"没有什么东西可以如此的荒谬，以至不能被哲学家谈起论占卜"。
③ 意思是"因为心存偏见，所以就只能费力去证明自己所不能的东西"。
④ 意思是"我们在文学上总会过度操劳，在其他事情上也是一样"。
⑤ 意思是"对任何人来说，最合适的东西也是最好的"。
⑥ 意思是"自然首先给了他们这些界限"。
⑦ 意思是"一个心灵美好的人不一定要阅读许多著作"。
⑧ 意思是"这件事本不可耻，但是因为众人的赞扬就难免成为可耻的了"。
⑨ 意思是"我习惯如此，但你可以随心所欲"。

364

Rarum est enim ut satis se quisque vereatur. ①

Tot circa unum caput tumultuantes deos. ②

Nihil turpius quam cognitioni assertionem praecurere. ③ 西。

Nec me pudet ut istos fareri nescire quid nesciam. ④

Melius non incipiet. ⑤

365

由于会思考，所以人类获得了属于自己的尊严。

所以从思想那独一无二的本质出发，我们就应该为此而惊叹。最让人觉得荒诞滑稽的事情是，如果我们要鄙视这种思想，那么它必然就是要有极大的缺陷的，然而事实上它还真的有。思想就是这么矛盾，如此伟大的同时又如此的龌龊。

可是我们又该如何去评价这种思想呢？真是够傻的。

366

想要干扰这位世界上最高的审判官其实是很容易的，他的精神并不如你想的那么强大，一点最微小的声响就能够干扰他的判断，完全不需要到轰鸣的地步。就算只是一只苍蝇从耳边飞过，他都不能够继续自己的思想和判断，所以千万别觉得奇怪，这位大人此刻无法给出任何的建议。你们一定要赶走这些制造声响的事

---

① 意思是"很少有人能给自己足够的尊重"。
② 意思是"那个人的周围有众多神明在骚动"。
③ 意思是"在不认识之前就先肯定了一件事情是最可耻的"。
④ 意思是"对于自己不知晓的事物，我不会像他们一样羞于承认"。
⑤ 意思是"最好是不要开始"。

物,全世界最高统治者的智慧,能够影响世界进程的真理,都可能因此而受到阻碍。一个喜欢恶作剧的神明,一个最荒唐可笑的英雄人物! O ridicolosissimo eroe![1]

367

苍蝇是如此的可怕,它们能够影响战争的结果,能够影响一个人的精神,甚至还会吞噬我们这副皮囊。

368

笛卡尔的一些话总是让我们惊讶,比如他说是粒子运动产生了热的感应,光只是因为反射的作用才能被我们感受到。天哪,快乐的情绪难道只是精神在跳芭蕾产生的吗? 我们对于每一种感觉所产生的体验是如此不同,就算科学的解释能把它们归纳成同一类的作用,但是纯粹从人类感官所产生的效果,它们是如此的迥然不同。火焰、光芒、声音,每一种感受带给我们的刺激都是完全不同的,我们能够体会到其中的神秘,而这种冲击是猛烈而震撼的。确实,人的精神是细腻而又敏感的,它的触角不会遗漏神经之中的任何波动,但是不管怎样,有一些神经也是需要被感触到的。

369

关于知识的记忆,是人类能运用理性思考的前提。

370

[一种思想的产生或者消失都是随机的,而且你不仅无法预测什么时候会出现,也根本没有办法在它出现的时候记录下来。

我想把一闪而过的思想记录下来,但是我能记起来的只有它

---

[1] 意大利文,意思是"啊,最滑稽可笑的英雄!"

已经消失这个结果。]

371

[小的时候，我一直相信自己是紧紧地抱着那些书；但是有时候我却觉得只是自己以为抱住了它们；而现在我却开始怀疑……]

372

我总是不能够在那些思想离我远去的时候把它们记录下来，但是我并非全无收获；因为这个结果让我意识到了自己的记忆是靠不住的，让我认识到了生而为人的脆弱性；这一收获完全比得上那些我还没来得及记下来的思想；其实我想要了解和探索的也就是关于人类的渺小和虚无。

373

怀疑主义——混乱本身也是一种顺序，我用一种随心所欲的方式记录下这些思想和讨论，也许就是在讲述道理本来的样子。我想说的是，这件事情本身就没有什么顺序可讲。这个论题可能会因为井然有序而变得过分浮夸，这样就失去了讲述的意义，也改变了我想要展示给你们的论题真正的样子。

374

当得知自己其实不堪一击的时候，每个人就显得十分的意外，这让我很惊讶。所有人都对于自己正在追求的目标十分的投入，即使他们都只是在随波逐流，而并不是看到了这样做的益处，但是仍然会在自己认为的道路上走下去，就好像那便是人生的全部意义和正确性所在。虽然每一次努力的结果都证明是这些人被欺骗，但是一种难以理解的执迷不悟，让这些人不去反思方法论的错误，而总是将失败的因素总结为个人问题。更奇怪的就是这些人竟然占大多数,他们总是认为自己在理性的引导下做出了正确判断,他们意识不到自己脆弱的精神正在被习俗误导。他们坚信自己能够找到这个世界的真理,他们不可能成为怀疑主义者,因为这就是他们能够给予怀疑主义最大的赞扬。

因为这个世界上有一些人并不是怀疑论者,这就证明了怀疑主义的正确性;如果全世界的人持有怀疑论,我们就可以驳倒怀疑主义者了。

375

［在很长的一段时间内,我坚信这个世界上是存在正义的,而且根据上帝所展现给我们的各种启示来说,正义是确实存在的,所以在这一点上我是对的。可是我的错误却出现在对正义的理解上,我的理解有误,我以为只要正义本身是公正的,那么我就必然可以发现它,并且能够知道什么是不正义的。可事实证明我的判断经常会出错,我开始怀疑自己,也开始怀疑别人。我经历过世事变迁,看到了物是人非;然后我对于正义的判断也在随着时代与环境不断变化,于是我明白了人类在本质上是不稳定的,他们会受到很多因素的影响而产生变化,从这个时候开始我知道自己在不断变化这一点上是稳定的;于是我无法证明自己关于正义的论点,因为我仍然在改变中。

阿赛西劳斯①是一个怀疑论者,现在他奉行教条主义。］

376

怀疑主义者的结论总是在它的反对者口中显得更有道理,因

---

① 阿赛西劳斯,公元前3世纪希腊哲学家。

为在那些不理解人类脆弱性的人身上，我们能清楚地看到关于脆弱性的表现，这些脆弱性要比那些理解这一点的人身上表现得更明显。

377

人类是复杂、矛盾、虚伪的，他们身上体现着截然相反的品质，并且不愿意面对真实的自己，也不想让别人看到。这就是为什么，关于谦卑的话题，能够让虚荣的人引以为傲，却只能让谦卑的人更加谦卑。往往你所说的话跟真实的自己是相反的，说自己怀疑的人往往是坚定相信着的；说自己谦卑的人往往很骄傲；说自己贞洁的人其实不然，所以谈论怀疑论的人其实也并不是真的在怀疑。

378

怀疑主义——极端丰富或者极端匮乏的精神都是不好的，两者都会导致癫狂，唯一一种好的状况就是保持中庸。这个世界上大部分人都是中庸的，一旦他偏离了哪一方面，都会想尽办法再回到中间的道路上。关于这一点我也是非常赞同的，我觉得人处在这个位置才是最好的；我不想处于世界的最底层也不想在最上层，因为这两个方向都是极端的。生而为人就一直要保持中庸之道，这是为人的根本，也是人类精神的伟大之处，我们知道如何让自己一直保持中庸。一个伟大的人不仅不会想到要脱离中庸之道，他想尽办法就是要维持中庸。

379

过度的自由与过分奢侈的生活一样，都会败坏一个人的品质。

380

这个世界上所有好的道理已经为我们准备好了，就看我们如何去运用它。

比如说我们相信为了大多数人的幸福,可以牺牲一个人的幸福,但是在有关宗教的幸福上就不能这么做。

社会阶级的存在是有其合理性的,这一点毋庸置疑,但是如果我们赞同并遵守的话,不总是有利于国家机构的统治地位,有时候也可能导致一种暴政,并且对其纵容和沉默。

精神不应该一直处于紧张状态,但是过度的放松和放纵就可能会乘虚而入。所以我们需要有一个合理的维度并且在此之内加以运用。但是我们知道这个世界是无限的,就算我们想运用规则作为框架,精神却不可能让自己待在框架里面。

<h1 style="text-align:center">381</h1>

年龄会影响你的判断,无论年长还是年幼都可能犯错。一个人想得太多就可能会头昏脑涨,想得太少就会思维僵化。对于自己的作品不仔细琢磨就可能会永远停留在最初的境界,但是如果过分钻研,你也可能会迷失方向。就像你所处的位置决定了你能够看到怎样的画面,关于世界只有一个地方是恰到好处的,不高不矮、不远不近。在绘画技法之中,我们可以通过透视原理实现这一点。但是在现实世界,关于真理和道德的最佳观测点,又有谁能够说清楚在哪里呢?

<h1 style="text-align:center">382</h1>

如果大家都在同一艘船上,处于同样一种动荡的状态,那么所有人看起来都好像没有在运动一样。如果大家都沉迷于放纵享乐,那么就不会再有人觉得这种状态有什么不正常的了。这个时候,如果有一个人从这种状态中解脱出来,那么其他人的癫狂就能

够明显地被看到了。

383

　　所有的事物都需要有一个参照点，这样才能够对于其他的现象做一个判断。就好比一个生活不规律的人从自我出发，觉得生活规律有违自然，只有自己的做法才是对的；就像坐在船上的人从自身出发，他就认为河岸上的人才是在移动的；其实这种例子在生活中比比皆是。然而，就算我们能够找到河岸作为船只运动的参照，我们又可以从哪里找到一点，作为道德的参照呢？

384

　　一件存在矛盾的事物并不能作为真理的衡量标准，因为确定真实的事情有可能是矛盾的，但是很多明显错误的事情又是毫不矛盾的。所以我们不能用矛盾来辨识错误，也不能因为不矛盾就肯定一件事情。

385

　　怀疑主义——没有什么事情是完全正确的，当然也没有完全错误的。但是真理并不是如此，真理只能是纯粹而且必须是正确的。因为不纯粹让真理泯灭，所以如果我们想找到纯粹而又正确的事物，那就是不可能的。有人说杀人是坏事，这是事实。那么有什么事情是好的呢？贞洁？如果每个人都遵循这一条，人类很快就会灭绝。那么婚姻呢？显然我们也不提倡纵欲。那么我们是戒杀吗？这可能会破坏某种秩序，让恶人把所有的好人屠戮殆尽。那么杀人会是好的吗？显然不是，这是违背人性的。我们发现所有的事物都是有两面性的，真善美与假丑恶都掺杂其中。

386

连续做同一个梦，这件事所产生的影响就跟每天看到同一个人是一样的。假如一个匠人每天都梦见自己变成了一个国王，或者说有一个国王每天都梦到自己成为一个工匠，这两人的幸福感应该是相同的。

如果我们梦到的景象是不断地被仇人追杀，或者是像旅行的时候一样，每天都有繁重的工作，那么我们就会恐惧睡眠，因为这种梦中的苦难与真实世界并没有太大区别。这个道理就跟我们在现实中遇到苦难就想要长睡不醒是一样的，而且经验告诉我们，不论梦境与真实，这些可怕的经历所带来的后果是基本一致的。

但是因为梦境不像现实一样有序并且是连续的，所以它能够带来的危害就比现实中的经历要小得多。但是现实的连续性与平衡性也不是那么绝对的，生活的偶然性只是不那么难以接受罢了，除非有些特殊的情况打断了这种连续性，比如说我们在旅途之中，就会说好像梦境一样，人生与梦境之间的区别，也就在于人生不会太过无常。

387

我们并不知道是否存在一个绝对正确的证明。这一点我们无从证实，我们能够知道的就是没有什么事情是确定的，而且这一结论本身也是不确定的，对于怀疑主义者来说，这是再好不过的消息了。

388

良好的意识——有些说法是不情愿的，比如你的行为违背了正确的信仰，我们一直是清醒的，等等。这个人能够说出这样的话，并不是因为自己可以用力量捍卫别人对他权益的一些质疑；这种理性是多么的高贵，但他能做的只有令自己屈辱的祈祷。他并不愿意说我们的行为违背了好的信仰，但是他却只能选择用强权来摧毁这些恶行。

389

《传道书》上面说假使上帝不曾出现，那么人类就会一无所知，并且难以逃脱不幸的结局。人类拥有欲望，但是却无力将其变成现实，这本身就是一种不幸。人类目前总是想要探究关于真理的内容，却没有办法得出结果，他们不能摆脱这种对真理的渴求，也不能去怀疑真理的存在。

390

有些人的问题愚蠢到令人震惊：他们在讨论神创造了世界是否只为了看它毁灭；他们觉得人类已经如此脆弱，上帝就不应该再苛求其他……我想这个时候就应该让怀疑论者站出来，因为他们可以击碎这些浮夸和病态的想法。

391

对话：宗教是一个非常神圣的词汇，但是我却无法认同。

宗教有一个得力的助手就是怀疑主义。

392

反对怀疑主义——[有一件事情是很奇怪的，我们不能够将一件事情说清楚，却又不能放任它混沌下去，即使我们都知道自己是在谈论什么。]我们可以假设所有人都是如此这般理解这个问题的，但是这个前提却不能成立，因为我们拿不出任何有力的证据。我们知道人们会用哪些词汇去描述同样的场景，如果两个人都看到了一个物体的位置变化,那么他们就会用相同的方式去描述,即这个物体产生了位移,所以有人就从这种现象中得出了一个假设——关于思想的一致性。不过这个结论也不是无懈可击的,虽然有人对这种说法十分肯定,但是大家也都知道经常会出现在不同的前提下得出相同结论的事情。

那么根据这一点,我们就可能对概念产生模糊,这一点虽然不能够完全地反对上面的那些推论,也许这些学院派的结论最终是正确的;但是仅仅因为这个小问题,那些学者就已经开始困扰,这会让他们的理论显得不那么光彩,于是怀疑论者又一次博得了声望。这就是怀疑论者所处的位置,他们总是不能够说清楚任何问题,而且他们会用一种近似无知的态度怀疑所有的事情,尽管这些怀疑无法驱除阴霾,也不能遮蔽光明。

393

我们可以琢磨一个好玩的现象:现在已经有很多人放弃了信仰,并且也不去考虑自然的法则,他们自己创造了一套规则并去遵守,穆罕默德的军队、盗匪还有那些异端都是这样做的。既然他们已经打破了所有本来就有的并且是绝对正义的规则,那么这个世界上的所有事物对他们都不能构成限制,他们已经如脱缰的野马一样可以恣意妄为。

394

很多学派遵循的理论都是正确的,然而与之相反的那些也都是正确的,这就是为什么那些怀疑主义、斯多噶派、无神论者即使付出各种努力,他们得出的结论仍然是错误的。

395

天赋与理智的冲突:即教条主义者不能够给出一个完美的证明,指出真理存在的方向;怀疑论者也不能够给出全部的质疑,说出人类坚信真理存在的不可靠。

396

人类所具备的本性,全部来自天赋的获取以及经验的学习。

397

一棵树并不能意识到自己是一个可悲的存在,但是人类却能够了解到自身的可悲,这正是人类的伟大之处。

所以我们知道,虽然认识到自身的可悲是一件可悲的事情,但是能够认识到可悲的原因却是伟大的。

398

人类身上所有可悲的因素都成就了他们的伟大,这就好比一位失去国家的君主所拥有的悲哀,那是一种伟大的悲哀。

399

因为人类拥有感受的能力,所以人类才能认识到自己的可悲,如果是一幢破败的房子,那么就什么都感受不到了。Ego vir videns①。

400

人类的伟大存在于对灵魂的观念之中,我们要求所有人尊敬可贵的灵魂,正是要灵魂之间也彼此尊重,这种尊重构成了人类在这个世界上所能够感受的所有幸福。

①　意思是“我是遭遇过的人”。

401

荣誉——动物之间不会产生羡慕的情绪,就算它们之间存在竞争关系,也不能促使一匹马去羡慕马厩里面的另一匹马。动物的本性就是利己主义的,在同一个马厩里面,你不要指望会出现将饲料让出的情况,最愚蠢的马也不会有这种意识,动物不会像人类一样产生舍己为人的这种愿望。

402

人类可以把自己的欲望用一种冠冕堂皇的理论进行包装,然后找一个堂而皇之地借口去满足自己,这便是他们足以称得上伟大的地方了。

403

人类能够从欲望之中总结出华丽的秩序,这足以证明人类的伟大,这种标识也是它能够起到这些作用的原因所在。

404

人类所有卑劣的品质之中最坏的便是虚荣心,但是只有虚荣心才能够最好地体现出人类自身的优越感。能够让一个人觉得满足的,只有他人的崇拜和尊敬,否则就算是他拥有众多财富、拥有健康的身体和舒适的生活,也仍旧不会感到满足。人类的品质之中最根本的东西就是对于理性的崇拜,所以一个人想要获得最大的满足,仅仅是物质上的或者世俗的成就是不够的,他需要在理性的领域中看到自己的优越地位。这个愿望不可能被任何的愿望替代,因为理性的崇高地位是无可取代的。

于是那些把人看得与禽兽无异的学者们就开始陷入了自我的挣扎,因为他们的本能驱使自己同样渴望被人尊重崇拜。这是一种强大的无法抗拒的本能,所以就算他们的理智告诉自己人类的可比性,他们仍然不能抗拒自己天性中关于人类伟大的呼唤。

405

矛盾——骄傲的情绪可以驱逐悲惨的心境。人类有两个选择,或者将自己的可悲隐藏起来;或者就是通过揭露自己的可悲来获得一种伟大的荣耀。

406

傲慢可以驱逐所有关于可悲的想法,这是一个可怕的怪兽,可以扭曲所有人的认识。人类从自己理智的宝座上被驱逐,但是又努力想要找回它,每个人都在坚信自己所寻找的真理,他们为此奉献一生,只是我们不知道最终是否有人能够找到。

407

如果人类的理智之中含有恶意的因素,那么这部分恶意就会跳出来,以一种傲慢的姿态来压制理智。如果追随理智严谨而公正的选择并没有获得真正的幸福,人类就可能会回过头去追随本能的欲望,那么这时理智会变成傲慢。

408

真正的美好是独特的存在,它不像罪恶一样变化多端并且随处可见。但是有一种特别的罪恶是非常难以察觉的,所以因为这种相似性,人类有可能把它当作美好的事物去追求,并且如果真的能够发现这种恶,就需要有强大的理智,这种理智就如同能够发现真正美好的那种一样伟大。

409

人类的伟大体现在很多方面,就算是可悲性之中也能看到伟大的体现。因为人类认为是可悲的东西,刚好就是动物的天性之中的东西,那么我们是否可以认为,如果人类身上能够体现出一部分动物的天性,从前的人类就应该拥有一种更加美好的天性,只不过现在的人类已经堕落至此。

会因为自己不是国王而感到不幸福的,只能是一个曾经的国王。保罗·哀米利乌斯①从执政官的岗位上退下来,没有人会觉得他是不幸的,因为他这个岗位本来就不是终身制的。但是大家都会为柏修斯感到不幸,因为他注定了要永远作为一个国王活下去,所以当他失去王位以后还能够活着,就让很多人感到不解。我们都只有一张嘴,但是没有人会觉得自己是不幸的。但是如果我们只有一只眼睛,情况就会变得不一样。没有人会哀叹自己应该有三只眼睛,只有两只就是不幸的,但是如果这个人连一只眼睛都没有,那这种悲痛简直难以平复。

410

人类指责马其顿的君主柏修斯失去王位还能够生存,却不曾说过保罗·哀米利乌斯失去职位有何可叹。

411

人类的本能驱使自己追求更高的真理,就算这个世界上有更多的事情让他们因为自己的可悲而无能为力,也无法阻止这种追求的脚步。

412

人类的理智和情感之间存在内战。

---

① 保罗·哀米利乌斯,于公元前182年与前168年曾经两次担任罗马执政官,并在第二次任职时击败马其顿王柏修斯。

如果只有理智没有感情，……

或者只有感情没有理智，……

然而事实是残酷的，既然两者都存在于人的身上，如果人类想要与其中一方保持和平共处，那么就可能引发与另一方的矛盾，所以人类永远是自相矛盾并且自我分裂的。

413

因为理智与情感互相矛盾，所以人类也由此分成了两个阵营，有些人崇尚理性，觉得自己变得神圣，还有些人耽于情感，觉得自己像个禽兽，就像戴巴鲁①。但是不管哪个阵营的人都做不到他们想要的纯粹，因为人类的理智永远存在于精神之中，每当有恶行出现的时候，他们就会让那些沉浸在情感之中的人受到良心的谴责；当然那些极力否定情感的人也会时不时被自己的感情所影响。

414

人类注定了是要伴随愚蠢而存在的，即使想要摆脱这种状态，但是因为他们生存的意义和价值就在这里，所以他们存在的姿态就是一种愚蠢了。

415

我们关于人性的探讨可以分为两个方面：一方面是人性理想的状态，这时候我们就可以说人性是伟大的；另一方面就是根据他们实际的样子去判断，就像我们对于动物的判断一样，判断一种狗或者马的属性，我们就要去观察马奔跑的样子，狗防御的状态，这时我们会发现人性是卑劣的。从两种角度出发，得出完全不同的

---

① 戴巴鲁，当时的一个远近闻名的浪子。

结论,这就算是哲学家们争论的源头了。

因为任何一种假设都是否定了另外一种可能的存在,所以其中一方的结论是那种理想中的人性并不是人类所追求的,因为他们的行为并没有以此为目的;另一方又说这些行为本身就是对这一目的的一种背叛。

416

致波·罗雅尔。关于伟大与可悲的论述:我们可以从伟大的部分得出结论说人是可悲的,同理我们也能够从可悲这一事实本身推论出人的伟大;也就是说凡是我们能够从一方面说明他的伟大,那么必然地从另一方面我们就可以得出他的可悲来;我们从越高的地方陨落,就越显得可悲,但是反过来想就越发的伟大。于是这个问题就陷入了一场没有结果的循环论证,但是我们唯一能知道的一点是,我们越靠近真理,就越能看到身上的伟大与可悲之处。所以人类能够认识到自身的可悲,因为这是一个事实,但是人类又因此而变得伟大起来,因为他看到了自己的真实。

417

有些人觉得人类是具有两个灵魂的,因为他们身上有着截然不同的两种性质。作为单一个体不应该具备两种截然相反的属性,这看起来让人难以理解,人类是怎样让自己的灵魂从一个一种高傲的状态之中脱离,并且不断地堕落下去的?

418

让一个人看到自己与野兽过多的共同之处而不向他说明自身人性的伟大是危险的;但是让他沉浸在自己伟大的品质之中而看不到卑劣的部分也是危险的;更危险的情况是让他对所有这些都

视而不见。当然最好的办法就是让他清楚地认识到自身，这两种品质在他身上是共存的。

千万不要让一个人把自己当作野兽，当然也不能让他自诩为天使，更不能让他浑浑噩噩地生活下去；应该让他认识到这两者都存在于人类之中。

419

想要让一个人不会因为没有依靠而不安，也不让他因为可以完全依靠别人而过分安逸，那么就拒绝让他依赖你，你也不要想着去依赖他。

420

要永远站在人类的对立面，不断地用事实告诉自己，人类是一个充满矛盾的难以解释的存在；当他们扬扬得意时就要打压这种傲慢，当他们灰心丧气时，就要给他们以信心。

421

真正值得称赞的只有那些尽管内心痛苦却不放弃追求真理的人，那些想要赞同人类本性伟大，或者唾弃人类本质卑劣的人，特别是那些对人类的本性漠不关心，沉浸在消遣之中的人，我都要指责他们。

422

如果你因为寻求真理最终却一无所获，这个时候你疲惫不堪，所以你转向上帝去寻求答案，那就是再好不过的了。

423

矛盾性：人类既然同时拥有伟大与卑鄙两种属性，我们就只能正视自己存在的意义。我们要热爱自己这种伟大的天性，但是却不能连同卑鄙的部分一起；同样的我们要憎恨这种卑劣的品质，却不能忽视自身的美好。人类因为自己的无能而轻视自身，却也会赞颂身上那些美好的本质。于是我们对自己又爱又恨，我们能够认识真理追求幸福，但是却没有办法去获得这个真理并且让自己感到幸福。

　　所以我们要引导那些渴望获得真理的人，使他们摆脱情感的束缚；如果能够发现真理，他们就会看到自己是如何被情感欺骗而看不清真相的。他们会对束缚自身，阻碍他们做出正确选择的情感产生厌恶，他们不会再被情感左右而做出错误的选择，并且这些情感也不会在正确的选择做出之后再来困扰他。

424

　　人身上的这些矛盾的因素，会让人以为正是它们促使我远离了对宗教的理解，但是我其实是因为认识了这种矛盾性才会向宗教寻求救赎的。

第七编
道德与教理

425

第二部。没有信仰的人是不会认识到真正的美好,也不会知晓什么是正义的。所有人的共同之处在于他们都想要得到幸福,他们都在朝着这个目标努力,只是采用的方法各有不同。有些人选择了发动战争,但是那些并没有参与的人只是因为所持的观点不同,两者的愿望和目的并无差别。就算是那些企图自杀的人也都是一样的想法,因为除了这个共同意志之外,再没有什么能够成为他们所有行为的动机了。

可是不论时间如何变迁,我们能看到的都是不停地抱怨,不管你来自何时何地,不管你的身份地位或者生活阅历,那些高贵的人也好,普通人也好,男女老少,无论强弱、病痛或是健康,都不曾实现过这一目标。真正能够实现这个终极愿望的只有那些拥有真正信仰的人。

如此一代代人的反复追求与失败，似乎已经足够向我们证明想要实现这种幸福是不可能的，但是我们并没有从那些人的身上获得什么教训。因为世界上没有两件事情是完全相同的，所以我们的希望就寄托在这种细小的差别上面，我们总是觉得这一次也许会有不同的结果。我们不会满足于现在的状况，也不会吸取经验教训，就这样重复失败，直到生命终结的时候。

但是我们从这种对于幸福的渴望而又无力之中能够得到什么启示呢？人类曾经有过真正幸福的时刻，但是现在我们能够看到的只有一些曾经的痕迹以及毫无意义的线索，于是我们只能将目标投向其他的事物，企图能够满足自己的渴望，但是这些虚假的幻想能够填补的东西不过是自欺欺人。我们不可能通过这种想象获得真正的幸福，真正能够带领我们走向救赎的，一直以来都只有唯一的上帝。

正因为除了上帝以外我们不可能在其他地方找到真正的美好，所以自从人类放弃了自己的信仰开始，美好的东西也就消失殆尽了。我们在这个世界上能够找到的一切事物，包括宇宙苍穹、动植物、疾病、战争、饥饿、放纵、乱伦和其他罪恶……没有任何一样事物能够代替上帝的慰藉。于是在真正的美好泯灭之后，所有的东西都可以显得美好了，于是尽管自杀会违背上帝、真理以及自然的规律，人类都可以觉得那是美好的。

人们通过追求权力、科学探索或者沉迷享受的方式，想要接近理想之中的幸福。有些人确乎已经接近自己所追求的东西，他们都觉得那是真正的美好，而这种美好只有他们所选择的方式才能够得到。然而他们获得的这些东西都是只能一人独享的,这种美好不能够分享给他人,一旦分享出去,这种不完整的拥有所带来的痛苦会远远大于拥有时的幸福。于是我们知道,真正的幸福是一种可以共享的美好,不会因为分享而感到失落,也不会觉得别人拥有的更多而产生忌妒,更没有人会舍弃它转而寻求其他的东西。所以我们知道这种渴望是人类天生就拥有的,而且是每个人都应该拥有也是必需的。

426

这就好比你如果不认识真正的美好,那么一切的虚幻都可以被当作是美好的;所以如果已经失去了真正的本性,那么他的本性就可以是任何一种。

427

人类已经堕落到黑暗之中并且找不到出路,他们不知道要如何安放自己,也不知道正确的出路在哪里。他们只能在黑暗里面不断摸索,重复着毫无结果的尝试并且满怀着对未来的不确定。

428

我们应该尊重圣经而不是轻视它,因为大自然中所有的事物都可以证明上帝标志着人类的脆弱性,而人类自身的矛盾又使他们获得了一种力量。

429

屈服在野兽面前,将野兽当作一种偶像,人类的堕落竟可以是这样。

430

致波·罗雅尔,关于人类自身矛盾性之后的讨论:既然我们已经了解了人类身上同时存在伟大和可悲两种属性，那么宗教就有义务引导人类这两种品质共同存在于一个身体中的事实，这时候我们就不得不去探究这两种品质共存的原因。

我们需要通过揭示真理来达成幸福，告诉世人上帝的真实性，那是唯一的幸福所在，所以我们要热爱上帝，不能够背离他；揭露我们所处的黑暗，并且这就是我们不认识上帝的原因，我们被各种恶包围着，即使本心想要追随上帝，也会被各种欲望阻挡。宗教需要告诉人们他们反对宗教的恶行出自什么原因，并且教给我们赎罪的办法。人们可以凭借这一点去分辨宗教的真伪，你就会发现除了基督教以外，并没有哪一个宗教可以帮助你实现这些愿望。

哲学家能做的仅仅是指出人类品行之中的美好部分吗？先不提这是不是真的美好，这有助于将人类从自身的苦难之中解脱出去吗？将人类放在与上帝同等高度，但是我们能够因此忘却其中的虚妄吗？还是说从那些认为人类与野兽无异的部分，还有让我们沉溺于肉欲，或者承诺虚假永生的异教徒那里，谁能够让人类摆脱欲望的折磨获得救赎？没有哪个宗教可以治愈这些欲望带来的苦难，也没有哪个宗教可以为人类指明方向，告诉他们真理、光明和义务的所在，解释人类的无力、失去信仰的根源所在，那些能够补救办法的所在。

除了万能的上帝以外，没有哪一个宗教可以做到这一点，我们不妨来看看。

上帝说过："不要对人类抱有幻想，你们不会自己发现真理。只有我能告诉你们关于自己的真相，因为我是那个造就了你们的人。但是你们已经变了，我当初创造的人是完美的、神圣的、无罪的，他们充满光明和智慧，那是属于我的无上荣誉和奇迹。最初的人类见到过我庄严的样子，他们没有堕落在无边的黑暗之中，也不用担心自己的死亡和对此的恐惧、无能。但是这种光芒对他们来说太过耀眼，所以他们不可避免地要堕落到黑暗中去。人类希望以自己为中心并摆脱掉上帝，他们逃离了神的国度，于是神也舍弃了他们；人类希望能够在自身上寻找到幸福所在，希望能够将自己变成与神对等的存在，所以上帝就把他们丢给了自己，并且让所有其他的，本应服从人类的造物都与人类为敌。现在我们看到人类身上那些近似野兽的部分了，那些曾经的神圣光辉已经不复存在，他们所有关于真理的知识已经混乱消失了。情感不受理性的束缚，并且企图通过假象去迷惑并且掌控理智。这世界上的所有事物，或者打算通过暴力伤害人类，让他们屈服；或者打算通过享乐诱惑人类，让他们堕落；然而不管是哪种方式，都是残忍而暴虐的。

"人类的现状就是如此，即使还存在曾经的天赋，想要追求幸福和真理，但是已经堕落的他们只能屈服于自己的欲望，置身于一种盲目与欲念的可悲之中了。

"人类自身的矛盾如何产生，这个原因我想我已经解释清楚了。这些原因曾经有无数的人去探索，并且给出了各种各样不同的答案。此刻我们可以着手去研究人类天性之中的伟大部分，那种高贵是任何可悲都不能够掩盖其光华的，这伟大的天性是否与其可悲性有关呢？"

致未来的波·罗雅尔：人类，你们想要在自身之中亲求救赎之道是不可能的，你们最终所能够得到的结果不过是证明自己在这个问题上的无能为力。你们曾经听到过哲学家描绘的美好愿景，但是他们并没能实现,真正的美好以及人类的现状都不是他们能够理解的事物,他们又怎么能够提出解救你们的办法呢?人类最根本的问题在于他们的高傲使自己背离上帝,沉溺于欲望让他们无法看到更高一层的事物,而人类所有徒劳的挣扎都只是在扩大这两种不好的影响。有些富有智慧的人会让你们去追求上帝,但是你们的高傲会使你们发现这种伟大的天性并且觉得自己可以接近上帝;有些人会看到这其中的浮夸并且让你们看到自己与禽兽无异的部分,他们引导你沉溺在肉体的欢愉之中并以此为幸福。这些所谓的智者对于真理一无所知,他们无法拯救你们,只有我才知道正确的做法,但是我……

人类身上有亚当和耶稣基督的影子。

如果人类能够获得上帝的荣耀,只是因为上帝的恩典;如果人类需要谦卑,那只是因为需要为曾经的原罪悔过,这都与你们的天性无关。

所以,这两种力量的双重作用下……

人类已经改变了自己的样子,与最初被创造的时候不同。

人类都应该发现这两种特性的存在,因为它们并没有将自己隐藏起来,你们从自己的行为当中,从你们自身都可以发现这两种天性共同存在的特点。试试看在人类这样一个个体之中是否能够发现互相矛盾的部分吧!

这些事物并不会因为人类无法理解就消失掉。我们知道有接近无穷的数字、空间的无限概念与有限概念的等同。

人类不可能与上帝合二为一,这只是人类从自己卑微的角度所持有的观点。如果你是一个虔诚的基督徒,就应该跟我保持一致的步调，承认人类的认识无法达到真理，只有上帝的仁慈才能够让我们有认识到他存在的可能。如果他们是这么的脆弱无能，我很好奇人类是通过什么评价上帝的种种仁慈和仅存在人类想象中的各种条件。既然人类对上帝一无所知，甚至连自己是谁都不知道，那么他们又怎么可能判断出自身的处境，又怎么能够知道上帝是否能够让人类与之交流呢？

对于这些人我有一个问题要说，如果他们觉得自己具备了热情和理性，为什么觉得这个热爱和理解的对象就不能够是上帝呢？上帝要求他们要因为理解而热爱，此外并没有任何的条件。如果这些人在黑暗之中寻求光明，寻求那些能为他们所爱的东西，如果上帝将他自身的伟大光芒赐予我们，我们有什么理由不去用上帝喜欢的方式了解并且热爱他呢？所以这些人的推论是站不住脚的，即使听起来多么的冠冕堂皇，但是如果这个假设不能推导出我们一无所知的结论，不能告诉我们，人类只能够从上帝那里获得关于自我的知识，那么这个结论就是假的、不合逻辑的。

"上帝不会毫无理由地让你去信仰，也不会用武力让你屈服，但是同样地也不可能向你说明一切事物的道理。上帝只会用他伟大的奇迹来调和人类自身的矛盾，这就足以使人类认识到上帝的存在，使人类信服上帝的伟大和权威，从而全心全意地相信上帝教授的一切知识：人类并不能通过自己来了解这种矛盾的原因所在，也并没有办法摆脱这种双重属性。

"神爱世人，他会让虔诚的教徒得到救赎。但是有些人却因为自己的恶行而不能够得到上帝的救赎，上帝的行为完全是应当的，因为这救赎本来就是他出于仁慈而降临到人类身上，并不是他们应得的那一部分。如果上帝想让这些固执的人服从，只要在他们面前露出一点神明，就可以让这些人醒悟；就像是世界末日的降临那种毁天灭地的景象，会连死者都被震撼，再盲目的人也不会视而不见。

"因为有那些背离神并且不愿意相信的人存在，即使上帝想要赐给人类幸福，也不是以那种所有人都看得见的形式，他要让那些不愿相信神的人看不见。所以出现在所有人的面前，或者是将自己完全隐藏起来都是不恰当的做法；上帝要让那些真心追随的人得以完全地认识他，而那些想要逃避神的人就会完全地看不到他。于是对于那些全心全意追求光明的人，神就会赐予他们想要的；而对于另外的一些人，神就会让他们一直处在黑暗之中。"

431

只有基督教对于人类的认识才是正确的，他们是这世界上最优秀的造物。有些宗教因为了解人类的伟大之处，所以就唾弃他们本身同样具备的卑劣部分；而另外一些宗教则对于人类的卑劣属性有了充分的认识，这种后果就是他们竟能够以一种高傲的姿态来鄙视那些人类身上伟大的因素。

于是有些宗教就会宣称人类与上帝相似，神创造人类就是为了让人类崇拜他，只要人类愿意追随这种智慧，就会获得与上帝一样神圣的光辉。就像艾比克泰德说的，拥有独立思想的人，你们该仰望上帝。另外，有些宗教则会向人类阐述他们的动物性，说明人类的卑微丑陋，与野兽无异。

然而人类究竟要去往何处呢？到底是自我升华成为上帝，还是自甘堕落成为野兽，这是两个极端。那么答案会是什么？我们已经很明确地知道自己迷失了方向,人类已经堕落并且满怀恐惧,他们寻找着光明却只能陷于黑暗。又有谁能够指引他们的方向,就算是最伟大的智者也不行。

432

怀疑论者是对的,人类在救世主面前总是一无所知的,既不知道自己的位置,也掂不清自己的斤两。不管是相信人类伟大或者渺小的人,他们都是同样的无知,他们只是凭借偶然的经验妄断,不管是倾向于哪一种猜测,他们都是错的。

Quod ergo ignorantis quaeritis, religio anuntiat vobis. ①

433

判定一个宗教真实性的标准,就看它对人性了解多少。真正的宗教要认识到人类的双重本质,并且明白伟大与卑鄙共存在一个主体的原因,这一点除了基督教,任何其他的宗教都是做不到的。

434

不说其他,只谈怀疑主义强有力的主要原因并不在于信仰或者奇迹,他们判断真理的标准只能是天赋的直觉,并没有别的依据。但是这种判断标准并没有什么说服力,因为既然除了信仰之外就不能确定真理就难以被辨别真假,我们也不知道人类到底是上帝的造物、魔鬼的创造还是一种意外的产物。而且,除了依靠信仰,人类都不能确定自己到底是清醒的还是在做梦;因为人在做梦的时候同样以为自己是清醒的,他们跟醒着的时候一样可以感受

---

① 意思是"如果你们对于自己追求的东西一无所知,那么就去寻求宗教"。

时间和空间的变化,并且行为方式也并没有什么变化。我们知道人类一生中有一半的时间是在睡眠中度过的,而且我们也清楚在梦境中的一切都是幻想的产物,那么你又怎么能确定自己的另一半时间不过是跟你从中醒过来的梦境一样,只是另一场梦的延续呢?

[我们经常会梦见自己与他人在一起,他人也是如此,而等醒过来之后发现我们是独自一人,难道这个时候你会觉得事实其实是恰好相反的吗?我们经常会出现梦中梦的状况,既然如此,人类漫长的一生也有可能就是一场梦,其他我们以为的梦境都是其中的梦而已,只不过这场梦只能在死后才会清醒。所以在漫长的一生之中,我们所知道的各种关于真理的规则,也不过是其中出现的一些幻想,与我们在别的梦中所看到的并没有不同。]

上面就是双方所提供的主要论据。

我并没有讨论其他的因素,例如习俗、教育、流行、国家等等的不合理性,虽然世人大都会受到这些因素的影响,但是对于怀疑论来说,想要驳倒他们是很容易的。如果你觉得这些论证还不够的话,只要看看他们的论著就会相信的,也许你看的时候还会觉得根本不用看就可相信了。

教条主义者最强大的部分在于他们对于自然规律的坚定不移,所以他们可以非常自信地谈论事物。怀疑论者的反驳总是针对我们来自哪里以及我们的本性,但是关于这一点的论证,教条主义者从未停止过。

关于这个问题的争论在人类之间愈演愈烈,所有人都被卷入其中,但是几乎所有人都加入了怀疑论者的阵营。首先,保持中间立场的人都可以被划为怀疑主义者。根据犹太人的哲学，也是犹太人的哲学本质和优点所在，凡是保持中立的人都是具备怀疑精神的。犹太人没有自己的阵营，他们对于所有事情甚至是自己都毫不关心，他们总是漠然地冷眼旁观。

但是人类能够怎么应对这种情况呢？他们是不是要对一切都保持怀疑？怀疑自己是否清醒、是否有人在针对他伤害他，甚至质疑自己是否存在。但是人类似乎并不会使自己变成这样，甚至并没有一个真正的怀疑论者出现。因为人类天性之中的理智，即使是软弱无力的，也会妨碍怀疑的进一步扩大。

可是我们能就此说明人类认识真理吗？显然这些人相信的东西经不起怀疑，只要你要求解释，他就会立刻放弃自己的立场，并且用低姿态证明自己无法捍卫它的信仰与学说。

所以我们会发现，人类是一个充满着虚妄、扭曲与古怪的矛盾体，他们确实是神奇的造物。人类能够评判一切，但是同时他们又是愚蠢的；他们有认识真理的能力，但是他们又一直在错误的道路上徘徊；人类是这个世界最伟大也最悲哀的存在。

这场争论要怎样才能终结呢？怀疑论者和教条主义者都纷纷败给了人类的本性和理性。人类总是想知道自己究竟是什么，但是人类最终将会走向什么样的结局呢？你们不可能成为完全的怀疑论者或者是教条主义者，但是你们却会被这两种观念所影响。

人类应该放弃自己的骄矜，并认识到自身是一个矛盾的集合体，不管是人类的理性还是天赋都不能解决自身的问题，他们的存在已经超出了自我认知的能力，所以唯一的办法只能是谦卑地向上帝寻求答案。

总之人类是从最初的样子堕落到现在的,所以他们能够看到自身的罪孽以及无法得到幸福的可悲,但是他们又天生对真理和幸福拥有渴望。于是我们知道了一个很悲哀的真相:人类曾经是纯洁无辜并且拥有幸福的,但是他们却堕落了。所以现在的人类拥有对于幸福的认识却不能够获得幸福,他们拥有对真理的概念但是却被假象蒙蔽;不是全然的无知却也不能真正知晓什么,人类就是这样的悲哀,并因此而伟大。

但是最惊异的莫过于有关原罪的传承,我们因为罪而认识了自己,但是这种罪却让人类的理智随之战栗。人类的祖先曾经犯下的罪孽,居然可以随着血脉一代代传承给不可能参与罪恶的后代。这种传承看起来既荒谬又不公平,一个根本没有犯罪意识的婴儿为什么会因为六千年前的祖辈犯错而受到惩罚,这难道不是有违正义的原则吗?这种暴力学说让人无法接受,但是如果不是这种难以理解的神秘主义,人类就不可能对自己有真正的认识。人类的处境是如此复杂难解,如果不是这种神秘主义的介入,结果可能会更加令人震惊。

[于是我们知道,上帝是有意将复杂的真相隐藏起来不为人知,正是因为上帝将其隐蔽,所以人类就不可能得知一切;人类的出于理智的判断做出了服从的决定,理智高傲的行为并不能让人类认识自己。

我们根据宗教的权威性,从那些关于人类起源的解释之中认识到了两个真相:一个是在创世之初,人类是高于其他物种的存在,他们被上帝按照自己的模样创造并且赐予神性;另一个是后来人类开始堕落并且犯罪,那个时候他们就脱离了神性并且变得与野兽无异。

这两种说法是无可辩驳的,我们在《圣经》之中可以找到相关的论述:Deliciae meae esse cum filiis hominum. [1]Effundam spiritum meum super omnem carnem. [2]Dii estis. [3] 等等;还有 Omnis caro foenum. [4]Homo assimilatus est jumentis insipientibus, et similis factus est illis[5]. Dexi in corde meo de filiis hominum.《传道书》第 3 章。

所以我们现在知道了,人类因为神的恩典而具备了神性,如果神收回了这种恩赐,人类就会变成一个野兽。]

435

人类只能通过天赋之中的伟大不断提升自我,或者就是安于现状堕落下去,没有其他选择。因为他们不能够认识全部的真理,所以不能让自己变成完美的个体。他们要么认为自己的本性伟大而神圣,要么觉得自己卑鄙得无可救药,于是或者骄矜或者自我放弃,或者屈服于自己的脆弱或者努力摆脱。因为对人性的认识不同,哲学家便有了不同的阵营,斯多噶派与伊壁鸠鲁派,教条主义和学院派,他们要么因为人类伟大的优越性忽略了那些脆弱的成分,从而虽不曾失去希望却变得高傲;或者因为认识到人类的脆弱但是看不到人类的高贵,虽然避免了虚荣但是却限于永远的绝望。

---

① 意思是"我乐于住在人群中"。
② 意思是"我要把我的精神注入人的肉身之中"。
③ 意思是"你们是神"。
④ 意思是"所有血肉都是腐草"。
⑤ 意思是"人如果没有思想,就会变成野兽的同类"。

能够真正解决这个问题的只有基督教,它不是用人们的理性所能理解的办法去解决,不是其中的一个因素获胜而是两者都被打败。基督教告诉世人,他们可以自我升华成为高贵的个体,获得神性,但是人类本身所具有的悲哀、罪孽以及死亡却不能够因此而远离,而且就算是不信神的人也可以获得神的恩赐。基督教通过这样的方式震慑了基督徒,同时又安抚了被惩戒的非信众,赏罚分明的规则在人类伟大的希望以及卑微的恐惧之中找到了完美的平衡。这比单纯地提高某一方面,让人类走入骄矜或者绝望之中好得多,因为基督教能够清楚地看到如何选择正确而且正义的道路,将人类往正确的方向上引导。

我们能够深刻地感受到自身之中伟大的精神,同时也深深地被自己所处的现实困扰,而唯一能够将人类从这种矛盾复杂的境况之中解救出来的唯有基督教,它用绝对的权威和真理向我们宣告了救赎的存在,那么我们还有什么理由不去皈依,追随这种光明呢?

436

脆弱性——人类既不能享有财富,也不能享有知识。换取财富的方式是工作,但是这并不是他们能够正当地享有这种财富的资格,一切都是出自人类的幻想,所以这种幻象本身就很容易打破。而人类通过学习得到的知识,仅仅大病一场就可以化为乌有。

437

人类希望寻求真理、获得幸福,但是现实给予人类的只有真理的不确定性以及与幸福相对的悲哀和死亡。

人类不可能摆脱这种渴望,同样也无法实现这种渴望,因为神要用这种希望提醒我们曾经犯下的罪，也帮我们记住自己曾经的纯洁无辜。

438

人类只有在上帝那里才能够获得真正的幸福，所以我们可以肯定人类是出自上帝那里的。但如果是这样的话，又是什么让人类背弃了自己的神呢？

439

人类本性堕落的标志就是，他们的行动已经不是被自己的理性所支配了。

440

从这世界上五花八门的风俗潮流，我们清楚地认识到了人类的堕落，既然这样，我们就不能继续放任他们沉浸在自身的堕落之中，而应该去寻求真理。

441

真理一旦被揭示出，便随处可见。我从人类自身就可以看到，他们背弃了上帝并且自甘堕落，而且这些不仅仅是内在的，即使在人类自身之外也可以清楚地看到。就像基督教向世界宣告的那样，人类已经堕落，而他们曾经与上帝在一处。

442

知识里面蕴含了一切的真相，关于人性、关于人类的美好以及真正的德行、真正的宗教。

443

伟大、悲哀——在探求真理的过程中，我们会发现更多关于人类这两种天性的证据。普通人被哲学家的睿智震惊，而基督徒又让哲学家们叹服。

所以对于宗教的作用就不该有人感到惊奇了，它不过就是让我们认识到自己只有不断接近真理才能够更清楚地认识这个世界上的一切。

444

我们能够从基督教当中获取的知识，是这个世界上关于人类的最崇高的真理。

445

原罪被定义为愚蠢的，所以人类看到的罪就是这样子，它的定位就是毫无道理的，所以在这一点上即使不讲道理也是无可厚非的。但是这种设定仍然要高出人类所有的智慧，sapientius est hominibus①。失去原罪人类就无法定义自身。因为这种难以被人类觉察的罪，才使得人类的存在变得合理。因为原罪是超出理智范围的，所以人类不能通过理智来犯罪，而且理智会选择避开原罪，那么人类又怎么可能意识到这种罪呢？

446

关于原罪的很多故事在犹太人中间流传。

《创世记》第8章里面说到了人之初性本恶。

摩西·哈达尔商认为这种关于罪的因子，是人类天生就具备的。

马色赛·苏迦则认为《圣经》之中有七种象征都可以隐晦的指代根植在人类心中的、隐藏的罪恶，这些词分别是邪恶、阳皮、不

---

① 意思是"比人类更有智慧"。

洁、敌人、诽谤、铁石心肠以及来自北方的风。

米斯德拉·蒂里姆也这么认为，而且他还补充道，神会把人类从邪恶的天性之中解放出来并且使善良显现。

人类天生的恶意一直以各种方式败坏着人类，《诗篇》第37篇之中就提到过，邪恶的人对好人虎视眈眈，并且要对他不利，但是上帝不会放任他被恶人伤害。这些恶意在当世引诱人们去犯罪，而来生就会成为审判他们的罪证，塔尔穆德的著作中有关于这一切的记载。

米斯德拉·蒂里姆阐述《诗篇》第4篇中的语句"你们应当战战兢兢，不可犯罪"的时候说："人类应该时刻保持紧张并且戒除自己的欲望，只有这样才能避免犯罪。"关于第36篇中"不信神的人腹诽谤道，希望上帝不会出现在我面前"，他解释说，这就是恶意诱使人类不相信神的证据。

米斯德拉·柯艾勒解释《传道书》第4章第13节中"聪敏而穷困的少年，好过愚昧且短视的年迈君主"。孩子便象征人类的善，而君主代表恶意。用国王来指代是因为人类的身躯被恶意驱使，说它年迈是因为它从始至终都深藏心中，而愚昧则是因为它将人类引导至他们所不能预知的毁灭。

米斯德拉·蒂里姆也这样说过。

贝莱希·拉比说《诗篇》第35篇中的句子"我全身的骨头都在想你感恩，耶和华，除了你，无人将苦难中的我们从暴力中解救"，这世上除了人内心深处的恶就没有更坏的君主了。又说道《箴言》第25章中"要给饥饿的敌人饮食"是在告诉我们，如果罪恶也感到饥饿，就按照《箴言》的指引给它理智的粮食；如果它觉得口渴，就把《以赛亚书》第 55 章中提到的水给它解渴。

米斯德拉·蒂里姆也这样说，而且还说到在《圣经》中提到的敌人，都是在说人类的罪恶，还告诉我们在我们把水和粮食给这些罪恶的时候，也同样把煤灰放在了他们头顶。

米斯德拉·柯艾勒在谈论《传道书》第 9 章中"一位强大君主要占领一个小城"的典故时说道，这君主就是罪恶的因子，而他用来围困别人的军队就是各种诱惑，但是他却遇到了一个穷困而睿智的人，那就是德行。

还有下面这些讨论：

《诗篇》第 41 篇："眷顾贫穷的人有福了。"

第 78 章："人类的精神走了便不会回来"，有些人以此为理由反驳灵魂的永恒，但是这句话中的精神其实说的是罪恶的因子，它们终生伴随着你，但是在复活的那一刻却不会跟着一起复生。

第 103 篇里面也说过同样的话。

第 16 篇里面也说过同样的话。

447

难道我们觉得自己理解了原罪，就是因为有人说过人世间已经没有了正义吗？ Nemo ante obitum beatus est①；意思是，人类开始意识到只有死后才能得到真实而永久的幸福吗？

448

米东认识到了人性的堕落以及人类的不信，但是他却没能够找到人类无法提升自我的原因。

---

① 意思是"活着的人都是不幸的"。

449

顺序——在堕落的问题之后要提道:"正确的做法是让所有人都知道自己已经堕落的现实,不管他们是否喜欢面对这个真相;然而想要这些人都看到救赎的所在,就是不对了。"

450

只有盲目的人才会看不到自己身上的高傲、欲望、野心、脆弱以及悲哀,但是如果这些人看到了却并不打算寻求解脱的办法,我又能拿他们怎么办呢?

我们别无他法,只能够对于基督教这个能够完全认识人类本性,并且能够向人类承诺救赎的宗教,报以尊敬和憧憬。

451

人类生来就是彼此仇恨的。他们运用各种伪装来制造仁慈的幻觉,他们驱动自己的欲望是用来促成大多数的利益,但是其本质不过就是一种仇恨。

452

同情可怜的人也是因为欲望的驱使,因为这种行为可以轻而易举地成全我们的名声,我们因此而变得仁慈,但实际上我们并没有为此而付出什么。

453

人类在欲望的驱使下创造了各种规则并且赋予它们美名,这些关于政治、道德与正义的准则,说到底不过是为了隐藏那些罪恶的根源,并没有将这些 figmentum malum① 真正消除。

---

① 意思是"罪恶的创造"。

454

不正义——诚实的人做不到在满足自身欲望的同时不去损害别人的利益。

455

米东，你的可恨之处在于掩饰了自爱心，自爱心是一种不义的存在，你却没有想过要消除它。"否则的话，你就找不到借口去憎恨自己为他人尽心尽力地去谋福祉了。""确实，要是你的自爱心让你觉得可恨的部分只是那些不快的情绪的话。但是我却不是，我只是恨这种不正义的存在，它让人们以自我为中心，这就足以成为仇恨的理由。"

自爱心的坏处有两点，它总是以自我为中心并且总想着要去控制别人，前者是不义，后者就是于人不利。即使你能控制不去驱使他人，却不能消除以自我为中心的做法，所以你并不能消除那些对其不义产生憎恨的人，你只能让他的敌人不那么讨厌他。所以被自爱心驱使的人是不义的，也只能讨不义的人喜欢。

456

所有人都是爱自己胜于爱他人的，他们热衷于自己的财富、幸福、长寿而不是其他人的；这种错误的世界观是怎么出现的啊。

457

所有人都是以自我为中心的，世界上所有的一切都会随着自己生命的终结而失去意义。这种观念导致的结果就是每个人都会觉得自己可以构成别人的世界。我们千万不可以通过观察自身来得出关于本性的结论，我们应该从本性出发来判断人类自己。

458

"这世界上的一切都是欲望的幻象，有些是肉体产生的，有些是眼睛看到的，还有一些是源自人类的骄傲：libido sentient, libido sciendi, libido dominandi. ①"这三种欲火不会浇灌大地，只能将它燃烧殆尽，这片不幸的土地。有一群幸运的人，他们没有被淹没也没有被吞噬，他们在岸边屹立不倒，安稳地坐在宝座上面，朝着那个神圣的人伸出手去，他们并非是站在光明面前，而是看到了能够提升自己的办法，他们不会再被骄傲蒙蔽，而是能够笔直地站在耶路撒冷神圣的大门前；但是这些人却不住地垂泪，不是为了眼前被吞噬殆尽的幻象，而是因为他们曾经离开了的那片神圣的土地，在漫长的追寻中不断在脑海中浮现的在天上的那座城。

459

巴比伦的河水自上而下，奔流而过卷走了路上的一切。坚不可摧的圣锡奈山，那山上的一切都不会被洪水带走。

我们要在河岸边上，而不能够是别的地方，要谦卑并且安稳地坐在西奈山上，不能够用其他的姿态。但是我们却将出现在耶路撒冷的大门之上。

我们要知道这种欢愉是短暂的还是永恒的，如果它只是片刻的欢愉，转瞬即逝，那它就如同巴比伦的河水一样。

460

欲望分为肉体、精神和意志三个等级，追求肉体享乐的是那些热衷财富和地位的人；热衷于精神快乐的是那些有学识的人以及

---

① 意思是"肉体的欲念，眼睛的欲念，骄傲的欲念"。

好奇心重的人;而追求真理的那些人则是一群真正富有智慧的人。

这世上的一切都应该是归于上帝的,上帝是万物的主宰。人类的欲望驱使着肉体,好奇心引诱着精神,而骄傲则掌控了理智。财富和知识都是一种荣誉,但是并不值得人骄傲,而我们一旦赞扬了一个人的智慧,那么他就会理所当然地以此为傲。人类因为拥有智慧而变得骄傲,但我们要说,这种因为睿智而生的骄傲是正当的。除了上帝,没有人能够赋予人类智慧,于是我们就说 Qui gloriatur,in Domino glorietur①。

461

这三种欲望各自为政,哲学家们无非就是遵从其中一种而形成不同的流派。

462

每个人追求美好的方式不同,普通人选择碰运气,追求一些身外之物或者至少要娱乐自己;但是哲学家却发现这种做法是不切实际的,他们认为真正美好的东西是在他们理智所能够到达的地方。

463

[要反驳那些哲学家,他们只承认上帝而不认识耶稣基督。]

那些哲学家没有认识到自己的精神在堕落,他们知道只有上帝才能被所有人敬爱,但是他们却希望自己也能有此殊荣。好的情况是他们能够在自己对上帝的敬爱中找到幸福的感觉。但是还有一种可怕的情形,就是这些人觉得自己与普通人不一样,他们想

① 意思是"凡以自己为荣的,都是在上帝之中以自己为荣"。

让普通人敬爱自己,并且认为这样才能获得幸福。是的,这些人知道上帝的存在却不引导众人去敬爱上帝,而是让众人以为自己可以在他们身上找到幸福并且真心地敬爱他们,这些哲学家!

464

有太多的东西让人类无法把精力投注在自己身上。

人类出于本能知道自己的幸福并不是寻求自身就能得到的。就算没有受到来自外界的任何影响,人类的情感也会不由自主地向外牵引,我们在自己还没有意识到的情况下就会被很多身外之物引诱。那些哲学家高喊着只有在自身之中才能求得真正的美好,但是人类却对此抱有怀疑,对他们坚信不疑的人本质上都是愚昧而又虚妄的。

465

斯多噶派的话是不可信的,他们让人类返求自身来寻找真正的幸福。

还有些人不仅满口胡言还会惹祸上身,他们鼓动别人舍弃对自身的追求,并且为了那些身外之物放纵欢愉。

我们不能仅仅通过自身或者外物去获得幸福,真正的救赎在上帝手中,它有一部分被放置在人类当中,还有一部分在那之外。

466

艾比克泰德看出了寻求幸福的路不在于此,但是他并没有看得透彻,否则他就会指出人类现在正在一条错误的道路上摸索,并且指出正确的道路所在,然而他只说有另一条道路可循,却没有说明那条道路是什么样的。那条真正的道路正是神希望人类走上去,并且是由耶稣引导人们走上去的:Via, veritas①。

芝诺本人的错误!

467

影响的原由——艾比克泰德提到的那些人指出你的头脑有问题,但是这跟正义是两码事。我们可以判断一个人是否生病,但是却无法判断正义的病症,所以说他这些言论都是空谈。

但是他相信这一点是有办法去实现的,因为他曾说过正义或者是在我们能力所及之处,或者就不在。然而他从信仰基督教的那些人中间得出的推论是不可能正确的,因为他不知道人类的内心并不是自己所能够掌控的。

468

只有基督教告诉世人要认识自己的卑贱并且憎恨它,所以它才会被那些憎恶自己又不断追寻真正美好的人所喜爱。这些人不必真正地去了解基督教到底是怎么一回事,但是他们却可以马上真心皈依。

469

笛卡尔说我思故我在于我的思想,所以我也可能完全不存在。我的出现是一个偶然,如果我在出生之前母亲就被人杀害了的话,我就不会出现也就并不存在了。除此之外,我也并不是能永久存在下去的,但是我知道这个世界上有这样一个存在,他是必然的、永恒的和无限的。

---

① 意思是"道路,真理"。

470

　　那些声称只要上帝在他们面前显现就会诡异的人，这群无知的人，怎么敢口出狂言，谈论自己的无知和狂妄呢。他们把皈依宗教当作了偶像崇拜，就好像自己可以跟神明讨价还价一样，他们在想当然。真正的皈依是要抹除我们自身的存在，走到那位被人类不断冒犯的，那位可以名正言顺地将我们抹杀，并且除他之外我们将一无所知一无所成的上帝面前，并且陈述一个事实，我们只配得到他的羞辱，除此而外再无其他。真正皈依的瞬间，你会看到自己与上帝之间有着不可逾越的鸿沟，我们只能通过媒介去接触他而无法与他直接沟通。

471

　　人类不应该想要追随我，即使这是他们自己的愿望也不行。他们并不能在我这里找到一直依赖寻求的东西，也不能在我这里得到安息，这是在欺骗那些自愿追随的人。就算我用温暖的态度在传道，即使我们双方都会因此而感到欢愉，但是只要我是在引导他人相信一个假象，或者是我如果去获得别人的爱戴，让他们追随我，那么我就是有罪的。我要告诫那些就要陷入歧途的人拒绝谎言的诱惑，即使那谎言看起来会使我受益；我更不会让他们追随我，因为这个世界上唯一值得人类去追随的只有上帝，人类所有的关心与信心都应该是在追随上帝之中。

472

　　自爱心是个贪得无厌的家伙，就算拥有一切也不会令它满足，但是我们一旦抛却了自爱心，就会变得满足。没有自爱心的人是不会觉得不满的，然而一旦它进来了，你就会开始不满意。

473

试想一下一个身体之中充满着许多肢体，它们都有着自己的思想。

474

从肢体开始讨论，我们就可以知道人类应该如何爱自己。我们要想象一个身体之中有许多肢体，它们都有自己的思想，但是都是作为这个身体的一部分，这样我们就可以知道这些肢体要如何爱自己……

475

如果一个身体的手和脚都有了独立思想，为了避免造成不必要的混乱和灾难，它们的意志就应该全部服从这个身体的最高意志。如果它们不这样做的话，就会有大麻烦，在我们需要谋求全体的福祉时，它们却只顾着个体的利益。

476

人类要爱上帝又要恨自己，这是唯一的要求。

如果一只脚是整体的一部分，但是对整个躯体完全漠视，它只爱自己也只认识自己；那么如果有一天，这个它所依赖的整体想要抛弃它，正如它将自己看作一个独立的个体那样，这只脚的存在意义就会马上被消除，生命被终结，我们遗憾地发现它已经毫无用处，它的生命也变得毫无价值。它开始觉得羞愧并且盼望自己不被舍弃，它应该以谦卑的姿态存在其中。假如有一天它必须因为整体的利益舍弃自己，那么这个时候它就会毫不犹豫，这是作为躯体的一部分应有的品质，只有维护整体的益处才是它最应该做的。

477

人类的精神是堕落的,因为他们生来就是不义的,他们渴望着被人爱戴,抱着如此荒谬的想法生于世间。但凡人类天然就被赋予理性和公正,对于自身和他人都有所了解,他们都不会产生这种想法。这是违反自然规律的欲望,这不是我们应该追寻的那种普遍的秩序,这种可能引发各种混乱,战争、政治斗争、经济动乱以及人类自身的矛盾。

正确的做法是任何一个组织里的成员都应该致力于谋求整体的幸福,而且意识到这个组织也只是一个一个更普遍性的存在之中的一部分。人类的本质应该趋向于普遍性的存在,但是现实却证明了人类的本质是不义的,是堕落的。

478

只要我们一开始思考上帝,就会有一些其他的东西冒出来阻碍我们,让思想转到别的地方去。而这些阻碍我们的东西,都是来自我们自身的。

479

人类只能去爱上帝,而不是其他被创造出来的虚假偶像,这是以上帝存在为前提的。有一种最坏的情况,《智慧书》中的不信者假设了上帝不存在,而且在确定了这一点之后,他就告诉人们要享受这个世界上的事物了。而真正属于一个智者该有的结论,就是假设上帝存在的情况,与上面的完全不同,那时候我们就应该摒弃所有的一切,去爱这个上帝。

如果我们认识上帝,就应该一心去敬爱上帝,如果我们还不认识上帝,那么就应该去努力追寻上帝,一切妨碍我们这样做的东西都是邪恶的。人类被欲望填满,所以人类是邪恶的,我们应该憎恶自己,憎恶那些企图通过外物的诱惑来阻止我们追随上帝的一切坏东西。

480

使所有人都幸福的办法就是拥有一个共同意志,这个共同意志就是他们服从整体而共同拥有的意志。

481

古斯巴达人的英勇就义并不能触动我们,因为他们跟我们毫无关系,但是殉道者却可以让我们感动,因为那是我们肢体的一部分。我们被共同的一条纽带联系在一起,他们让我们更加坚决,不仅仅是榜样的力量,而是他们就构成了我们的坚决。异教徒与我们毫不相干,就像是别人的财富不能令我们开心一样,但是我们如果知道自己的父亲或者丈夫变得富有,就会觉得自己也变得富有了。

482

道德——上帝创造了世间万物,但是他们却没有能够感知自身存在的幸福能力,于是上帝就造出了一个能够思想的并能够认识上帝的生命。可惜我们的肢体并不能感到他们彼此结合组成躯干,他们拥有的智慧以及他们在自然的滋养之下成长和繁衍的这种幸运,否则的话,他们将会变得非常幸福。想要认识上面提到的一切,就必须具备相应的知识,而且他的灵魂能够与一个普遍的意志产生共鸣。但是如果具备这种知识的人只想着凭借它为自己谋利,而不是将这种知识分享,那么他不仅是不义的,而且也是可悲的,这种自爱心并不是在爱自己而是在败坏自己;人的幸福只在于那个最普遍的意志中，人类该做的就是回应这个意志，因为它爱惜人类更甚于人类自己。

483

一个成员并不存在自己的意志，他所有的意义，他的生命、存在以及行动的全部理由就是那个整体的精神。

一个成员一旦脱离整体就再也见不到它，从而变成了一个随时准备消失的生命。但是他的内心却坚信自己有一个整体，因为看不到自己的来处，他就想要自己成为一个整体并且依赖自己。但是因为一个成员并不能认识真正的准则，所以他就走上了错误的道路，等他发现自己并不是整体又找不到真正的整体时，就开始惊慌失措。而当他终于能够认识自己并且找到整体的时候，他就仿佛回归故土，知道了爱自己是因为整体的缘故，并且会为曾经的过错流下悔恨的泪水。

人类被自己的本性驱使，就变得自私自利并且想要他人服从自己，他们不能爱其他事物，因为一切都是自己的胜于他人的。但是如果你爱的是一个整体，也就等于是在爱自己了，你处在整体之中并且依赖整体而存在：qui adhaeret Deo unus spiritus est①。

整体的意志是会爱护它的手的，如果手也可以感知思想，那么它就应该以相同的方式去爱自己。只有这种爱才是正义的。

Adhaerens Deo unus spiritus est②。我们爱自己是因为自己是整体的一部分，我们爱耶稣是因为他就是我们整体。所有的一切

---

① 意思是"凡是依附于上帝的意志就能够与他的精神合一"。
② 意思是"依附于上帝的意志就能够与他的精神合一"。

都包含在这一个整体之中,就像我们都是整体的一部分那样,就跟三位一体是一样的。

484

所有基督教国家都可以被这两条法律所约束,这是比任何法律都能更好地统治这些国家的。

485

所以我们要因为自己身上那些可恨的欲望而憎恨自我,我们还要找到真正值得热爱的存在。然而我们不能够去热爱那些身外之物,我们就必须在自身的存在中找到这个可爱的对象,这对象也不能是我们自己。所有人都可以知道这是一条真理,所以我们就只剩下一个去处,那就是一个整体的存在。我们能够在自己身上找到上帝的国度,那是存在于每个人之中的普遍的美好,它存在于我们自身,又不完全是这样。

486

最初的人类是纯洁无辜的,所以他们的尊严可以支配世上所有的造物;但是现在,堕落的人类要是自己脱离这些造物以便皈依上帝,并且向他们屈服来使自己谦卑。

487

真正的宗教应该把上帝作为信仰上的一切原则来崇拜,并且作为道德上衡量一切的准则来热爱。

488

上帝会成为人类的幸福所在,是因为他是这世界一切的准则,否则这一切就永远不会成立。人类站在大地之上仰望着高处的存在,但是这片土地也将不复存在,人类即使仰望着天堂也避免不了最终的堕落。

489

世间万物都遵循一条共同的准则，这也是他们最终的向往，我们都来自他并且最终也都将归于他。所以真正的宗教就该教导人类不能热爱除了上帝以外的任何事物，但是人类自身并没有能力去认识上帝，也不能摆脱自爱心引起的各种欲望，所以真正的宗教也有义务去让人类认识到自己的无力以及补救这一切的办法。基督教告诉世人，曾经有一个人犯下过错，人类失去了一切，我们与上帝失去了联系；后来有一个人出现，将这个联系重新建立起来。

人类因为祖先的过错而天生背离上帝，但是他们又不得不去爱上帝，那么人类就必须是带有原罪的，因为这是认识上帝所必需的。

490

人类会对他们发现的各种优点加以奖赏，但是他们却没有能力去创造一种优点，而且他们还通过自己的经验来说明上帝也是如此。

491

宗教存在的真正意义就在于要向世人指出他们应该热爱上帝，但是除了基督教以外，其他的宗教都没能做到这一点。基督教还说明了世人的欲望和脆弱，还为这些人指出了获得救赎的办法，那就是诚信祷告，除了基督教以外，没有任何宗教向上帝祈求过热爱和追随他的力量。

492

只有盲目的人才会对自己身上的那种自爱心和那种自比为上

帝的本能无动于衷。我们都知道,这是所有恶行之中最不正义和最虚妄的。这种行为当然是不对的,但是因为每个人都有这种倾向和本能,我们就没有办法指出它的谬误所在。人类生而具备的这种不正义,它是那么的显而易见,我们必须剔除它,但是我们却不能够。

但是我们所知的宗教里却没有哪一个向我们阐述过这种罪恶,告诉我们它是生来就有的,也没有一个宗教来教导我们应该摆脱它,以及要如何摆脱它。

493

真正的宗教应该教导我们这些东西:爱上帝的义务、我们的脆弱都源自傲慢和欲望,而能够摆脱这些脆弱的办法就是谦卑、节欲。

494

真正的宗教有义务让人类认识自己的伟大与悲哀,让他们学会尊重自己的同时也要蔑视自己,让他们学会爱自己的同时也不要忘记恨自己。

495

人类存在于世界上却又不去寻找自己存在的意义,是一种不符合自然规律的虚妄;但是如果你信仰上帝却又不检点自己的生活,这种盲目就是非常可怕的了。

496

经验让我们看到,虔诚和良心之间存在着很大的差别。

497

对那些信仰不坚定并且过着罪恶生活的人反驳:人类的罪恶

有两大根源——傲慢和怠惰，于是上帝就用他的仁慈和正义两种
品质来治愈人类的两种恶。用正义让傲慢屈服，无论你从事怎样
的神圣职务都经不起他的审判，et non inters in judicium①，等等；
仁慈能够矫正怠惰，从这句"上帝用仁慈教人悔改"以及尼尼微人
说的"为了祈求上帝的仁慈而悔改"就可以看出。所以上帝的仁慈
不是对怠惰的放纵，而是一种沉痛的打击；它并不是意味着没有上
帝的仁慈我们才要去追求更好的德行，而是告诉我们所做出的种
种努力都是出自上帝的仁慈。

498

　　一个人想要拥有虔诚的信仰是非常艰难的，这种困难来自我
们灵魂深处的不信，而不是我们生而就有的对于信仰的向往。沉
迷于感官的人不愿意悔改，已经堕落的人类不愿承认上帝的纯洁，
人类因为上帝的恩赐与自身罪恶之间的拉扯而感到痛苦，两种相
反的力量可以让人心被撕碎；但是如果你把这种痛苦仅仅归咎于
上帝的仁慈而不是这个世界的诱惑，那你就是不公正的。假如你
被强盗抓走，而你的母亲要努力把你从强盗手上夺回来，这个时候
你不应该抱怨母亲为了你的自由而使你承受的那些痛苦，而是应
该憎恨那些用不当的暴力剥夺你自由的强盗。上帝要避免让人类
经历他即将带到地上的战争，这也是他给人类一生之中带来的最
残忍的纷争了。上帝说他会带来战争，他又对这场战争说自己是
带着烈火与剑来到这世上的。这个世界的人们一直生活在和平的
假象之中，直到上帝的到来。

---

　　①　意思是"求你不要审问"。

499

模仿表象——想要让上帝和人类同时喜欢自己是很危险的行为,你要有一种品质是上帝所喜爱的,还要具备人们爱戴的品质,这就是一种两边讨喜的状态。就说圣德丽撒①吧,她因为自己在获得启示时深刻的谦卑而被神喜爱,又因为身上所散发的光明而被人爱戴。所以我们如果想要处于两边都喜欢的状态,就要去效仿她的言行,我们并不是真心地热爱谦卑,也并没有把自己放在一个卑微的位置。

法利赛人因为自己禁食的行为而失去了谦卑的心态,相比之下,那个没有禁食却能保持谦卑的税吏反而要好得多。

这些教育对我们来说有什么意义呢?如果我们可以从中得到帮助但是也有可能受到损害,如果我们能够得到的都是上帝愿意赐给我们的,这一切都是他按照自己的准则赐予的恩典,其中有着同样重要的方法和事物,或者我们该更看重方法;原因是上帝可以从我们的罪恶之中得到善,但是失去上帝的人类只能从善之中得到罪恶的果实。

500

要用这种方式来理解关于善恶的描述。

501

因为做坏事被指责,因为做好事被表扬是第一个等级;第二个等级就是指责与赞扬都不会加诸他身上。

---

① 圣德丽撒,西班牙作家,宗教革新者。

502

如果不是因为追随他的仆人,亚伯拉罕就不会要求任何一样东西;心怀正义的人不会在意身外之物,也不会在意那些名声,他们只会把心思放在如何去驾驭身体中的情感:他会对这些都进行删选,留下一些并且去除一些。Sub te erit appetitus tuus①。正确地使用这些情感,它们就是一种德行;上帝也同样知道贪婪、忌妒、愤怒,它与仁慈、悲悯、有恒一样都可以成为一种德行。对待热情要像对待奴隶一般,我们可以把热情所需的东西留给它们,但是千万不能让人类的灵魂被欲念沾染,否则的话它们就可能占据主导地位,用自己的粮食来毒害灵魂,把自己变成一种罪恶。

503

哲学家把自己的罪行奉献给上帝,而基督徒则把自己的德行奉献给上帝。

504

无论多小的一件事都要遵循信仰来办,这就是一个正义的人该有的做法。所以面对犯错的仆从,他希望上帝的精神可以感化他们并且引导他们改正,这个正义的人会产生无限的自责,就像他对上帝无限的祈求那样,希望上帝能够导正这个误入歧途的仆人。从而在其他的行为上……

[……一个脱离了上帝意志的人,会因为这种已知的中断而在行为上欺瞒他人,但是他自己则会因为这种行为引发的痛苦不停地忏悔。]

---

① 意思是"你将会征服欲望"。

505

这个世界上,如果行为不当,我们有可能被自己见到的墙壁压死,被自己搭建的楼梯摔死,由此可见,所有的一切,哪怕是我们为了便利而创造的东西,对我们来说都可能是致命的。

没有什么东西应该是被忽视的,就算是最微小的事物也有可能引起轩然大波,就像一块石头能够引起海啸那样,人类所做的一件小事也有可能在最终的时刻影响到神恩的降临。

我们的所有行为都一定要小心谨慎,在行为当中要关心的不仅仅是它本身,还有它一路演变过来的状态,过去和现在的情况,以及为未来有可能发生的情况做准备,这就意味着一定要清楚事物之间的各种关联。

506

我们在这个世界上所犯的过错,就算是其中最微不足道的一条,严格追究起来都有可能是影响深远,我们完全承受不起的,所以让我们祈求上帝不要来追究我们的罪过,也就是不让我们恶行的后果作用在我们自己身上。

507

上帝恩典的作用,人类灵魂中的执着以及外部的因素。

508

真正认识圣人,认识人类本质的人,就会毫不怀疑地认为想要变成一个圣人,只能祈祷上帝的恩典。

509

哲学家的义务就是向世人宣告真相,不论这个人是不是真的能够认识自我,向他指明寻求上帝的行为只能由自己去做,都是一件非常令人开心的好事情。

510

人类本来是不够资格被上帝接纳的,但是人类却可以寻找方法让自己变得好,去获得资格。

把没有资格又可悲的我们与上帝联系起来,我们其实并不配拥有这样的恩典;但是上帝让人类脱离了这种可悲的境地,于是我们就能配得上了。

511

我们必须有足够伟大的部分才能够判断出自己的渺小,才能够有办法说出自己的渺小以及自己并没有资格与上帝联系起来。

512

我们可以说圣餐就是耶稣的血肉,但是却不能够认为耶稣全部的身体都化为圣餐。我们不能判断事物从一个变作另一个,因为它们彼此结合之后没有产生变化;这就像灵魂与肉体的结合,火与木的结合一样。但是人与道德的结合就不一样了,它需要变化才能够使形式从一个变成另一个。

没有灵魂就不能够成为一个人的身体,所以只要我的灵魂与任何一种实质相结合,那就是我的身体了。这种结合是必要的但并不是充分的,所以我们在此处不去区分必要条件还是充分条件。但是左右两边的手臂是无法混淆的,物体本身是有不可渗透性的。

要保持数目一致,在同一时间内物质就是一致的。比如上帝让我的灵魂属于一具来自中国的身体,那这具身体为保持 idem

numero① 就会在中国。此处有一条河流流过，相同的时间内，在中国也有一条河流，它们 idem numero。

513

上帝要求人们祷告的原因：

1. 使人们知道因果的权威性。

2. 让我们知道我们身体中的德行来自何处。

3. 让我们因为这样的劳动而拥有别的德行。

但是只有被神所喜爱的人才能够向神明祷告，这是出于神的优越性考虑所必需的。

有人会反对说，他们去祷告乃是出于自己的意志。

这些人的想法是滑稽可笑的，人类的德行是由于诚心祷告而获得的，如果你不具备这种德行，你的信心是哪里来的呢？信与不信之间的差距远远大于信仰和德行之间的距离。

是否配得上这个说法是模糊不清的。

Meruit habere Redemptorem②.

Meruit tam sacra membre tangere③.

Digno tam sacra membre tangere④.

Non sum dignus⑤.

Qui manducat indignus⑥.

---

① 意思是"数目一致"。
② 意思是"他配得上有一个救主"。
③ 意思是"他配得上触及如此神圣的躯体"。
④ 意思是"我配得上触及那神圣的躯体"。
⑤ 意思是"我们不配"。
⑥ 意思是"不进食的人不配"。

Dignus est accipere①.

Dignare me②.

上帝曾经应许我们祈祷获得正义，并且只有被他所承认的儿女才有祈祷的权利，所以上帝只需要做它所允诺的事情。

圣奥古斯丁③曾经公开表明义人会自行取消自己在上帝面前的力量。他只是在偶然的情况下才发表这种言论，也可能是我们并不知道他因为什么才会这样说。但是从他的行事准则我们却知道，只要出现与之相对应的情况他就一定会这样说，没有别的可能。所以我们可以说，一旦出现这种情况，他就必得这样说；而不是在这种情况出现之前他就已经说过。前者是肯定的因果，后者只是巧合，这就是我们能够知道的关于这件事的一切了。

514

"人类要得救就必须谨慎自律。"

通过祈祷我们可以知道，Petenti dabitur④。

所以我们是配得上祈求的。否则……祈祷并不是人类能力所及的地方，因为我们并不是出于自己的能力才会祷告的；我们不能靠自己得到拯救，我们获救的神恩就在上帝那里，所以这种祈祷并不是我们自己的能力。

所以义人就不应该再去向上帝求什么，他们应该凭借自己的力量去获得想要的东西。

---

① 意思是"配得上接受"。
② 意思是"认为我配得上"。
③ 冉森派理论的来源之一就是奥古斯丁。
④ 意思是"凡是所求的就会被给予"。

所以我们可以这么说，如果人类因为原罪而生来就是有罪的，而上帝并不想因为这一点就疏远人类，那么他也就是出于这个最开始的理由才会指引我们。

所以，被上帝疏远的人类从一开始就没有祈祷的权利，而那些没有被疏远的人生来就是可以向上帝祈祷的。这样我们就可以知道，在最初因为神恩而享有这种权利的人，在被神疏远之后，就不再祈祷了。

因此，上帝在那个时候就收回了他们可以祈祷的恩赐。

515

人类已经堕落成这样，你的儿女们不再为了德行祈祷，人类已经对罪恶视而不见，上帝啊，何时开始我们看着你的饥渴……

516

《罗马书》第 3 章第 27 节。人类舍弃荣耀，是在遵循某种立法或者习俗吗？不，那只是对上帝的信仰。所以就好比法律的工作并不是我们自己拿到而是别人给我们的一样，这种信仰也不是我们本身的力量。

517

你要这样宽慰自己，神恩不是你通过自己就能够得到的，反而是在你并不是对自己有所求的时候，才有可能去祈祷。

518

《圣经》告诫我们，所有人包括殉道者在内都要自律谨慎。

炼狱之中最让人难过的就是你不知道审判会以何种形式到

来。Deus adsconditus[①]。

519

《约翰福音》第 8 章:Multi crediderunt in eum. Dicebat ergo Jesus:"Si manseritis..., vere mei discipuli eritis, et veritas liberabit vos."responderunt:"Semen Abrahae sumus, et nemini servimus unquam."[②]

我们只需要说出真理将会给予他们自由,就可以区分真信徒与信徒;那些信徒会告诉你他们本来就是自由的而且可以靠自己的力量摆脱魔鬼的束缚,这些人只是信徒但是却不是真的信徒。

520

律法让人类的本性按照好的方式发展,从不曾有过一点损害,神恩没有让法律败坏,只是让它更好地在世间行使。基督徒与信众的存在意义都来自他们在受洗时得到的信心和律法。

521

神恩与人的天性都会永远地存在下去,所以我们可以说,神恩是伴随着人类的出生而来的。于是我们知道基督徒和否认原罪的人永远都不会从这个世界上消失,他们的争斗也会一直延续下去;这是因为最初的人类以及后来认为神恩而造就的人类都会存在于世上。

---

① 意思是"隐蔽的上帝"。
② 因为这些人都相信耶稣,于是耶稣说:"只要你们遵守我的劝解,就是我的信徒,我就会带给你们救赎。"那些人回答说:"我们是亚伯拉罕的后裔,从不曾被任何人奴隶。"

522

律法驱使人们去做事情却不会给予他们应得的,但是神恩会把它所要求的都赐给人类。

523

我们能够在耶稣与亚当身上找到关于人类信仰的所有答案,在欲望与神恩之中找到所有关于德行的道理。

524

下面这种说法是对人类而言最好的:它告诉我们人类的真实处境,就是在绝望和傲慢的双重危机之中,所以我们的未来就有了两种可能性,接受神恩得救,或者丧失神恩永久地堕落下去。

525

哲学家并没有指出人类的真实状态以及在这种情况下应该具备的德行。不管是单纯地指出人类的伟大或者卑贱,都不是真实的状态。

人类的卑贱情绪是因为原罪的悔过,所以是不可缺少的,但是我们不能沉浸其中,而是应该想办法变得伟大;人类的伟大并不是因为自身的优越,而是神的恩赐,而且这种伟大是因为他们认识了自己的卑贱。

526

人类天性中的悲哀会使他们绝望,骄傲会使他们变得自满,而耶稣则向我们展示了人类因为其悲哀而伟大,他把我们所寻求的救赎之道带给我们。

527

人类如果只看到了上帝的伟大而没有认识到自身的悲哀,就会变得傲慢；然而如果只看到自身的可悲而没有看到上帝的伟大，就会导致绝望。所以我们要认识耶稣，因为在他身上我们可以同时发现上帝的伟大和人类的悲哀。

528

如果信仰耶稣，我们不会因为发现自己与他相似的地方而变得高傲，也不会因为匍匐在他脚下而感到绝望。

529

谦卑可以使人向善，圣洁可以驱除罪恶，这其中不存在例外。

530

我曾遇到过两个人，一个人在忏悔过后变得自信满满，另一个则依旧心怀惧怕。我在想，如果这两个人的德行可以互补，那就会是一个非常好的人了。人们总是不能同时具备两种情操，万事万物都有这样的缺憾。

531

更懂得神意的人也就该接受更多的考验，因为他的知识赋予了他更多力量。Qui justus, justificetur adhuc①，因这力量是正义赋予他们的。他们因为知识而获得力量，所以拥有的知识越多，我们要向他讨的就越多。

532

《圣经》中的很多话让我们在看到了一切都可以得救的同时，也看到了一切都可以毁灭的可能。

同样的情况似乎在人类身上也出现过，我们既看到了自然规

---

① 意思是"那些正义的人就让他们继续保有正义"。

律的无限可能,也看到了德行的无限可能:人类之中同时会出现高低贵贱、智者和愚人,这就让我们既不会因为自己的卑贱而绝望,又不会因为我们的伟大而自满。

533

圣保罗口中的 Comminutum cor① 是基督徒的本性;高乃依说:"因为你从阿尔巴那里得了名,我就不认识你。"是违背人类本性的,所以我们知道人类的本性是矛盾的。

534

这世界上的人分为罪人和义人两种,前者觉得自己是义人,后者则认为自己是罪人。

535

对于那些指出我们错误的人应该怀有愧疚,他们想要让我们学会克己,他们指出了我们是被人蔑视的,并且我们将来可能还是会如此,因为我们身上的错误还有很多,但是这些人指出我们的错误,是为了让我们将这些错误改正并且不会有更多的错误。

536

人类就是这么一种造物,只要你告诉他说他是愚昧的,他就会深信不疑,而且他自己也是这样告诉自己的。人类总是在与自己的内心进行交谈,这时就需要有一条规范出现:Corrumpunt mores bonos colloquia prava②。人类应该尽量少交谈,并且为了不被真理之外的东西影响,我们应该只去谈论上帝。

① 意思是"破碎的心"。
② 意思是"坏的交谈会败坏好的本性"。

537

基督教的特别之处在于，它向人类指出了他们自身的罪并且应该憎恶自己，但是它也指出了人类要祈祷上帝的德行。保持在这个平衡，人类就不会因为骄傲而自满，也不会因为卑贱而绝望。

538

基督徒可以因为一点小小的骄傲就觉得自己可以接近上帝，又因为一点小小的卑贱就觉得自己像是地上的蝼蚁。

用这种方式接受自己的生死祸福，真是奇妙。

539

士兵与沙特略派①同样都在苦修，并且处于被奴役的位置，但是他们之间是有很大的不同的。士兵一直盼望自己可以翻身做主人，即使他一直在升迁却并不曾真正地成为一个主人，但是他不曾放弃期望并且一直在努力；而沙特略派却只想一直做别人的奴仆。所以就算是同样的处在被他人奴役的位置，二者却有根本性的不同，一个满怀希望，一个却不曾拥有过希望。

540

基督教徒的祈祷是真正美好同时也让人不安的，因为他们想要得到永恒的幸福，这与那些做着君主梦的不切实际的臣民不一样，基督徒所期待的纯洁和远离不义，在某种程度上是可以实现的。

541

只有真正的基督徒才能成为一个幸福，具备理性、美德以及受

---

① 沙特略派，1086 年由圣布鲁诺创建的教派，注重清修。

人爱戴的人，其他的人都做不到这一点。

542

只是做个诚实的人，你得不到真正的幸福也不可能变得可爱，只有皈依基督教才能够实现这些。

543

序言——用形而上学的理论去证明上帝存在违背了人类的理性，而且其结果也是一团糟，很难让人信服。即使在某时某刻说服了一些人，这种效果也是短暂的，那些听过的人转过头就会开始怀疑它的真实性。

Quod curiositate cognoverunt superbia amiserunt[①]。

不通过耶稣去认识上帝就会有这样的结果，不通过这个媒介想要与上帝进行沟通就会出现这种失败。而那些通过耶稣去认识上帝的人就会充分认识到自身的悲哀。

544

上帝会让虔诚的基督徒从灵魂深处感受到美好与幸福的所在，就是在上帝之中，只有热爱上帝才能使灵魂得到真正的欢愉；而且上帝也会让人们发自内心地厌恶自己的自爱心和欲望，这些恶念束缚着他的灵魂并且阻止他去热爱上帝，这都是难以忍受的。于是他从上帝那里感受到了救赎，也认识到这些恶念足以让他的灵魂毁灭。

545

耶稣基督指出了人类的本质，他们只爱自己，他们是盲目的、

---

① 意思是"人们因为好奇心而获得的知识，又在傲慢中失去了"。

为病痛所苦的不幸的罪人;他要拯救这些罪人,带给他们启发、治愈他们的疾病并且赐福给他们;只要这些人认识到自己的可悲并且憎恨自己,用死于十字架的方式追随他,就可以获得这一切。

546

人类只有追随耶稣基督才能够逃开罪恶与悲哀的结局,获得拯救,因为我们所能够得到的所有幸福与美好都来自他,没有他,我们就只剩下罪孽、悲哀、谬误、黑暗、死亡以及绝望。

547

我们是因为有了耶稣基督才能够认识上帝,失去这位居间者①,我们就切断了与神的所有联系,有了他,我们就能够认识到神的存在。那些自以为了不起,可以不通过耶稣就直接证明上帝的人,他们的证据都是不堪一击的,但是真信徒却可以通过已经被验证的预言来证明耶稣基督的神性,因为这些预言都已经实现,是确实可靠的。我们是通过耶稣基督才认识了上帝,如果没有他,没有《圣经》和原罪,人类依然处于愚蠢的状态,不可能获得善意的教诲和好的德行。因为我们是通过耶稣并且正是在耶稣基督中证明了上帝,他还带给我们道德与知识,所以我们说人类的上帝就是耶稣基督。

但是人类却不得不面对自己的悲哀,因为我们的上帝仅仅是来拯救我们可悲之处的弥赛亚,而不是其他。所以我们只能通过自己的罪孽来认识上帝,那些没有意识到自己的悲哀就见证上帝伟大的人,他们并不是为了荣耀上帝,而是为了抬高自己。Quia …

---

① · 原文中"居间者"三个字为大写。

non cognovit per sapientiam . . . Placuit Deo per stultitiam praedicationis salvos facere. [1]

548

我们的一切真知都是通过耶稣基督获得的,没有他我们将会一无所知,通过它我们才能认识上帝、认识自己、认识生死,否则的话我们就会对于生死、上帝以及我们自己一无所知。

所以如果不去阅读《新约》,我们就会一直处于蒙昧的状态,知道关于上帝的伟大,知道人类本性之中的矛盾,却找不到出路。

549

想要依靠自己去认识上帝而不是通过耶稣基督,只能给自己带来坏处,而且这也是不可能的。这些人并没能真正地脱离基督,他们在靠近他,但是这种靠近却没能让他们学会谦卑,反而……

Quo quisquam optimus est,passimus,si hoc ipsum,quod optimus est,adscribat sibi. [2]

550

我热爱上帝所喜爱的贫困,我也热爱能够给予他人帮助的财富。我是一个忠诚的朋友,不会被他人的德行或怨怼所感染,我希望你也能像我这样做。我努力做到公正、忠诚、实在,我愿意与那些上帝把他们与我联系在一起的人保持亲密,无论人前人后,我所做的一切都是为了我所侍奉的上帝,所有的一切都将由上帝来

---

① 意思是"人类不能通过自己的智慧认识上帝,所以上帝只能用愚人的常识来教诲他们"。

② 意思是"如果人类把那些好的东西都归于自身,那么就只能是败坏他们自己"。

审判。

我最真实的感情就是如此,我每天怀着对上帝的感恩和祝福,上帝就在我的心中,他让我从一个卑微可怜的被欲望、骄矜和野心填满的人,变成了一个可以远离这一切罪恶的人,我的自身只有谬误和悲哀,这一切伟大都源于神的恩典。

551

Dignior plagis quam osculis non timeo quia amo. [①]

552

耶稣基督的坟墓:耶稣基督死去,人们看到他被钉在十字架上,而后他被埋葬在坟墓中。

耶稣基督是被圣徒们埋葬的。

耶稣基督在坟墓中并没有展现任何奇迹。

那里只有圣徒才能进入。

耶稣基督是在坟墓里而不是在十字架上面复活的。

这就是关于受难与复活的神密。

耶稣基督只有在坟墓中才能得到片刻休息。

因为只有坟墓中没有会折磨他的敌人。

553

耶稣的神秘——耶稣受难时候的痛苦是别人加在他身上的,但是他在忧伤中的痛苦却都是自己加在自己身上的,turbare se-metipsum[②]。因为这种苦难不是来自人手,而是出于全能者的苦

---

① 意思是"即使我们只配得到鞭挞,但是因为心中有爱所以无所畏惧"。

② 意思是"内心悲叹,又甚忧愁"。

难,这是非全能之人所不能承受的痛苦。

耶稣本来想到他的三个朋友当中去寻求安慰,但是他们却已经陷入沉睡。他们对于耶稣的忽视那么彻底,这些人都是缺乏同情心的,在耶稣希望能够与他们分担一些痛苦的时候,他们竟然都陷入了沉睡,所以最后代人受过,承担上帝的怒火的人只有耶稣一个。

耶稣在地上承受着孤独,因为他的知识来自天上,只有他自己和上天才懂,没有人能理解他为什么悲叹,也没有人能帮他分担这种痛苦。

耶稣与之前的那个人类不同,他不是像亚当那样出生在一座乐园并且因为过错让全部的人类失去了它,耶稣来到了一个充满苦难的园中,那里的人类,包括他自己,都需要他去救赎。

耶稣在可怕的黑暗之中独自承受苦难,忍受背叛。

我认为耶稣只有一次是真的悲伤过,那是一种极度的悲苦,连他也觉得承受不住了,所以他才会说自己的灵魂感到了悲哀,难过得像是要死掉了。

在耶稣一生之中仅有一次想要去寻求安慰和陪伴,但是他却没能得到想要的,因为那些使徒们都陷入了沉睡中。

耶稣基督的悲伤将会持续到世界的终结,而在这个过程中我们不可以再让自己陷入沉睡了。

耶稣独自一人承受着苦难,他的朋友们全都陷入了沉睡,这些被他拣选出来、跟随他走过黑夜的人将他一个人丢在黑暗之中,但是耶稣却因为他们把自己而不是耶稣陷入陷阱而感到苦恼。耶稣出于这些人的利益和救赎要警告他们,即便他们面对一颗驰骋的真心却不知感恩,他说:人类的精神是不稳定的,人类的躯体是脆弱的。

耶稣看到这些人依旧在沉睡,不曾意识到自己和耶稣所面临的危险,于是善良的耶稣就没有打扰这种安眠,让他们继续下去。

耶稣曾经惧怕死亡,因为不了解上帝的意志而不停地祈祷,然而等他认识到了那意志,就决定慷慨赴死:Eamus. Processit. ①

耶稣曾经想要向别人求助,但是没有人听到。

他的弟子们都沉浸在酣眠之中,而耶稣却在这时候带给他们救赎,这些义人因为耶稣而获救,不仅仅是在那之前的无尽岁月之中,也是在他们出生以后的这个充满罪恶的世界里。

耶稣曾经祈祷过要远离那个悲,之后就服从了神意,但是如果需要,他还是会继续祈祷的。

耶稣在忧烦中。

他把自己完全奉献给了上帝,因为他看到自己的人都已经陷入沉睡,他的敌人们都还十分的警醒。

他把犹大当作自己的友人,在这个朋友身上耶稣感受到的不是来自敌人的恶意,而是来自上帝的安排,那个他所敬爱的、认可的伟大的父。

耶稣需要独自一人来承受这种忧伤,他要离开自己的弟子,远离那些与他关系最密切的人,这样才好向他的父学习。

我们要长长久久地进行祈祷,因为救主耶稣正处在无尽的悲伤和巨大的煎熬之中。

---

① 意思是"我们走吧,我们去吧"。

　　我们向上帝祈祷他的仁慈，不是因为我们想要在这个充满罪恶的世界里面获得安宁，我们是希望他能够带我们走出罪恶的泥淖。

　　我们要满怀感激地去跟随和服从上帝赐予我们的主宰，我们要真心地追随他，因为这是必然的，所有的预言都已经显现在神迹之中。

　　"如果你不曾意识到上帝的存在，你就不可能去寻求我的所在，人类，暂且自我安慰一下吧。

　　"我曾经流尽鲜血来拯救你们，我沉入巨大的悲伤之中却仍然牵挂着你们。

　　"你不要总想着自己能够成就一些本不该出现的事情，那不是在考验你的能力，而是在怀疑我的真实；如果到了我所安排的时间，你自然就能够达成我所要你实现的事情。

　　"你看到了在我的引导下，圣母以及其他的圣者可以做到什么样的程度，那么你就应该一起来听从我的劝导。"

　　"我的一切行为都是遵照父的意志。

　　"你难道从来都不曾感动落泪？即使我要一直为了赦免你们的罪而流尽自己肉身上的血液？

　　"你们不应该有所畏惧，你们要像为我祈祷时那样充满信心的祷告，因为指引你们成为基督徒就是我要做的事。

　　"我将一直与你们同在，你们会在《圣经》中读到我的话，在教会中感受我的灵，在牧师那里见证我的权力，在真教徒身上看到我为你们祈祷。

　　"医生只能治愈疾病而不能拯救死亡，你会看到我将会教你摆脱死亡，我将会让你的躯体永存。

"现在的我只能够拯救你的精神，你的身体仍然要在现世承受苦难和奴役。

"与所有其他的人相比，我才能称得上是真正的朋友；我为你牺牲了很多，我可以包容你的缺点，我会以德报怨，用自己的生命来拯救残忍、无知的你，这都是他们做不到的，看看我为我的选民所做的事情吧，那些我曾经做过，现在仍然在做，以后也会继续做的事情。

"在你认识到自己曾犯下的罪过之后，就会感到绝望了。

"上帝啊，请你帮助我摆脱这些，因为你的话让我相信了这些东西是邪恶的。

"不必，你的知识来自我，我也可以帮你解除痛苦，但是我向你展现的真相也就是我为了拯救你而烙下的印记。你要慢慢赎罪并且学习认识他们，然后你会发现自己的罪被赦免了。所以开始忏悔吧，忏悔你隐藏起来的罪行，以及你现在看到的那些罪行的丑恶。

"上帝，请允许我献出自己的一切。

"比起你那 ut immundus pro luto①，我对你的爱要强烈得多。"

"荣耀只能归于上帝，人类则不配得到，他们卑微如蝼蚁，污秽如尘土。

"你该去寻找你的向导并且求他帮助你，因为我说出的话竟然会引发你的好奇心，使你变得虚妄而邪恶。"

---

① 意思是"如同沾满了尘土一样的不洁净"。

　　我看到了自己与伟大的耶稣或者上帝之间是毫无联系的，我被骄矜、好奇心与欲望充满。但是耶稣却因为我而获罪，本应该给我的惩罚都落在他的身上，好像他比我还要令人憎恶一样。他厌弃自己更甚于我，但是他却没有因此而憎恶我，他因为代人受过而变得更加崇高，而且要向他祈求，让他拯救我。

　　耶稣使自己的伤痛痊愈了，而且他更坚信要拯救我这个罪人。

　　我要把自己的伤痛跟他联系在一起，我会跟耶稣一同获救，这是现在就要做的事。

　　Eritis sicut dii scientes bonum et malum①。人们对于时间的反应总会过于情绪化，超出正常的快乐或者忧伤，他们在明辨善恶的时候，就在心里给自己塑造了一个上帝。

　　我们在面对小事的时候也要像做大事一样慎重，因为耶稣与我们同在，他延续着我们的生命，他是如此的高贵；就算是再大的事情，我们解决起来也要如同解决一件小事那般轻松，因为耶稣是万能的主。

554

　　耶稣曾说，Noli me tangere②。所以我猜测他只是准许大家在他复活之后触碰那些伤口，人类需要让自己的苦难与耶稣的伤痛联系在一起。

　　最后的晚餐上，耶稣把自己当作牺牲奉献出去，他觉得自己是要死的，但是对于门徒们来说他会复活，而对于所有教会的成员来

---

①　意思是"你将会像上帝那样明辨善恶"。
②　意思是"不要摸我"。

说，耶稣是回到了天上。

555

"你除了与我相比较，就不能去与他人相比较了。因为如果你没能在别人身上发现我，那么你就是在与一个可憎的人相比较。但是如果你发现了我，你就来比较一下吧。要怎么比较呢，是比较你自己还是比较我呢？你自己只是一个可憎的人，而我也只是同自身比较而已，我是万物之主。

"你该追随的人无法直接与你沟通，而你又不能没有人引导，于是我就会经常出现，告诫你并且劝导你。

"也许他只是在你看不见的地方来引导你的，因为我大概是听到了他的祈祷才会来劝导你。因为我就在你的身体里，所以你才会想要追寻我。

"所以，就不要再感到害怕！"

第八编
基督教的根基

556

有些人对真理一无所知,而且还在这种情况下轻蔑地对待真理。上帝怀着仁爱之心,在基督教中为我们指出了最重要的两点,关于这两点我们必须认识,如果不认识的话就会变得很危险。

但是这些人却凭借这一点来说明,如果其中一点是真实的,那么另一点就是虚妄的、不可能实现的。他们说,宣扬上帝是唯一真神的人曾经被人迫害,犹太民族变得厄运连连,而基督徒的苦难更是不胜枚举。他们探索自然规律然后断言说,如果世界上真的存在一种宗教的话,它就应该变成这个世界的中心,一切都该以它为中心进行运转。

整个世界都应该为了宗教的建立和它的荣耀行动起来,宗教给予人类的那些教诲,应该在每个人身上有所体现,我们要怀着它所希望的情感来奉献自己。于是，宗教就成了这个世界的中心和所有人的动力来源，每一个能够清楚基本原则的人都能说清楚这个世界的普遍状态，也能够分析其中的个例，比如人性的本质。

有些人以此为根据对基督教的权威进行了亵渎，他们没有正确地认识到基督教的真相，认为基督教只是在崇拜一个至高全能的神而已。这显然是单一崇拜的自然神论才会有的说法，这跟基督教的实际情况相去甚远，他们的错误简直可以和无神论者一样愚蠢了。这些人没有看到万事万物都以此为准则在运动着，于是就以此来怀疑基督教的真实性，他们在指责上帝向人类隐藏了自己。

但是就算这些人找到了理由去反对一个自然神论的宗教，他们也不可能有任何力量反驳基督教。基督教的关键之处就在于降临到人间的弥赛亚，他是神秘的救世主，他一身兼具人性和神性，他来赦免人的罪，并且让人在他那里找到自己与上帝的联系。

所以基督教用两条真理来教导世人：人类可以认识上帝的存在并达到永恒的真理，但是人类堕落的本性又让他们不配接近上帝。人类必须同时对这两个真相加以认识，这非常重要。因为如果我们只知其一未知其二，不管是哪一边都会造成同样的危险。如果只认识上帝的伟大而不认识自己的可悲，那么就可能像哲学家一样的傲慢；如果只认识到自己的可悲而不知晓上帝，那么就会像无神论者一样陷入没有救赎的绝望之中。

这就是基督教成立的根源所在，因为上帝是仁慈的，他知道这两种认识对于人类的重要性，所以就要让我们知道，于是基督教就出现并且做了这件事。

　　让我们用宗教的这两条真理来检验一下这个世界的运行机制吧，看看是不是所有的一切都在围绕着这两点进行，耶稣基督是这个世界的中心，一切行动都是为了他的荣耀。只要能够认识到基督，也就等于认识了这个世界上的一切真理。

　　那些误入歧途的人就是因为不能够同时知道这两点，他们有可能只认识上帝而看不到自己的可悲，或者是意识到了自己的可悲却没能认识上帝，但是只要认识耶稣基督，就一定能够知道这两条真理。

　　于是我觉得已经没有什么必要在这里讨论关于上帝是否存在、三位一体以及灵魂是可以永生这类问题的自然性因果了，因为在这个世界上找到证据去折服那些无神论者，我自认为还没有那个能力；况且因为缺少耶稣基督的内在，所有这些理论都会变成一纸空谈。如果有一个人已经相信了上帝是这个世界上第一真理，并且认识到数字的比例要永远赖他而生，也并不意味着这个人在寻求救赎的道路上有所进展。

　　伊壁鸠鲁派以及异教徒们认为上帝仅仅是创造了这个世界上的所有科学准则；犹太人认为上帝在世间行使天命，好让他的信徒们从此获得幸福和永生；但是在亚伯拉罕、以撒、雅各以及所有基督徒的心目中，上帝满怀着仁慈，抚慰所有诚心侍奉他的信众那脆弱而又惶恐的内心与灵魂。他让人们认识到自己本质上的脆弱，并在其中看到上帝无限的恩慈；上帝让人类的灵魂可以与他联系，让基督徒的灵魂之中满载谦卑、快乐、信仰与仁慈，并且只能在上帝那里找到自己灵魂的安息之地。

　　如果有人想要在自然界之中寻找上帝，并且不通过耶稣基督作为媒介,那么最终的结果就会使他失望,然后成为一个无神论者;或者他也可能会得出一个结论,自己可以独立获得对上帝的知识和奉献上帝的办法,从此成为一个自然崇拜的奉行者;这两个结果中的任何一个,都是被基督教所排斥的。

唯有耶稣基督存在的世界才是能够容许人类生存的世界,否则的话我们将会面对的只有世界末日,或者是一座活生生的人间地狱。

如果自然界存在的意义仅仅是让人类知道上帝的光明与伟大,那么这个世界就会毫无疑问变成充满神圣光辉的净土;但是实际上这个世界却是为了让耶稣基督引导人类认识并摆脱自己的堕落,并且也是因为耶稣基督而存在的,那么整个世界就是同时被这两种真相所统治。

世间万物所共有的特征,就是他们不会向你展示自己否认上帝的证据,也不会完全展示出上帝存在的证明,他们总是在试图告诉你,有一个上帝的存在,但是他把自己隐藏起来了。

难道唯一认识天性的人认识天性,就是为了沦于悲苦?难道只有唯一的不幸者才能认识它?

人类的状态就是对于一部分真理是了解的,但是他们的了解却没能够多到可以让自己确信找到了真理,但是因为他知道了真理,却又不是全部的真理,所以他意识到自己已经沦陷其中了,这才是人类真实的状态。

上帝永远不会让人类得到彻底的安宁,不管他们倾向于两种真理的哪一端……

557

所以我们可以看到这个世界的真相：所有的一切都在向人类揭示他们的本性，但是这需要人类不断地探索和追求，因为那些线索有的是呈现出上帝，有的却是将他隐藏起来。因为上帝同时向怀疑他的人隐藏起来，并且向追寻他的人显现出来，这两种情况的同时出现，让我们知道了，人类因为自己的堕落而不配接近上帝，但是又因为他们原初的天赋可以得到上帝。

558

人类从自己全然无知的状态之中能得到的结果，就只是说明他们配不上伟大而又光明的上帝。

559

我们可以认为上帝是不存在的，如果上帝从来都不曾给我们留下任何的证据，那么关于这一点的缺失就可以成为一个有效的关联，就像我们因为见不到证据而想到是因为人类不配认识上帝那样。但是上帝却会偶尔提供一些线索出来，这就让那种怀疑不攻自破了，因为只要有过一次显现，我们就可以确认上帝是存在的，这个证据也会是永不磨灭的；所以我们现在可以知道：上帝是确实存在的，只是人类不配认识他而已。

560

我们对最初的状况一无所知，当初的亚当伴随着怎么样的光荣，他又是犯下了什么样的罪过，还把这个罪孽放在了我们身上。因为现在的我们现在的世界已经和最初的时候有所不同，所以我们无法理解，而且这些事情也是超出了我们的能力范围的。

这一切的真相对于我们的得救是毫无用处的，我们需要通过这个世界提供给我们的所有线索，去努力发现一个真相，那就是人类正处于一种无力的悲哀，他们堕落，背弃了神明却被耶稣基督拯救。

于是我们就在那些对于追求信仰怀着冷漠态度的无神论者身上，以及那些与基督教之间存在不可调和的矛盾的犹太民族中间，找到了关于人类堕落以及最终获得拯救的证据。

561

我们可以让大家通过理性的判断，或者是传道者无可动摇的权威来让世人相信关于基督教的真理。

人们一般都会通过降服理智而不是通过权威的压制来让人们百依百顺。我们并不会因为《圣经》之神圣不可侵犯的权威而让大家相信上面的话，我们会摆出很多的证据来让人不得不相信这些。然而我们摆出的证据都是不太稳固的，因为人类的理智并不如你想象的那么坚定。

562

世间万物向我们展示的只有这样几件事：人类处于悲惨的境况之中，上帝是仁慈的，背弃上帝的人类是无力的，只有上帝才能让人类拥有能力。

563

让那些堕落之人陷入矛盾的原因之一，就是他们发现自己想要用来抨击宗教的武器，他们的理性正在指责他们自己。

564

基督教的所有预言、神迹、证据都不能够具备足够令人信服的力量，但是它们又能够给出一些理由让你去相信，所以人类能看到确凿的证据,但是又不是完全的清晰,这让寻求光明的人可以被照亮,而沉入黑暗的人继续停留在一片混沌之中。但是我们发现光明的证据是完全不少于混沌的,在这种情况下,理智的选择就一定是信仰基督教吗,如果你没有这么做,就证明你内心的欲望和罪恶阻碍了你。在这种情况下,那些人完全有理由去抨击宗教,但是宗教却不能够找到完全的办法令人信服,所以决定人类是否皈依的并不是理智,他们因为上帝的恩慈而能够信仰,因为自己的欲望而逃避信仰。

Vere discipuli，vere Israelita，vere liberi，vere cibus①.

565

所以那些关于宗教的真理,就存在于它本身的模糊不清,存在于人类所能看到的一点点光明,存在于那些冷漠的无神论者的态度之中。

566

这个世界上一切的事物都不可能被我们认识,如果我们不知道上帝要向那些冷漠的人隐藏自己,并且向那些虔诚的人显现自己。

567

两种相反的理由。

只有这样做才能够正确地理解世界上的一切,不发展成异端,而且就算我们到达了某一条真理的极限位置,也一定要记得它与一个完全相反的真理互相支撑。

---

① 意思是"真的门徒,真的以色列人,真的自由,真的食粮"。

568

反驳——《圣经》里面提到的很多东西，很明显都不是出自圣灵之口。——回答：但是这并不妨碍你的信仰。——反驳：可是教会宣称所有的话都是圣灵告诉我们的。——回答：我要说明两件事，第一件是教会并没有明确表示过这一点，第二件是如果教会这样说，那么这就是真的。

你真的认为《福音书》里面写到的所有预言都是为了让你信仰宗教吗？其实那也可能是为了把你排除在外的。

569

那些异端在教会建立初期所做出的很多错误解释，都成了后来证明《圣经》的权威性的证据。

570

除了论述关于基督教的建立基础以外，还要论证关于基督教会象征的形成原因：为什么要在预言中提到耶稣基督首次来到人间，还有为什么预言要用一种非常隐蔽的方式提出。

571

关于象征的成因：[因为救世主即将降临的世界里，这个民族都被欲望所控制，但是我们要做的却是与他们缔结精神的契约。]我们必须选择一个诚实可靠、满怀热情并且声名卓著的人，让他先给出预言，这样才能够增加对救世主的信心。

因为要做成上面的那些事情，所以上帝就将传播语言的使命交给了这个被欲望主宰的种族，他要这些人宣布救世主降临的预言，并且告诉他们，救世主会让他们从那些欲望之中解脱出来。所以他们怀着对本族先知那种最高涨的热情，向所有人传播关于这个预言的书籍，他们宣称救世主必将会以预言中所提及的方式降临。所以这个毫无疑问是世上最偏爱人类的民族，他们有严谨的法律和睿智的先知，却没能认清楚关于救世主降临的真相，他们相信了救世主预言中那些不光彩的以及可悲的部分，将这个预言传播出去，成了救世主最大的敌人。他们是将救世主的预言告诉所有人的民族，也是最后背弃了救世主、污蔑他并把他钉在十字架上的民族。犹太人的事迹让我们看到了这一切都是主的意志，他不接受自己，那些认识了上帝真理的犹太人证明了上帝，那些背弃了真理拒绝上帝的人也证明了上帝，而他们的结果都被写在预言中。

由此我们可以发现，预言也是具有隐蔽性的，犹太人的精神是与之相背离的，但是他们的欲望却与之相契合。如果他们在一开始就看到了这个预言的精神，就不会对外宣告也不会保留所有关于预言的书籍与仪式，因为这精神是他们所不喜欢的；再者，如果犹太人的精神与这个预言是相契合的，并且在救世主降临之时依旧如此，我们就不会看到后面他们与上帝的背离，犹太人是基督教的亲密伙伴，他们一定要做出最有力的见证。

因此精神就一定需要是隐蔽的，但是又不能完全地看不见，我们还需要用它来证明救世主的存在。那么该怎么做呢？大部分时候，这个精神都是隐藏在世俗定义背后的，只有在部分章节才会清楚明白地表述出来，我们把那些时间和国家都清楚地写出来，就像太阳一样显眼。就因为在个别的地方，这些精神的定义是完全清楚明白的，所以除非你是被肉体的欲望彻底侵蚀，精神已经昏庸的人，否则你就一定能够认出它。

上帝就是以这种方式在行使他的意志，精神的意义在大多数情况下都暧昧不明，只有在极少数时候才会被清楚明白地表述出来，那种暧昧的方式让预言有了两种截然相反的可能性，而在它清楚明白地被揭露出来的时候，就只能够用在精神上面了。

所以这个精神是不可能被误解的，只有犹太人才会把它引入歧途。

这些犹太人仅仅是出于自身的贪欲，将上帝允诺给他们的全部幸福都歪曲成为世俗定义中的幸福。那些喜欢仁爱并且将自己的幸福归于上帝的人，就会把上帝允诺的那些美好也都归于他。贪婪之欲和仁爱之心将人类分成了两个阵营，这并不意味着上帝不能够容忍信仰他的人仍然有欲望，也并不是说怀有仁爱之心就一定对世俗的美好漠不关心；是因为欲望让人类企图通过上帝来享受地上的财富，而仁爱之心会把人引向上帝。

所有事物的名称都是由其最终目的决定的，那些被称作敌人的，就是因为他们在妨碍我们达到最终的目的。所以就算他曾经是一个非常好的人，只要他开始与上帝相背离，就会变成真理的敌人；而对于那些被欲望所支配的人，上帝则因为搅乱了他们被欲望熏染的灵魂而成为他们的敌人。

如果我们可以通过最终目的来命名敌人，那么就可以通过对于自己情感的理解来命名正义之人，通过巴比伦人的腐化堕落来命名被肉欲掌控的人，而对于不义的人来说，这些词汇的意义是难以掌握的。就像我们在《以赛亚书》中读到过：Signa legem in elec-tis meis①，耶稣基督会绊住他们，而那些没有被绊住的人就会获得

---

① 意思是"律法被封印在我的选民之中"。

救赎。《何西阿书》的结尾有更加精妙的说法：智慧的人能够理解上帝的话语，正义之人能够理解上帝的正义，但是恶人却会被这些东西绊倒。

572

有些人说使徒都是骗人的。他们的预言都有着明确的时间，但是预言出现的方式却都是说不清楚的。有五个关于上帝象征的证据。

2000 人之中有 1600 名先知和 400 名分散者。

573

《圣经》使人看不清楚，犹太人知道那里面所说的救世主必将到来，但是我们却不知道他会从哪里来。（《约翰福音》第 7 章第 27 节与第 12 章第 34 节）。《圣经》之中提到过耶稣是会永远存在的，但是耶稣自己却告诉我们他会死去。

所以圣约翰才会告诉我们，不管耶稣基督在世间留下多少神迹，都不会让他们相信这是救主，因为他们要去验证以赛亚的话："要让他们看到却不明了……"

574

那些因为宗教的象征难以辨识而不去努力寻求的人，就应该失去信仰的权利，这种做法并没有什么不对，因为宗教本身就是一种伟大的存在。如果宗教是那种只要你想就可以随意实现的东西，那我们就更没有什么可说的了。

575

对上帝的选民来说，所有的东西，包括《圣经》之中暧昧不明的部分都是好的，因为他们信仰的源头是来自上帝的神圣与光明，这是清楚明了的部分；但是对于被排除在外的人，一切都是坏的，因为他们只能看到一切暧昧不明的东西，并以此来亵渎上帝。

576

上帝想要把真理的一方面隐藏起来，还要把另一方面显现出来，于是提起教会之中的那些事务，我们就能发现他们已经让我们看到了这些预言的能力，那么就没有什么值得人怀疑的。教会告诉我们，世界的时间线是如此发展的：上帝先行下了创造世界以及用洪水毁灭世界的奇迹，随后人们将这些忘记；上帝于是就向摩西显现并且容他留下神迹并与之立约，让先知把一切有关预言的细节都告诉我们；最后上帝还安排了一个更为长久的预言并将其实现；不过既然已经有人对这些预言产生怀疑，那么我们就有必要提出确凿的证据让他们相信。

577

犹太人看得见却不认识上帝，是因为上帝要以此来让他的选民得到福报。

578

从蒙田《文集》赛朋德自辩篇中有关圣奥古斯丁的论述我们能够清楚地看到：《圣经》里面清楚明白与暧昧不清的部分对于人来说都是很多的，对选民来说，这些光亮可以让他得到希望，晦暗能使他们谦卑；对于被遗弃的人来说，这些光亮可以让他们认清自己的罪无可恕，这些晦暗也可以让他们更愚蠢。

耶稣的祖先让人难以考证，就是因为摩西在撰写旧约的时候有意增加了很多没有用的信息。如果他不这么做，就会让耶稣的祖先变得太明显，但是如果不写的话又会违背想要它晦暗不明的初衷。所以只要你能够认认真真地去研究圣经,你就可以从有关杂乱无章的章节中找出有关他祖先的线索。

那些能够辨别有用与否的人,都会把无用的东西牺牲掉,当然一旦他们告知某样东西无用,那么后来他们所做的事情都是为了证明这一点。

上帝允许了众多不同宗教的存在,这就让蕴含真理的那个宗教变得不容易被发现,但是只要你能够用心地去寻找,总会在各种各样的宗教之中找出那个唯一能讲述真理的。

摩西是一位智者,所以他知晓有关事物的规则。否则的话在个人精神的掌控下,他不可能将那些与精神相违背的事情清楚明白地展示出来。

所以我们知道了弱点就都是力量。想想马太福音与路加福音中关于家谱的描述不相吻合,不是已经足够让你把真相认清楚了吗?

579

上帝以及他的使徒们知道,人类的骄傲有可能会使他们发展成异端,所以为了避免他们因为错误地理解圣经中的字句而出现异端,上帝就在圣经以及教会的仪式中写入了含义相反的语句,这样那些骄傲的人就能够走向他们想要的结果。

这就如同上帝在把道德交给人类的时候放置了仁慈在里面,它的作用就是与人类的欲望完全相反的。

580

人类的本性之中有一些美好的部分,可以让我们依稀看到上帝的影子,但是我们身上那些难以回避的污点,就确确实实说明了我们只是影子而已。

581

上帝对人类意志的担忧要大于他对人类理智的关心，因为真理的明确于理智是好的，但是有可能危害到人类的意志，真相会让那些骄傲的人意识到自己的卑微。

582

缺少仁爱的真理已经不是上帝，而是上帝的一个影子或者说是一个偶像，我们不应该喜爱也不应该崇拜这样的真理，然而却是我们造成了这样的结果；还有与它相反的我们称之为谎言的事物，就更不应该被人爱戴或者崇拜了。

我完全可以听天由命，但是因我处在一个半是光明半是幽暗的环境之中，那一点点的幽暗就会让我很不痛快，我感受不到听天由命会有什么好处，所以就只能让自己不痛快了。我本应该只一心热爱上帝的规则，但是我却把自己从里面择出来，弄成了一个幽晦不明的影子，这就是我犯下的错误。

583

那些脆弱的人所能认识到的真理仅限于与自身相关的事物，一旦涉及其他的事物时，他们就会放弃维护真理的原则，放弃真理。

584

现在的人类已经不像是曾经被上帝创造出来的样子，他们现在看起来更像是与上帝处在敌对的位置，于是这个宇宙的终极目的就被定义为实现上帝的恩典与最终审判：那些想要找到上帝并皈依的人，上帝就会以光明指引他们，而那些否认并且拒绝上帝的人,就会遭受末日的审判。

585

如果不存在其他的宗教,那么上帝就会让自己的光明清晰可见,如果殉道者只是出现在基督教之中,那么上帝也不会变得如此隐晦,这就是为什么上帝要将自己隐藏起来,因为事实与假设是相反的。

因为我们的上帝是一个隐蔽的上帝,所以真正好的宗教是需要把这一点指出来的,他们还需要通过讲出事物的两种属性来说明宗教的真理。而这一点只有基督教能够做到:Vere tu es Dues absconditus①。

586

认识上帝与认识人类自身的可悲是同等重要的,如果只认识其中一点,对人类的危害是一样严重的。所以上帝就部分地向我们显现出来,通过晦暗让我们看到自身的堕落,通过光明让我们知道救赎的希望,这就是对人类来说最正确也最有益的方式了。

587

基督教在各个方面显示了自己的伟大之处,它创造了各种奇迹,拥有圣人、基督徒、殉道者、大卫王和流血的君主以赛亚,智者和伟人都曾为它做见证;所有的这些知识以及神迹无一不在说明它在智慧层面的伟大。但是基督教却否定了其所拥有的一切,它说这里除了愚昧和十字架以外什么都没有,智慧和那些神圣的标记都不存在。

---

① 意思是"你实在是隐蔽的上帝",见《以赛亚书》第 45 章第 15 节。

　　这些人运用这些伟大的标志和智慧让你认识了自己的本质并且允许你皈依，但是他们也告诉你，这些并不能让你认识并且热爱上帝，因为想要达到这个目的，只能通过十字架那种愚蠢的德行来实现，这中间并没有什么智慧，也不存在标志在起作用。所以我们可以说基督教为人类所做的这些准备是智慧的，但是这种实现得救的方法是愚蠢的。

588

　　基督教涵盖了所有的知识，并且它建立的基础就是神迹和预言，所以它是智慧的宗教；但是让信徒真正信仰的却不是这些，知识可以让我们指责不信教的人，但是却不能加强教徒的信仰，那信仰是从十字架中来的，ne evacuata sit crux①，所以它也是愚蠢的。这就是为什么圣保罗从智慧和标志中到来，却说自己是从变化中而来的；如果只是想要让他人信服的话，那么就可以说自己是从智慧与标志中到来的了。

---

　　① 意思是"以免十字架落空"。

第九编
永恒

589

这个世界上除了基督教之外还有许多其他的宗教,这些宗教的存在不仅没能削弱人们对基督教的信仰,反而对比之下更能让人认清楚哪一个才是真正的宗教。

590

无论信仰哪一种宗教,你都要真诚,否则就不是真正的异教徒、犹太人和基督徒。

591

穆罕默德、耶稣基督以及异教徒对于上帝都并非真正的了解。

592

因为除了基督教之外其他的所有宗教都缺少见证,所以我们可以得出结论说这些宗教都是虚妄的。我们可以在《以赛亚书》第

43 章第 9 节以及第 44 章第 8 节当中找到一些语句,证明是上帝不想让其他的宗教也拥有同样的标志。

593

我认为单纯从中国的历史中提到了关于洪水的见证,就已经让它的历史变得模糊不清。

[我们应该相信哪一个记载? 是摩西的版本,还是中国史的叙述?]

这个问题不能够这么草率地得出结论,我想说的是,这个见证本身既有模糊不清的部分,也有能够明确真理的地方。

你们得出的所有结论都可以被我的一句话轻易推翻。你们认为中国的历史让人看不清楚真实,但是我想告诉你们,这历史中有些模糊不清的地方,但是也有光明的线索,这需要你们耐心地去分辨。

所以你们得出的结论只是其中存在的一条真理,但是它与另外的一条真理并无冲突。于是你们得出的这个结论是正确的,而且也并不会影响其他的真理。

594

与中国历史的记载有冲突的部分。墨西哥历史中写到过关于不同时代的 5 个太阳,最后一个才只有 800 年的历史。

要看清楚,是一部书被一个民族认同,还是这个民族的存在有赖于这本书,这其中有很大的区别。

595

穆罕默德没有任何外在的见证可以帮他证明自己是真理,那么他本人就必须是强大而且有能力的,因为他只能靠自己的存在去证明那些道理。

这种情况下他是怎么做的呢？难道是靠权威让人们不得不相信吗？

596

我们在世界的每个角落都能够听到有人传颂《诗篇》。

但是除了穆罕默德自己，又有谁去传唱他的事迹呢？耶稣基督却说，他的见证不应该由他自己来提出，他要让自己没有任何见证。

真正的见证就是永恒而且无处不在的，但是可怜的穆罕默德，他的见证仅仅存在于他自己那里。

597

对穆罕默德的反驳：穆罕默德的古兰经与使徒们的福音书并不是可以等同的事物，因为福音书中的内容从来不曾中断过被人征引的历史，而且不仅仅是那许多的作家们，还有像赛尔苏斯和蒲尔斐利这样反对它的人也对这一点做出过肯定。

古兰经当中也说使徒都是好的，所以我们知道穆罕默德作为一个先知就不可能是真的，这是因为他不是说这些使徒为人险恶，就是一直在反驳使徒们关于耶稣基督的那些描述。

598

关于穆罕默德所说的真理如何检验，我建议要根据其中清楚明确的部分去判断，而不是根据那些模糊不清的好像是神秘主义的某些东西。因为只要仔细推敲一下他关于天堂和其他东西的说法，你就可以知道这些清楚明白的东西是多么荒唐可笑的；而且根据这一点我们也可以知道，那些模糊不清的部分也并不是神秘主义，如果硬是那么界定，反而就不公正了。

但是正经中的道理却是完全不同的，虽然那些模糊不清的部分看起来跟穆罕默德说不清楚的那些一样显得有些奇怪，但是那些清楚明白的部分不仅完全合理，而且有些部分已经被预言证明了。所以说基督教与穆罕默德所宣扬的那种道是完全不一样的，也绝不可以被我们混淆，要根据清楚明确的事情来判断，那些不清楚的部分不能够作为评判的标准，如果我们根据这一点的相似性来看待两种宗教，就等于是在相信那些不清不楚的东西了。

599

我们都知道关于耶稣基督降临的预言，却从没有人预言过穆罕默德，这就是他们之间的差异。

还有就是穆罕默德要人们去杀人来实现最终的追求，但是耶稣基督却通过牺牲自己来拯救众人。

穆罕默德禁止人们读书，使徒却教导人们要读书。

最后一点，两者是截然相反的，穆罕默德的方式是在世俗中获得巨大的成功，而耶稣基督在世俗中得到的却是失败和死亡；我们并不能通过穆罕默德在世上取得的成就来判断耶稣基督能做同样的事情，相反，我们该知道，就是因为穆罕默德的成功，才让我们知道耶稣基督一定会有失败和死亡。

600

穆罕默德所做的事情并不是什么大能施展下的奇迹，那是人人都能够达成的东西，而且也不曾有人为他预言过；但是有人预言过耶稣所要成就的事，那是除了神之子以外无人能够做成的。

601

那些异教徒的宗教是没有根基支撑的。［虽然现在有人说存在神谕证明它是有基础可以追溯的。但是我们要根据什么样的书籍来确定这个神谕的正确性呢？那些书籍的作者是不是值得信赖，那些书籍是不是值得相信呢？谁能保证这些书籍在流传的过程中还是保持着最初的样子呢？］

穆罕默德的宗教是建立在古兰经和穆罕默德的基础上的，但是穆罕默德凭什么证明自己是一个先知呢？我们既不曾听说过有关他的预言，也没有见过他身上有什么与众不同的标记；没有从他口中听到过任何神迹，也没有听他说过自己有过关于神秘现象的教诲；更不曾听他向人们宣扬过任何的德行以及福音。

圣经里面关于犹太人宗教的记载与他们本民族的传说是不能等同而论的。（基督教圣经之中的东西与决疑论所表述的是完全不同的东西，所有宗教都不例外。）犹太民族关于德行与幸福的说法都是荒唐可笑的，但是这些在圣经之中就是值得赞美的了。圣经是世界上最古老也最权威的典籍，它的可靠性毋庸置疑，摩西为了保存书籍，要求大家互相传阅，但是穆罕默德所做的事情却恰好相反，他禁止人们阅读可兰经。

基督教毫无疑问是最神圣的宗教，以致另一种神圣的宗教不过是它的基础而已。

602

想要找出那些明确的毋庸置疑的东西，我们要去观察犹太人的一切。

603

无论从哪一个方面,权威性、恒久性、德行方面、学术方面或者是有效性上来说,犹太人的宗教都是神圣的。

604

所有的科学中,只有那些一直都在人类中间留存的科学,才是与人性相悖离的不符合常识的科学。

605

一种永久不灭的宗教,就必然是一个与人类的天性、常识以及所有世俗的欢乐相反的宗教。

606

这个世界上唯一一个永恒不灭的宗教就是基督教,它教导人类关于原罪的事情,这是任何一个哲学家都不曾提过的。

所以,唯一能够揭示真理存在的也就只有基督教了。

607

犹太人的宗教是不能够通过表面去判断的,那样你就会犯下错误。先知曾经提过,圣经中已经记载过,律法并不是通过简单的文字表述就可以理解的,这些我们在那些传说中可以清楚地看到。所有福音书、使徒以及传说中,基督教都是神圣的,但是那些曲解了这个宗教的人却觉得这一切都滑稽可笑。

那些被自己的欲望驱使的人,是不能够认识到这个宗教的,他们不可能是真正的基督徒或者犹太教徒,所以他们也就无法认识自己的宗教。犹太人屈从自己的欲望,认为救世主会在现世的君主中出现;而那些基督徒则认为救世主的到来会让他们不需要爱上帝也能够获得一切,他们只需要遵从他交给我们的所有仪式就可以了。

救世主会降临，他会让人们可以去爱上帝并且通过对上帝的爱来战胜一切，这才是真正的基督徒和犹太人所期待的事情。

608

处在基督徒与异教徒中间的，是被欲望驱使的犹太人。这些犹太人既认识上帝又热爱尘世的一切。他们不像异教徒那样因为不认识上帝而只爱尘世，也不像基督徒一样因为认识上帝而厌弃尘世。他们认识基督徒的上帝，但是却只爱异教徒所爱的东西。

所以犹太人的感情分为两种：一种是异教徒的，一种是基督徒的。

609

每一种宗教里面的教徒都不是纯粹统一的：比如异教徒中既有崇拜野兽的也有关于崇拜独一无二的自然神的；犹太人可以分成被欲望驱使的和被精神主宰的古代律法中的犹太人；基督教中的人也不全然都是超然的，比如现代律法中的犹太人。犹太人被欲望驱使，认为救世主也是实现现世幸福的，而基督徒中走入歧途的人就认为救世主可以让他们不需要去爱上帝；但是真正的教徒，他们都希望耶稣基督的降临可以使他们能够热爱自己的上帝。

610

犹太教的根本就是立足于亚伯拉罕的父辈、割礼、牺牲、宗教仪式、挪亚方舟、神殿、圣城耶路撒冷以及最终的律法和与摩西立约，由此可见，犹太教与基督教其实是共同的宗教，而犹太教徒与基督教徒也只能是信仰的同一个宗教。

我要明确一点：

除了要爱上帝之外，这个宗教并没有要求其他任何的东西，甚至可以说它的神对其他一切都是不喜的。

所以亚伯拉罕的后代注定要被上帝拒绝。

如果犹太人做出亵渎上帝的事情，那么外邦人的下场就是对他们的告诫。上帝曾经警告他们，如果忘记了耶和华并且去敬拜其他神明，那么异邦之人是如何灭亡的，他们的下场就也会是如此。这就是《申命记》第 8 章第 19 节中所提到的事情。

《以赛亚书》第 56 章第 3 节说："与耶和华联合的外邦人不要说，耶和华必定将我从他民中分别出来；只要你侍奉他并爱耶和华的名，我必将他们引到圣山。他们的祭祀必将蒙我悦纳，因我的殿必将是万民祈祷的圣殿。"所以我们知道上帝不会拒绝异邦人，只要他们也同样爱上帝。

真正的犹太人知道自己的优越性不是因为亚伯拉罕，而是因为上帝。《以赛亚书》第 58 章第 16 节中记载："即使亚伯拉罕不认识我们，以色列也不承认我们，但你却是我们的父；耶和华你是我们的父，万古以来唯一的真正的救主。"

上帝不会接受什么人，这是摩西曾经告诉那些人的。《申命记》第 10 章第 17 节中也是这么说的，上帝不会以貌取人，也不会接受贿赂。

因为安息日的作用只是为了纪念摩西带领众人逃出埃及，但是埃及却是不需要留在记忆之中的，所以这个日子也就没有什么特别的作用了。详情可参看《出埃及记》第 31 章第 15 节以及《申命记》第 5 章第 19 节。

割礼的作用是为了让他们可以与别的民族有所区别，但是沙漠里没有其他人，所以这个标志性的割礼也就不是必需的了，再说耶稣基督降临之后，这个就是完全不必要的事情了。可参见《创世记》第 17 章第 11 节。

我们也规定好了关于精神上的割礼。详见《申命记》第 10 章第 16 节；《耶利米书》第 4 章第 4 节中说："你们的上帝是一个让人畏惧的神圣而又有大能的上帝，他不会接受其他的人，你们要自行割礼，去除心中的污秽，避免一切恶行。"

《申命记》第 30 章第 6 节说，未来的某一天，上帝会为基督徒和他们的后裔行割礼，让他们的心灵纯净，可以全然侍奉上帝。

《耶利米书》第 9 章第 26 节说，内心没有受过割礼的人，包括以色列民族以及所有的种族，他们都会受到审判。

表里不一的人是没有任何意义的。《约珥书》第 2 章第 13 节中说 Scindite corda vestra①……《以赛亚书》第 58 章第 3 节、第 4 节也有过类似的说明。

《申命记》从头到尾都是有关上帝对人类的爱的教诲。其中第 30 章第 19 节这样说道："我今日呼唤天地为证，将生死祸福呈在你面前，好叫你做出生命的选择，好叫你爱耶和华并且听从他的话，正因为他才是你的命。"

如果犹太人放弃了对上帝的爱，上帝就会放弃他们并治他们的罪，并且选择其他的异教徒来替代他们的位置。《何西阿书》第 1 章第 10 节、《申命记》第 32 章第 20 节说："犹太人是一个为非作歹并且亵渎神明的种族，因为他们犯下的罪行，上帝就要对他们隐

---

① 意思是"撕裂你们的心"。

藏起来。因为犹太人做出了许多违背上帝的事情,出于愤怒,上帝也要让他们嫉妒,于是就用一个愚昧无知的国家中的外邦人代替了他们。"《以赛亚书》第 65 章第 1 节。

人们应该追求的真正的幸福应该是到上帝中去,而现世的所有快乐都是虚妄的。《诗篇》第 143 篇第 15 节。

《阿摩司书》第 5 章第 21 节中说,上帝厌恶他们的节期。

上帝厌恶犹太人的牺牲,甚至厌恶大卫王的怜悯以及那些善良的人的希望。这些证据可以在《以赛亚书》第 66 章第 1—3 节、第 1 章第 11 节、《耶利米书》第 6 章第 20 节。大卫,Miserere——甚至是善人方面,Exspectavi。《诗篇》第 49 篇、第 8—14 节中找到。

耶和华并没有因为这个民族的坚韧的品行而将他们抬高,这里我要特别赞叹一下《弥迦书》第 6 章中的话。《列王纪上》第 15 章第 22 节、《何西阿书》第 6 章第 6 节。

《玛拉基书》第 1 章第 11 节中提到,上帝会接纳教徒皈依并接受他们的侍奉,而犹太人将不会再得到上帝的眷顾,即使他们仍旧遵照原来的仪式。

《耶利米书》第 31 章第 31 节中说,上帝与人类订立的旧约将会被废弃,并且将会让降临的救世主来与人类订立新约。

《以西结书》中的话:Mandata non bona①。

旧约中的事情不会再有人记得。《以西结书》第 43 章第 18、19 节;第 45 章第 17、第 18 节。

约柜会被人们遗忘。《耶利米书》第 3 章第 15、第 16 节。

也不会再有人去神殿朝拜。《耶利米书》第 7 章第 12—14 节。

旧的奉献仪式将不会再有,并且还会重新有一个其他的纯洁的牺牲出现。《玛拉基书》第 1 章第 2 节。

救赎降临也会带来麦基洗德的祭祀仪式,从而我们将会唾弃亚伦的祭祀仪式。《诗篇》中写道:Dixit Dominus①。

《诗篇》中也提到了这个祭司将会永久地担任下去。

在《诗篇》中,主还说,圣城耶路撒冷将失去它的名号,而罗马城会获得主的认可。

一个全新的名称将会取代旧的犹太人的称谓。《以西结书》第 65 章第 15 节。

新的名称将会永久存在并且好过犹太人的。《以西结书》第 56 章第 5 节。

犹太人中不会有先知、国王、君主,也不存在偶像和牺牲。《阿摩司书》

犹太人会作为一个民族而一直延续下去。《耶利米书》第 31 章第 36 节。

611

就像犹太人菲罗在《君主论》里面说的,不管是基督教的共和国还是犹太教的共和国,他们都有一个共同的主宰,那就是上帝。

这些人都是在为上帝而战,他们认为自己的城邦只是属于上帝的,他们是为了上帝在捍卫这些城池,而他们的内心只能是向往

---

① 意思是“是主说的”。

着上帝而存在。《历代志上》第 19 章第 13 节。

612

《创世记》第 17 章第 7 节：Statuam pactum meum inter me et te foedere sempiterno. . . ut sim Deus tuus[①].

第 9 节。Et tu ergo custodies pactum meum[②].

613

人类曾经是一个光荣的造物,并且能够与上帝沟通,但是后来因为人类的堕落,就变成了一种悲哀并且需要忏悔的存在,他们已经不能与上帝沟通。但是现在因为一位救世主的到来,为他而建立的宗教将会永远存在于世界上,即使所有的东西都会有终结的一天,但是我们都是为了他而存在的,并且他会永远地存在下去。

在世界最初形成的时候,人类总是犯下各种各样的错误,因为欲望而看不清楚真理的存在,但是仍然有一些人相信预言中的救世主一定会到来,并且耐心等待实现的那一天,比如圣人以诺、拉麦。挪亚知道人类已经堕落成为恶人,并且坚信会有救世主出现,于是他用自己拯救了全世界,因为他就是那个救主的象征。而生活在偶像崇拜之中的亚伯拉罕在认识到救世主的神秘力量之后,就彻底信服并献出自己最虔诚的敬拜。他之后的以撒和雅各生活在一片充满恶意的土地上,但是却没能影响他们对救主的信心,临终前的雅各仍然以高涨的情绪为他的儿女们祝福:"我的上帝啊,你许诺的弥赛亚一直是我的希望;Salutare tuum exspectabo, Do-

---

mine①。"犹太人被崇拜偶像以及巫术的埃及人引入歧途,但是摩西一众人却坚信并且敬拜那个隐蔽的上帝,期待着他赐给整个民族永久的馈赠。

希腊人和拉丁人崇拜一些假的偶像,诗人的篇章中出现了各种各样的神学,哲学家之中出现了很多不同的派系……而对于犹太人来说,他们知道有一位弥赛亚必将降临,但是却不知道他是以何种方式来到人世。

等到预言的日子到来,救世主降临人世,从此世界上就会纷争不断,变化会不断产生,出现分裂和异端,国家灭亡,但是在这所有的事物之中,只有基督教因为信奉唯一的真神所以一直存在下去。基督教固然是神圣的、独一无二的并且值得我们赞颂,但是同时它也饱受争议和来自各方的攻讦。每当它遭遇危难濒临灭亡的时候,上帝就会施展他的大能让它重新崛起,这已经让人惊奇了,更遑论它并没有因为生存的需要而向暴政屈节。我们应该已经习惯看到,国家颁布的律法有时候是需要放弃一部分原则才能够保存下来的,但是……(参见蒙田《文集》第 1 卷第 23 章中的论述

614

如果不通过改变律法来适应时代的需求,国家就有可能走向灭亡;但是这一点对于宗教来说不适用,它不需要通过这种方法来保全自己,也不会陷入这种困局,所以宗教才会让人觉得神圣而且是个奇迹。人类为了生存的需要,总是要向各种各样的因素妥协,我们都已习惯了这一点,况且无论怎样人类终有一死,即使是这

---

① 意思是"主啊,我一直期待你的救恩"。

种妥协也不能保证你的永存,这也就不算是什么自保的方式了。于是宗教就会显得越发神圣而可贵,因为它是永恒而又坚定的,不会磨灭也不会屈服。

615

基督教是一种令人惊叹的存在,无论从哪方面去讲,这都是毫无疑问的。也许你觉得我这样说是因为我是一个基督徒,但是我想说,事实不像你想的那样。为了让自己可以公正地判断,而不会被基督徒的身份左右,我一直在抗拒它;但是即使如此,我作为一个基督徒,却还是要向你肯定这种说法。

616

弥赛亚的永恒存在是一个长久证明的过程,因为他一直以来都是人们的信心所在。最早的弥赛亚要从挪亚和摩西的时代开始,那时距离亚当被创造还不是很远。后来他的名字不断地出现在历代先知的预言中,而时不时出现在我们眼前的一些神迹,向我们证明了弥赛亚救赎的使命,也验证了他们会到来的预言。直到耶稣和他的门徒在世间行走,创造奇迹并且让异教徒皈依上帝,这就是预言实现的过程,也是救世主永存的证明。

617

我们发现从创世之初,人类就一直期待着弥赛亚的降临,他们爱戴这位救世主,这是值得称赞的美德。一开始就有人说得到了上帝的启示,关于救赎他整个民族的救世主的降临;接下来亚伯拉罕也宣称得到启示,他的救世主会出现在他的儿子中间;雅各预言他会有 12 个孩子,其中犹大处会诞生救世主;摩西和他的先知们预言了弥赛亚将会何时以何种方式到来,并且说他们现行的律法只是为了等待弥赛亚到来后的永恒的律法,它会到弥赛亚来临时结束,新的律法会在神的土地上永远地行使下去;到最后,耶稣基督就在他们的预言中来到人世。

618

我们来看一下真实的情况:哲学家中出现了很多不同的派别,都宣称自己得到的是真理;与此同时,一个世界上历史最悠久的民族指出了他们的错误,并且将上帝预示的真理说出来,也预言了它的永恒存在。于是我们看到在所有派别都不复存在的时候,基督教却延续了整整 4000 年。

基督教宣扬了一个永恒存在的事实:人类曾经与上帝同在,却因为堕落而背离上帝,但是上帝会拯救他们;基督教的教义中是存在双重含义的;1600 年前出现了被奉为先知的人,他向人们预言了救世主会在何时以何种方式降临;后来的 400 年中,这个预言被传遍了整个大地,因为这就是耶稣基督的意志;后来他就是在这样的预言中到来的;在那之后犹太人虽然没有灭绝,但是他们只能散落天涯四海为家,并且生活在诅咒中。

619

我所知道的真相是这样的,基督教是在犹太教的基础上建立起来的。

因为摩西、耶稣基督以及使徒所行的奇迹并不是那么的有说服力,所以我在这里要提出别的证据来说明,只要我提出这一点,你们就能够毫不怀疑地相信这个基督教所建立的基础。那就是无论我们在任何一个地方,都可以看到犹太民族的特殊性,他们将自己和这个世界上的其他民族完全区别开来,这是所有人都知道的事实。

而且这个世界上存在着许多其他的宗教，比如穆罕默德的宗教，比如中国的宗教，还有古代罗马人、埃及人的宗教，但是所有的这些宗教，他们所宣称的教义都不能令我信服，他们也不能提出有力的证明；这些宗教彼此不分伯仲，并没有哪一个提出了真理，也没有哪一个叫我认清了自己，所以我的理智就不会让我接受其中的任何一个。

但是我还发现了这个世界上最古老的民族，他们的历史要比我们多出好多个世纪，他们在这个风俗习惯与宗教信仰不断变换的年代里偏安一隅，把自己与世界上其他的民族区分开来。

所以我看到伟大而又为数众多的犹太人，坚信自己是唯一受到上帝启示的民族，他们崇拜唯一的上帝并且按照他传下来的律法存在于世。人类已经全部堕落，他们被自己的肉体和精神掌控，他们被上帝惩罚；这些人认不出真神，而在世界上建立起各种宗教、不同的习俗、犯下各种错误，而且还在不停地变迁，在这些人中，只有犹太人一直坚持最初的状态不曾动摇。然而上帝是所有人的上帝，终有一天他会救赎更多的民族，这些人也会见到光明；一个伟大的救主将会到来，他将会救赎全人类，而犹太人就是为了预言这位救主的降临，并把所有的民族联合起来而存在的。

犹太人是令人惊讶的，也是值得研究的。犹太人的律法，被犹太人称为是上帝传给他们的，这是最早的律法，也是非常伟大和值得赞美的，犹太人的律法比希腊人的还要早 1000 多年，从那时起犹太人就已经开始严格遵守这些律法了。还有一点值得注意的是，这部律法是最古老也是保存最完好的，并且那之后的所有律法都要以它为参考,比如罗马人的雅典十二铜表法①,即使没有约瑟夫在前面把问题说清楚,后来的人要证明这个问题也不会很困难。

620

要说起犹太民族的优越性,首先要说的就是他们有太多独一无二的并且值得赞美的东西可以吸引我的眼球。

首先要说的是,不同于其他的种族是由不同的家庭联合在一起的,犹太人是一个兄弟的民族,虽然这个民族人口众多,但是他们的祖先是一个人。这是独一无二的,他们有共同的血脉,彼此互为肢体,所以他们可以集合在一起,形成一个强大而且有别于其他人的国家,这是犹太人独一无二的东西。

犹太民族,或者说这就是一个大家庭,他们是人类历史上最古老的民族,这足以使得我们尊重他们。而我们所探讨的有关上帝与人类之间的关系,如果真的曾经有过人类与上帝的精神同在的时代,我们就一定要向犹太人请教才可能知道与这一点有关的事情。

犹太民族是从创世之初就存在的,这是一个在悠久性方面独一无二的民族,从它的历史就可以看出来。这个民族延续至今,一直不曾断绝过,希腊、雅典、罗马、意大利、拉西第蒙以及其后的许多民族都已经消亡,也有很多强大的君主企图消灭犹太人,但是都没能成功。我们从历史学家的记载中,并且从事物发展的过程中都可以看到这个事实。犹太民族一直以来都是被保全的,因为这

---

① 雅典并没有十二铜表法,古罗马早期的法律才是十二铜表法。据阿韦说,这个错误可能是因袭格老秀斯的。

是曾经预言过的,[他们的历史远远早于我们,]从创世之初一直延续至今,他们经历了所有的时代,那是人类全部的历史。

犹太人遵守这个世界上最古老也最权威的法律,它是完美的,并且也是唯一一部被整个国家努力维系的法律。约瑟夫在《驳阿皮安书》①中提到过,犹太人费罗证明过,犹太律法的古老性可以追溯到法律这个名词出现之前,其中整整经历了 1000 多年的时间。于是我们可以看到诗人荷马在众多国家的历史描述中也没有使用过法律这个词。我们可以清楚地感受到犹太律法中的智慧、公正以及精细审慎,就算是第一次阅读,你也能够知晓这是一部完美的法典,所以希腊和罗马最初的立法者都从中借鉴来形成自己的主要律法,十二铜表法以及约瑟夫的证明都可以说明这一点。

但是从宗教的角度来考虑,犹太人律法无疑是最严苛的,众多让人痛苦不堪的严酷刑罚,只是为了让犹太人能够履行自己的义务。而最奇怪的一点是,犹太民族这样一个充满变数和反抗精神的民族,竟然在千百年中一直坚持最初的律法,而那些曾经借鉴了他们律法的国家,即使已经简化了其中很多的部分,仍然要不停地做出变化调整。

犹太人的法律是世界上最古老的典籍,是最早也是最完善的法律,而荷马以及赫西俄德②还有其他人的论著,都是在六七百年以后才出现的。

---

① 《驳阿皮安书》,犹太人历史学家弗拉维乌斯·约瑟夫写的,用来反驳阿皮安写的攻击犹太人的著作。

② 赫西俄德,公元前 7 世纪希腊诗人。

621

上帝觉得创世记和洪水的神迹已经成为过去,世界不需要再被打破重建,他也不需要再显示自己的大能,那么他就创造了犹太人这一古老的民族,他们会一直延续下去,一直到救世主降临,并且用自己的圣灵感应重新造就一个民族。

622

当创世记的故事早已成为历史,摩西成了世界上独一无二的学者,于是上帝就让他获得启示,并且让犹太人与摩西一起传播圣经,这样一来,这本圣书就会成为世界上最权威的历史,人类只能够从这本书里找到那些必须知道的真理。

623

[雅弗成了雅利安族的祖先。]

约瑟说最年轻的那一个他愿意接受,说这话时他合抱着自己的手臂。

624

摩西记载的人类历史,为什么只有几代人,但是每一代人都可以活得那么长久?

是因为一代代人的更迭才会使历史的面貌模糊不清,真理会随着人心的变化而变化,时间的延续并不会影响什么。但是摩西的历史中,创世记和洪水的典故与我们的距离却并不遥远,以至我们觉得这最可纪念的两件事竟然是触手可及的。

625

对于已经清楚创世记和洪水的人来说,这一切都是真实存在的,因为摩西曾被雅各所见过的那些人见证,而雅各和亚当都见过麦拉，闪也见过麦拉。

626

如果祖先的寿命足够长久，那么我们就可以更好地去保存我们的历史。我们之所以不能够充分地了解祖先的历史，就是因为在我们的智力发展起来以前，祖先就已经去世了，我们没有时间与祖先生活在一起，了解过去的事情。但是如果祖先的生命足够长，他的后代就可以与他一起生活，他们交谈过去的历史，除此以外就没有别的了。全部的历史都汇总到一个地方，当时的人也不需要花费时间去考虑交谈的艺术和技巧。那个时候的人，都是特别珍视自己的族谱的。

627

我认为所有的上帝子民中，第一个拥有名字的人是约书亚，而最后一个拥有名字的人是耶稣基督。

628

论犹太人的悠久性——两部书之间有着怎样的不同呢？我觉得希腊人有过一部《伊里亚特》是很正常的，当然埃及人和中国人也有属于他们自己的历史。

那些书写历史的人与他们所叙述的对象并不是同时代的人，那么我们就一起来考虑一下这些史书到底是怎么编撰出来的。《伊里亚特》的作者是古希腊诗人荷马，他在书中所写的人物和事件被人们相信并且接受，大家都认为特洛伊古城、阿伽门农是真实存在的，并不像金苹果那样只是一个传说。但是荷马本人只是想写一部用来打发时间的作品，而并不是编撰一部历史书，他同时代的人并不写作，而他的作品却因为其美好而得以广为流传，人们阅读并且谈论这本著作，大家都知道它而且背诵它。那件事情发生在 400 年前，能知道的人都已经不在人世，我们分辨不出它是属于历史部分还是只是个传说，只因为是从祖先那里听到的，就把它当作是真实的。

只有同时代的人写出来的历史才是真实的历史，而那些后世编撰的都在后来被验证是虚假的，西倍尔以及特利斯美吉斯特的历史书籍有很多人都相信是真的，但是它们也都是假的。

一个人写了一本书并将它流传开来，这跟一本改变了一个民族的书籍是完全不一样的，我们相信《圣经》的成书就跟犹太民族一样古老。

<h2 style="text-align:center">629</h2>

约瑟并不想让自己国家不光彩的一面为人所知。

摩西却不介意大家看到自己身上的羞耻。

Quis mihi det ut omnes prophetent[①]?

他对自己的人民再也提不起热情了。

<h2 style="text-align:center">630</h2>

犹太人的真诚——在摩西之后，犹太人有一本《玛喀比书》；等到耶稣到来的时候，他们有了一本《马苏拉书》。

这些书的存在会给他们做出见证。

但是能为他们理解的文字都是看不到并且都是在最后时刻才会实现的。

他们全心全意地与自己的荣耀作对并且还死于这点，我们在

---

① 意思是"谁能把预言一切的能力赐给我们"。

人类的本性之中找不到原因，他们也是唯一出现了这种状况的
民族。

631

犹太人的真诚——《圣经》是他们怀着虔诚与热爱之心保存下
来的书籍，但是摩西在这本书里却预言了犹太民族对上帝的背弃，
他也知道这些人在他离世之后会变本加厉；但是他仍要以天地为
证，让他们知道自己对犹太人的态度，可以说摩西已经把够多的知
识教授给他们了。

摩西告诉犹太人关于上帝的愤怒，他的怒火会燃烧到这个世
界的所有地方，他们崇拜异教的神而不敬拜上帝，上帝因此而愤
怒。作为惩罚，上帝也会选择别的民族来让犹太人心生忌妒；上帝
要让自己的话永久地存在于世间，他与人们立约并将其置于约柜
之中，这样就会成为反驳犹太人的证据而永恒的存在。

我们在《以赛亚书》第 30 章里面可以见到相同的说法。

632

在《艾斯德拉斯书》中写到圣经在神殿被烧毁的时候也一起被
烧掉了。但是《玛喀比书》里面又说到耶利米把法律带给了众人，
所以我们知道前者是谬误的。

传言说他将这本书背诵出来了，但是约瑟和艾斯德拉斯却指
明这本书是被他读出来的。巴伦尼乌斯在《教会编年史》第 180 页
中写道：Nullus penitus Heraeorum antiquorum reperitur qui tradi-

derit libros periisse et per Esdeam esse restitutos, nisi in IV Esdrae. ①

曾经有人说他改动了书中的字句。

费罗在《摩西传》里面也提道：Illa lingua ac character quo antiquitus scripta est lex sic permansit usque ad LXX. ②

约瑟也说当时的法律是被七十贤人从希伯来文翻译过来的。

在安提奥古斯都和韦斯巴襄③统治罗马的时期，他们有想过要把圣经废除，虽然没有先知来告诉他们该做什么，人们也没做到废除圣书。那么可想而知，巴比伦人中间出现了那么多的先知，也没有统治者想要废除宗教，这些圣书怎么可能会被焚毁呢？

约瑟对于那些犹太人无法忍受的事实，只能报以嘲笑的态度。

特尔图良在《辩白集》里面也说：Perinde potuit abolefactam eam violentia cataclysmi in spiritu rursus reformare, quemadmodum et Hierosolymis Babylonia expugnatione deletis, omne instrumentum judaicae litteraturae per Esdram constat restaurantum. ④

他说道：挪亚在大洪水之后有可能还原了以诺书中的意志，这就好比艾斯德拉斯可以还原在耶路撒冷被占领时被毁掉的那些

---

① 意思是"关于艾斯德拉斯在书籍被毁之后将它们恢复这件事，只有在他自己所著的书中的第四章见到过，而古代希伯来语的著作中再也没有见过类似的记载了"。

② 意思是"一直到希腊译本的《旧约》出现之前，古代的律法都还是用那种语言和文字进行记录的"。LXX即七十贤人，指希腊文译本的《旧约》。

③ 韦斯巴襄，罗马皇帝。安提奥古斯曾经协助他进攻犹太人。

④ 意思是"在耶路撒冷毁于巴比伦挑起的战火之后，艾斯德拉斯可以把所有犹太人的典籍都恢复原状，这就跟他在大洪水之后可以重建一切的能力是一样的"。

圣书。

既然《圣经》在人民被尼布甲尼撒俘虏的时候损毁了，（上帝）就……启示艾斯德拉斯要告诫利未人来自先知的每一句话，并为人民恢复来自摩西的法律。通过这一章节他只是想说明七十贤人可以怀着同我们一样的，对圣经的崇拜来解释其中的内容。从圣伊琳娜一书中的引言可以说明这一点。

艾斯德拉斯是《诗篇》的编撰人，这是圣希莱尔在这本书的序言中所说的话。

而可以证明这一说法的话，仍然出现在《艾斯德拉斯书》中，位置是第 4 卷第 14 章：Deus glorificatus est, et Scripturae vere divinae creditae sunt, omnibus eamdem et eisdem, uit et praesentes gentes cognoscerent quoniam per inspirationem Dei interpretatae sunt Scripturae et non esset mirabile Deum hoc in eis operatum：quando in ea captivitate populi quae facta est a Nabuchodonosor, corruptis scripturis et post 70 annos Judaeis descendentibus in regionem suam, et post deinde temporibus Artaxercis Persarum regis, inspiravit Esdrae sacerdoti tribus Levi praeteritorum prophetarum omnes rememorare sermones, et restituere populo eam legem quae data est per Moysen. [①]

---

① 意思是"所有荣耀都应归于上帝，《圣经》的名字和记载它所用的文字延续至今，因为人们知道这书是神圣的，而他们对于圣经的理解都是通过上帝的启示来实现的，他所有的行为都应当被坦然接受。当尼布甲尼撒侵略我们之后，圣经就毁于战火，而在七十年之后，阿塔息修斯统治了波斯，犹太后裔再一次回归国土，祭司艾斯德拉斯便为人们还原了当初摩西所订下的律法，也帮助利未人还原了先知们留下的所有训诫"。

633

我们可以找到一些反驳艾斯德拉斯的言论,比如《玛喀比书》第 2 卷第 2 章以及约瑟夫《犹太古事记》的第 2 章第 1 节中的内容。居鲁士通过传播以赛亚的预言来实现他对人民的救赎,在他的统辖范围之内,生活在巴比伦的犹太人仍然可以保留自己的财产,那么我们也可以推测,他们的律法也同时保存了下来。

我们可以去翻阅《列王纪下》第 17 章第 27 节,约瑟夫在记述关于艾斯德拉斯的历史中,根本没有提到过他复原了圣书这件事。

634

如果我们相信艾斯德拉斯恢复了圣书,那我们也就要同时肯定这部圣书的可靠性;那些指出这部圣书的神圣性的人,也就是那些提出七十贤人的权威性的人,而我们对于艾斯德拉斯事迹的判定,也是以这些人为根据的。

所以假设这个传说是确实存在的,那我们的言辞也就已经含在其中,否则,我们也就能够通过其他方式去实现这些。所以,如果有人想要颠覆这些由摩西来奠定的基督教的真理,那他们对于这些真理的所有攻击,都不过是在巩固它的基础罢了。于是我们可以看得出来,这些真理是注定永恒存在的。

635

与犹太教义年代相关的记载,可以在《基督徒之剑:用以刺不虔敬者尤其是犹太人的奸诈》一书中找到。

第 27 页。《米施那》抑或投票法、第二法都是哈卡多什在公元 200 年左右编写的。

在公元 340 年出现了一些《米施那》的注释和补充,其中包括:

《西夫拉》《巴拉意多》《塔尔穆德·希罗锁》《多西铎》。

俄赛·拉巴写了一本《贝莱希·拉巴》，也是为了注释《米施那》。

此外还有一本《巴·纳空尼》，与上面一本相同，都是有关历史与神学的谈话录，内容生动细腻，上面两部书与《拉博特》都是这个人写的。

而在公元400年，也就是《塔尔穆德·希罗锁》出现百年之后，阿斯写了一本名为《巴比伦的塔尔穆德》，这本书被大多数的犹太人认同，所以他们不可避免地要把书中的所有规定都当作是义务来完成。

阿斯增加的内容是《米施那》的一些注解，被命名为《吉玛拉》。

所以塔木德一书中就包含了《米施那》以及《吉玛拉》两部分。

636

从玛拉基和以赛亚那里我们可以知道，假设与漠然是完全不同的。

《以赛亚书》中有：Si volumus①，等等。

In quacumque die②.

637

巴比伦被征服并不意味着王权将会因此湮灭，因为我们从预言之中可以知道，王权的复辟早就已经被承诺过了。

638

有关耶稣基督的证据——巴比伦会在70年之内重新恢复统

---

① 意思是"如果我们要。"
② 意思是"在每一次"。

治,如此一来犹太人就不会变成俘虏,但是此时此刻,他们开始绝望,就真的变成一个俘虏了。

神的意志虽然让犹太人四处飘零,但是只要他们能够严守上帝的律法,上帝就会按照自己的承诺让他们在同一片土地上再次聚集起来,犹太人一直在承受残酷的命运,但是他们却一刻都没有背弃与上帝的律法。

639

当初尼布甲尼撒担心人民会因战争而对国家绝望,所以在巴比伦被占领的时候让人民离开了那里,他对所有人说,这种情况不会持续太久,王权会在不久之后重新恢复的。

先知们和历代君主都这样安慰他们的人民,但是在第二次覆灭到来的时候,我们身边没有先知和列王,我们也不曾得到过可以复辟的允诺,于是在人民的恐惧和绝望之中,王权就彻底地断绝了。

640

犹太人在如此长久的一段岁月之中,一直不曾灭绝,却也不能摆脱悲惨的命运,这个事实让所有人都为之瞩目,也被深深地震撼着。他们是耶稣基督在人世间的见证,他们的种族永久延续,以及他们因把基督钉死在十字架上而导致的悲惨命运,都是见证不可或缺的部分。境遇悲惨却要一直生存下去,犹太人陷入了矛盾之中,但是他们无论遭受多少苦难,都没有放弃过自己延续的使命。

641

犹太人很明显就是上帝安排来给弥赛亚作见证的(见《以赛亚书》第43章第9节;第44章第8节),他们妥善保管这些书籍并由衷地热爱书籍，但是他们却不能读懂其中的含义。因为曾经给过先知们一个预言，上帝将这本书给了他们，识字的人可以看出来，但是这书却被封住了。

第十编
象征

642

想要同时证明新约和旧约两本书的真实性，就需要看看在一本书中写到的事情是不是在另外一本书里面成了现实。想要验证预言真实性的前提，是必须正确地理解预言的含义。如果你认为预言之中只蕴含了一方面的内容，那你就看不到救世主的降临。如果你从中看到了两种含义，那么你就可以看到救世主就在耶稣基督的身上。

所以要验证这些预言的真实性，你就必须先确定这些预言是否具备两种含义。

我们可以通过下面的证据来证明耶稣及其门徒所流传的圣经具备两种含义，这些证据包括：

1. 以圣书本身为证。

2. 犹太智者摩西·梅蒙①曾说过其具有双重含义，但是先知只说出了关于耶稣基督的一个方面。

3. 以犹太神秘主义哲学为证。

4. 犹太的智者们对于圣经所做出的种种注解。

5. 智者们所规定的双重含义，例如救世主的降临有两种形式——荣耀的和屈辱的，这完全取决于他们善恶，先知仅仅说明了律法并不是一成不变的，弥赛亚到来的时候人们就不会再记得红海，那时候一切都会改变，犹太人与异教徒也会相互融合；耶稣及其门徒教给我们的方法也是一条证据。

643

《以赛亚书》第 51 章告诉我们红海的故事，并教我们窥见了救赎的影子。Ut sciatis qouod filius hominis habet potestatem remittendi peccata, tibi dico: Surge. ②上帝创造了这世界上所有客观存在的事物，就为了要我们知道，他可以造出一个伟大的民族，他们会有着种种不可见的圣洁并且充满不灭的光辉。我们可以把这个世界看成是神创造的一个影子，他在这个影子里把所有的丰富性都呈现给我们，于是我们就知道在那个看不见的世界里，他也准备了如此丰富的东西。

所以上帝让人类从灭世的大洪水之中得救，让他们从亚伯拉罕开始延续下来，让他们摆脱敌人的奴役并且获得安息之地。

其实让他们免予被洪水覆灭或让他们可以从亚伯拉罕一直延

---

① 摩西·梅蒙，西班牙籍犹太拉比哲学家，理性注疏派的创立者。

② 意思是"人子有权赦免你的罪，我说：'起来吧！'"。

续下去都不是上帝想要的,他想要的不过就是让我们能够生活在一片丰饶之地上。

律法象征着神的恩慈,神的恩慈象征着光荣同时也成就了光荣。然而神的恩慈也不过是仅此而已,这不足以让他成为我们最后的归属之地。

普通人和圣人的日常生活并没有什么大的不同,他们都在生活中为了幸福而有所追求,而那些妨碍他们追求幸福的都会被称作敌人,唯一不同的只有他们所追求的目标而已。于是上帝在这些我们能够预见到的事务上显示了他无可比拟的权威,从而我们也可以知道那些看不见的美好,上帝是完全有权力赐给我们的。

644

上帝允诺要创造一个完全圣洁的民族,并且留下了先知向他们讲述救主将在什么时候到来,将要怎样到来;他说要让这些圣洁的人拥有一个完全独立于其他国家的休息之地,使这些人从奴役他们的敌人那里解脱出来。上帝在所有的时间里都会放置一些属于他的象征,这样就可以让他想要造就的这个民族有坚定的信念,永远期盼着一个有着大能的上帝前来解救他们。在亚当的时代,那个被称为创世记的纪元,他本人就是上帝神迹的一个见证,上帝还委托他传承救主将会从一个女人那里诞生的预言,那个时候的人类清楚地记得自己是如何被创造的,也记得自己的堕落。后来到了挪亚的时代,知道亚当的人都已经去世了,所以上帝就从灭世的洪水中拯救了挪亚,让人类知道上帝有权力拯救所有人,也让人类知道自己遭受洪水灭绝的原因,这一神迹让人类坚信上帝的意志不可违背,那个一直是关于一个从女人那里出生的救世主。

上帝给予人类的象征不曾间断,在挪亚的见证还没有模糊的时候,就已经向亚伯拉罕做出了允诺,而闪还在世的时候,摩西已经收到了神谕……

645

犹太民族是上帝权力的一个象征,他想告诉世人,那些虚妄的幸福都要从自己身上被剥离,这并不是无能,所以犹太人就出现了。

646

象征在真理到来之前都不可以消失,所以犹太聚会堂虽然被奴役,但是一直没有被消灭,因为上帝需要我们知道那只是个象征;与此相反,教会就要一直被看见,不管是在预言的描绘之中还是在现实世界里。

647

希望那些象征性的东西里面也包含律法。

648

不管是只看文字表面的含义,还是只通过精神去理解,都是错误的做法。

649

要反驳那些象征意思超过其本来应有范围的事物。

650

不是所有的象征都可以清楚明白地加以证明的,有些象征是难以成立的,只能让已经相信的人作见证。这就是启示录派的做法,他们没有什么肯定的证据来说明自己的象征,但是最糟糕的事情在于他们却说自己的那些象征与我们这些能够确凿无疑的象征是同样的,没有证据却说自己是可信的,这就是他们不义的表现。我们千万不能被这种象征蒙骗,它们看起来很像但是本质上却又差别很大,那些晦暗不明的部分之所以值得我们去信服,就是因为在神圣性上面的确凿无疑。

[这就好像是只有知晓其真正意义的人才能听懂的暗语,在其他人听来就是一些莫名其妙的东西了。]

651

那些总会提出很荒诞的见解的人,比如启示录派、前亚当派以及千年福派的信徒们,经常会以自己的误解,援引圣经里面的语句来证明自己的观点,比如说:"在所有的这些预言都实践之前,我们这一代人是不会逝去的。"然而那些这样说的人有没有想过,我们还会有自己的子孙,并且是子子孙孙无穷匮也。

你觉得《历代志下》里面看到的所罗门以及王者不像是同一个人吗? 我也认为他们确实不是同一个人。

652

律法、律法表、圣殿以及俘虏都体现了双重含义,他们都是一些特殊的标志。

653

先知以他们的腰带、胡须以及烧焦的毛发为象征,向我们讲述了那些预言。

654

午餐与晚餐的区别。

上帝是全能的智慧的真神,于他而言,语言、意图、效果以及手段之间并没有什么特别的不同。贝；ult. serm in missus。[1]

诸如死亡、被欺骗和谎言等，是上帝不会去做的，因为这会有损上帝的全能形象，上帝是可以做到所有事情的。来自圣奥古斯丁所著的《天城论》第5卷第10章。

很多福音派在传道的时候存在一些分歧，是关于维护对真理的信心的仪式，这是一种有益的分歧。

因为最后的晚餐才会有圣餐的仪式，这就像象征被验证之后才会出现真理一样。

所以我们也可以知道，耶稣受死后的40年会迎来世界末日，因为耶路撒冷的毁灭已经给了我们这一象征。而耶稣基督说他不知道，仅仅是作为一个人或者是一个使徒来说的。可参见《马可福音》第13章第32节。

耶稣的受难是犹太人和异教徒一手造成的。

而这两个罪人的形象早就曾经在两个儿子的身上被预言了。可参见圣奥古斯丁《天城论》第20卷第29章。

655

创世记的六天，六个时代的人类起源，创世之初的六个神迹，以及六个纪元最初的六个早晨。

656

亚当 forma futuri[2]。就是那之后即将到来的那人的形象，创世的六天是为了之后的那一天做准备，前面的六个纪元也是为了

---

① 意思是"所罗门之歌中的最后一篇讲道辞"。

② 意思是"未来的形象"。

那一个纪元做准备；于是在摩西著作之中关于创造亚当的六天，其实是后来基督与教会那个时代的象征。圣约不会只缔结一次，人类也必将会有其他的纪元，创世记不是在一段时间内就可以完成的，因为亚当必然会犯罪，耶稣基督也必将降临。

657

犹太人与埃及人的未来其实是在出埃及记中可以找到其象征的，摩西遇到的两个人就是关于他们的预言，摩西向奴役了犹太人的埃及人进行复仇，而犹太人却忘记了摩西为他们所做的。

658

因为灵魂中的病态有很多种，所以为了在福音书中把那些不同的病态更好地表现出来，我们就看到了很多不同类型的身体疾病；比如聋哑人、盲人、瘫痪死去的拉萨路以及被魔鬼附身的人，他们都是灵魂疾病的一种象征。

659

先知所描绘的关于现世的种种幸福都只是上帝想要真正展现的幸福的影子，是一种象征，而旧约也是上帝留给我们的象征，这可以通过下面几个证据来说明：

第一，这些都配不上唯一的真神。

第二，先知们虽然明确地描绘了关于尘世的幸福，但是他们又说这其中的含义是不为人知的，因为他们的表述是极其隐晦的。这样我们就可以理解为他们所要表达的绝对不是字面上的那些东西，那就意味着其中的牺牲、解放者等都代表着不同的含义，而这些都是只有在末日来临的时候才能为人所知的。参见《耶利米书》第 30 章第 24 节："以后的日子你们将会明白。"

第三,所有的话语都有双重的指向,他们有可能是彼此矛盾的。你不可以单纯地把律法以及牺牲的含义理解为摩西所说的那些,因为那只会让你陷入矛盾之中。所以这些话语是另有所指的,有时候前面说的话还没到下一章就会被推翻了。

所以,如果想要知道作者写作的用意……

660

人的身体里同时存在两种天性,一种善良的一种恶劣的。因为欲望已经成为人类天生就有的一种品质,变成了人类的另一种天性。想知道上帝的所在吗?那是你不曾存在过的地方,而神的国土就在你的精神之中,伟大的智者们啊。

661

因为要让所有人以及整个世界都知道这是应该遵守的规则,所以我们需要在所有的隐蔽的真理之中,把忏悔标记出来,这是唯一一个明确地向犹太先知说明的真理,也是圣约翰曾经对世人宣告过的。

662

失去了神圣精神的犹太人无法理解被预言的救世主有多么伟大,同样的,他们也无法理解这个救世主所承受的屈辱。他们对于伟大的理解是不正确的,就比如他们不能理解为何大卫称他为主,他却也是大卫之子的事情,还有他说自己见过亚伯拉罕,并且存在的时间早于亚伯拉罕的手。犹太人质疑耶稣基督的伟大,也不相信他是永存的。而且对于基督所受的屈辱以及他最后的牺牲,犹太人同样无法理解。他们认为弥赛亚永生,所以不理解基督为何说自己会有死亡,因为犹太人认为救世主是永生不死的,他们在自己的救主身上寻找的不过是一些物质上的永恒而已。

663

犹太人的象征性——贪婪是这个世界上与仁爱最相似,却也最相悖的东西。所以犹太人在积累了巨额的财富之后,他们的贪婪之心得到了满足,这就与基督徒非常接近了,但同时也与他们相去甚远。就是因为他们呈现在世间的样子,所以他们就同时拥有了两种本性,一种是与救世主相契合的,这样他们就能够成为他的象征,但是又有一种与之完全相反的,由此才能够确保世人对于救主的信心。

664

犹太人的象征性——上帝让犹太人沦陷在自己的肉欲之中,这样他们就能够更好地为耶稣基督的到来做见证,让他来帮助人们摆脱肉欲。

665

教导人们要仁爱,这并不是一条象征性的教诲。如果你认为耶稣基督为了实践真理而消除了这些象征,仁爱被当作一种象征性的存在传播,而此前所有的东西又都被抹除了,你难道不觉得害怕吗?

"如果光明也变作了黑暗,那么黑暗到底是怎么样的存在呢?"

666

幻觉:Somnum suum。Figura hujus mundi. ①

---

① 意思是"他们在梦中所看到的这个世界的样子"。

圣餐：Comedes panemtuum。Panem nosteum. [1]

Inimici Dei terram lingent. [2] 如果他们对于现世的种种娱乐不能放弃，他们就只能够在地面上舔舐土地。

在《旧约》之中我们可以看到象征着来世幸福的东西，而变得幸福的办法要到《新约》里面去寻找。

快乐是来世幸福的一种象征，我们需要忏悔才能找到那条出路；要知道在逾越节时，美味的羊羔也要佐以野生莴苣食用，cum amaritudinibus[3]。

Singularis sum ego donec transeam[4]，因为在耶稣基督殉道之前，这世上基本不存在任何一位殉道者。

667

剑以及盾的名字都是极具象征性的。Potentissime. [5]

668

人类因为缺少了仁爱之心，于是就与上帝越来越远。

我们的一切都是源于耶稣基督的，那些祷告与德行如果不是出于他，则我们在上帝跟前就会被憎恶；同样的，如果我们的罪不是出于他，那我们得到的就不会是上帝的慈悲而是正义的惩罚。基督包容了人类所有的罪恶，并让人们到他之中去，因为他本身就是正义而且是完全纯洁无辜的；但是人类恰恰相反，他们没有德行

---

① 意思是"你要的食粮不会缺少，我们日用的饮食"。
② 意思是"反对上帝的人只能吃土"。
③ 意思是"因为牺牲要与苦味同享"。
④ 意思是"他只能独自一人逃离罪孽"。
⑤ 意思是"因为它们是极有能力的"。

却被各种罪恶填满了。

从今天开始,我们要改变之前的判断标准,用全新的规则来定义美德。抛弃以人类的意志定下的标准,开始服从上帝的意志:凡是上帝所想的,对我们而言即是正义而且美好的,凡是他说不要的,对我们而言则是恶。

我们要禁止一切上帝不想要的事物。我们知道罪恶是一定要被禁止的,因为上帝已经对我们做出了普遍的要求,但并不意味着只要没有被明确指示的事情,都是可以被允许的。如果我们因为某件事情而远离了上帝,那么这就足以体现上帝的意志,他不希望我们靠近这些事物,那么这些事物就应该如同罪恶一样被禁止,上帝并没有告诉我们,这些事物应该拥有哪一件并且舍弃另一件。罪恶与其他事物之间的差异在于,前者是被上帝永久地舍弃掉的,但是他对于后者的态度我们并不知晓。我们唯一可以肯定的就是,被上帝舍弃的东西都是罪恶的,因为上帝的意志代表了所有的美好和正义,只要上帝的意志并不在其中,这个事物就会是不正义的并且卑劣的。

669

人类因为自身的最弱性而去将象征的原本面貌加以修改。

670

象征:犹太人一直怀着一种错误现世的认识,他们觉得上帝爱屋及乌,因为喜爱着亚伯拉罕,以至他血脉的延续都将受到眷顾;上帝让犹太人的种族可以一直延续,并且将他们和其他的民族区分开来;当犹太人在埃及被奴役的时候,上帝也是因为对于他们身上优秀品质的喜爱而拯救了他们;在荒野之中,他们被上帝用吗哪①哺育;上帝还将他们安置在土地肥沃的地方,让他们拥有了国王和神殿,让他们可以进行牺牲献祭,从而洗清自己身上的罪孽;上帝还为他们安排了一位救世主,并且告诉他们救主降临的日子,要让他们成为这个世界的主宰……犹太人就在这种错误的认识中日渐衰老。

整个世界因为这种错误的认识而日渐衰败,而耶稣基督则按照预言中的时间降临,因为他的到来并没有伴着世人想象中的光辉,所以人们并没有认出他。耶稣受难之后,圣保罗告诫世人,现世的一切都是上帝给人类的象征,我们应该追求的天国是一个精神的国度,而非肉欲的世界;人类需要战胜的不是巴比伦人,而是要克服自己的欲望;比起人类建造出来的华丽的神殿,上帝更愿意看到一个纯洁而谦卑的灵魂;在人的肉体上行割礼不会让你更接近上帝,你需要在你的灵魂之中行割礼;而摩西将天国的粮食赐予人类这件事本身就是不可信的……

上帝希望通过预言让人们相信这些事情,但是又不愿意在那些配不上他的人面前把这件事情展示出来,所以上帝明确地说出了事情发生的时间,有些地方是明确指出来的,有些地方则运用了一些象征;这样的话,那些沉迷在象征之中的人,可以通过这些象征性的事物来知晓上帝要说的事情。

只有象征性的事物才会不以仁爱为最终目的。

圣经就是为了让大家拥有仁爱之心,此外再无其他。

---

① 吗哪,甘露蜜或者木蜜。

只要不是为了那个唯一的靶心而存在的,那我们就可以断定那是象征性的事物。原因是靶心只有一个,所以只要不是明确地说明了自己是以此为目的的,那就都是象征性的存在了。

上帝为了满足人类那颗善变的好奇心,就把仁爱用各种不同形式的象征表现出来,为的就是让我们能够从不同的地方聚集到唯一的一个目标上去。所有的事情里面只有一件是必须做的,但是人类却被太多东西分散了精力。所以为了引导我们走上正确的道路,并且满足我们的好奇心,上帝就创造了各种各样的象征。

犹太人对于所有事物的象征都有着极端的沉迷,他们希望所有象征的出现。但是当预言以真实的面貌,在正确的时间发生的时候,这些犹太人竟然不能够直接认出他来。

犹太人中的拉比把一些都看作一种象征,然而这些东西并不能成为上帝所期望的那个唯一训诫的象征,比如新娘的乳房。

基督徒在象征性事物方面有过之而无不及,就连圣餐礼在他们眼中也象征着那种无上的荣光,那种荣光是值得他们一生追求的东西。

671

犹太人以为他们降生的使命就是成为世界的主宰,但是最终他们却因为罪孽而饱受奴役之苦;但是那些认为自己生来就应该是上帝的奴仆并且终身侍奉的基督徒,却最终拥有了自由的灵魂。

672

写给那些只看重形式的人:圣彼得当初与使徒们商量,想要把割礼取消,然而这种做法与当初上帝指定的律法相违背,他们把圣灵降在那些没有接受过割礼的人身上,完全不管先知说过什么。

因为圣彼得这些人可以确定，上帝想要的不是恪守律法，而是让所有人都能够感知到他的灵魂。律法的最终目的也是要归于圣灵，这个最终目的的达成如果可以绕过割礼这个环节，那么去除这个环节也就没什么不可以。

673

Fac secundum exemplar quod tibi ostensum est in monte. ①

犹太教的真理来自有关弥赛亚的预言和真理，世界对于弥赛亚的认识都来自他的象征物，也就是犹太人的宗教。

犹太人所认识的真理都是象征意义的，但是天国的真理是明确直接的。

教会把真理掩盖起来，通过与其相关联的象征性事物来让世人知晓。

上帝以真理为模板造就了象征性事物，而人类通过这些象征性事物来认识真理。

圣保罗亲口说过嫁娶事宜都是被禁止的，而且在哥多林的叙述中我们也知道，他曾经用自己的方式来示范：成为一个捕鼠笼的样子。试想一下，如果圣保罗跟先知们所说的事情有出入，那他就要接受世人的谴责了。

674

因为一句含有象征意义的话，即我们要按照上帝在西奈山上给出的范例来做所有的事情。而看到这句话的圣保罗告诉我们，天上的情景已经被犹太人告知我们了。

---

① 意思是"你们要按照在西奈山上所接受的指示来行事"。

675

上帝与人类立约是为了让真理在一部分人面前显现，而又可以不被另一部分人察觉，所以那些可以认识到真理的人，就在那些被蒙蔽的人身上看到了真理的象征。这些人在上帝身上看到了自己可以实现的幸福，一种神圣而又无穷的存在，所以他们对于上帝允诺的那些不可见的幸福有着无比强大的信心，并且坚定地认为弥赛亚一定会降临。

因为这个世界就是仿照天国而建立的存在，所以我们在可见的世界中见到的那些神迹也象征着天国里存在的事物。Ut scia-tis. . . tibi dico：Surge. ①

《以赛亚书》中也写到过救赎的道路将会在红海的深处出现。

上帝为了告诉世人自己能够为他们提供救赎，从天上赐给他们粮食，于是就有了逃出埃及、分开红海、许多君主的败落、荒野中喂养人们，还有上帝对亚伯拉罕的眷顾……为了彰显弥赛亚而出现的象征和事迹，就是那些不认识弥赛亚的人了。

所以我们从这些事情中可以知道，现世的东西都只是一种象征，而上帝想要我们知道的是自由、以色列人、割礼以及天国的粮食真正应该是什么样子。

上帝允诺了所有人都会实现自己的祈愿，你会看到自己灵魂真实的样子，不管你想要的是肉欲的幸福还是灵魂的福音，你要追求的是上帝还是万物的起源……不过有一点不同需要指出来，那就是追溯源头的人即使找到了最终的起点，也可能会陷入一个两

① 意思是"你们要知道……是我让你们起来"。

难的境地，他们只能爱上帝而不能有其他，而且救世主的拯救不会降临在无神论者头上；而那些一心想要找到上帝的人就不会遇到这种问题，他们所接受的唯一一条真理就是要爱上帝，并且相信救世主降临的预言，相信自己能够得到永恒的幸福。

犹太人的律法是永恒存在的，并且律法要求他们只能够爱上帝，他们也曾见证了神迹和预言的出现，所以犹太人的律法就是真正的宗教，因为它具备了一切所需的条件。但是犹太人的学说跟他们的律法却不一样，尽管他们的学说中也会涉及神迹、预言和永恒，但是它仍然是假的，因为它没有指出要爱上帝并且只能崇拜上帝这一点。

676

那些揭示真理的书籍都会把真理隐藏起来，让那些犹太人、邪恶的基督徒以及对自身的罪恶没有仇恨的人认不出真理的样子。

但是如果一个人开始憎恶自己本身的时候，那么他就会马上看出这些真理，从而知道耶稣基督这个救世主了。

677

符号的意义通常是具有两面性的，一方面能够清楚地解释出来，一方面会将真正的含义隐藏起来；所以象征性的东西就会有显而易见的和不可见的，它所象征的事物也会是能让人幸福和不幸的。

678

一幅具有象征意义的画面可以同时出现明确的和隐晦的，快乐的和痛苦的元素；然而真实的东西只会让我们看到明确的以及快乐的东西。

如果需要判定一些事情是真的还是象征性的，只需要考虑一下人们谈及这件事情的方式，比如律法和牺牲。先知们在说起这两件事情的时候是仅仅停留在它们本身，那是一个历史悠久的圣约，还是他们发现圣约只是一个符号，而那其中蕴含了一些其他的东西；通常来说我们都知道，符号是为了象征某些事物而存在的。

所以先知们口中那个永存的事物，是圣约还是牺牲，或者是别的什么？我们知道，先知曾经预言旧的圣约是要被取消的。

一个象征性的符号是有两重性的。有时候我们会看到一个文字本身有着很明确的含义，但同时又有人告诉我们，这个字的含义被隐蔽性的东西包裹起来，于是我们就很难看到它的意思，于是我们看到这个字却又看不懂这个字，在这种情况下，我们只能够认为一个文字符号的含义是双重性的。有一种情况就更加能够坚定我们的这种猜想，那就是它所表达的含义中有明显互相矛盾的部分。我们都知道先知的预言里面明确地表示以色列会得到上帝永久的喜爱，律法也会永存；但是先知也说过人类永远不可能真的明白律法，因为那些文字是看不见的。

所以我们就应该真心地去尊重耶稣基督和他的门徒，因为是他们向我们揭示了那些象征性的事物，并且用十分清楚明白、简单易懂的方式将其中蕴含的真理告知我们。他们所做的事就是让我们看见那些隐蔽的文字，然后让我们感受到上帝的意志。他们告诫世人：最需要战胜的敌人就是自己的情感；救世主要拯救的是我们的精神，而且他是降临在我们的精神之中的；救主降临会实现两次，他用自己悲惨的到来让那些骄傲的人们蒙受屈辱，然后再用一次光辉的降临抬高那些谦卑的人；耶稣基督同时具备神和人的性质。

679

象征——耶稣基督要让这些人看得懂圣经，所以就启发了他们的灵魂。

他用下面这两点启发了他们：一个是世间的一切都是象征性的事物，它们象征着关于以色列人、自由以及天国的食粮的真相；另一个是上帝蒙受屈辱并且被钉在十字架上，救世主将会降临两次，耶稣基督是通过蒙受苦难来获得荣光的，他通过自己的死亡获得永生。

680

只要我们掌握了判断象征性事物的关键，那么所有的东西在我们面前都会是一目了然的。我们可以运用这种方法来解读旧约之中的故事：比如关于那场牺牲，上帝眷顾亚伯拉罕是因为他的祖先，还有上帝曾经说过赐给我们的土地，这些都是真实存在的吗？答案是否定的，于是我们可以判断这些都只是象征性的东西。那么戒律之中所写的我们必须严格遵守的仪式呢？它们并非是教导仁爱的，所以这些仪式也都是一些象征性的符号。

所以我们知道祭典和仪式性的事物都是象征性的，否则就等于是乱来，然而这些乱来的行为在我们的眼里，都显得很明确和崇高。

我们要学会判断先知们所说的话仅仅是针对旧约本身的，还是他们看出了其中还隐藏了别的寓意。

681

象征性事物至关重要的一点是 Veri adoratores. ①——Ecce agnus Dei qui tollit peccata mundi. ②

682

《以赛亚书》第 1 章第 21 节、第 10 章第 1 节、第 26 章第 20 节、第 28 章第 1 节讲述了人类的堕落和上帝对人类的复仇。与神迹有关的章节:《以赛亚书》第 33 章第 9 节、第 40 章第 17 节、第 41 章第 26 节、第 43 章第 13 节;耶和华的慈悲和救赎:《以赛亚书》第 44 章第 20—24 节、第 54 章第 8 节、第 63 章第 12—17 节,第 66 章第 17 节。

人类的愚蠢和罪孽:《耶利米书》第 2 章第 35 节、第 4 章第 22—24 节、第 5 章第 4 节、第 5 章第 29—31 节、第 6 章第 16 节。

《耶利米书》第 11 章第 21 节、第 15 章第 12 节、第 17 章第 9 节:Parvum est cor omnium et incrustabile, quis cognoscet illud?③ 意思是有谁能够看得出人心中所有的罪恶呢?大家都知道人性本身就是邪恶的,就会为非作恶。Ego Dominus④,……《耶利米书》第 7 章第 14 节:Faciam domui huic 我要在这里安家……我们要相信所有神圣的仪式的表面形式,《耶利米书》第 7 章第 22 节:Quia non sum locutus⑤……那些形式化的仪式并不是我们想要的本质,

---

①　意思是"真正虔诚侍奉上帝的人"。
②　意思是"上帝将会用羔羊献祭,来洗去人类的罪恶"。
③　意思是"人心是这个世界上最复杂和诡诈的,又有谁能看透呢?"
④　意思是"我即是主"。
⑤　意思是"因为他们并未将上帝放在家中"。

《耶利米书》第 11 章第 13 节。Secundum numerum①……很多人的说法都在《耶利米书》第 23 章第 15—17 节。

683

先知既然明确地告诉世人所有的东西都是从精神出发的，只有精神能够带给你生命，那些字句只能带给你死亡，因为所有的一切都是象征性的符号。圣保罗将这些象征告知我们：比如耶稣基督将会牺牲，他会是一个被侮辱的上帝；人类要行精神的割礼而不是肉体的；我们要去建立真正的仪式、斋戒、牺牲包括圣殿。

你们得到的不会再是可以消亡的身躯，而是永生不灭的躯体。

"因为你们的精神将会获得真正的解放"，所以其他任何形式的自由都只不过是它的象征符号而已。

"上帝将会从天上降下生命的粮。"

684

想要培养一个人的性格，就要先把他身上那些互相矛盾的因素都协调好，因为如果不这样做的话，我们就没有办法把那些好的品质显现出来，它们都是彼此互相协调的。这就好比我们想要理解一位作家，就一定要理顺他作品中彼此矛盾的篇章。

所以，如果我们想要读懂圣经，就要找到一个逻辑能够把彼此矛盾的部分协调起来。这条逻辑一定是能够让所有的内容，甚至是那些彼此互相矛盾的内容和谐统一的，仅仅只适用于一部分也是不可以的。

一个作家最大的价值就在于，他能够把所有彼此矛盾的内容

---

① 意思是"第二种数量"。

统一协调在一本书里,否则他也就没有什么价值了。我们要肯定圣经和先知们,因为他们都有着很高的价值。所以我们要做的事情就是发现这种价值的所在,能够协调所有一切的思想。

所以我们不可能在犹太人身上找到这种能够协调一切的思想,但是我们知道这种真正的思想就在耶稣基督那里。

这就是为什么犹太人不能够理清楚何西阿预言中提到的国家和君主的覆灭,跟雅各所预言的事情之间的关系。

所以,我们需要认清楚律法、牺牲还有王权都只是一些象征,因为只有这样我们才能够让圣经之中的内容不会彼此矛盾。人们经常会丢失这种思想,以至同一个人的作品中,每一篇章甚至是每一段落在他们看来都是矛盾的,尽管那个作者的思想已经在其中明确地表达出来了。我们在《以西结书》第 20 章里面就可以找到这样的例子:我们要生活在上帝的训诫之中,但是我们又活在那些戒律之外。

685

如何判断律法和牺牲是真理还是象征呢?真理只能够让上帝喜悦,不会引起他丝毫的不快,不过象征就会让人喜忧参半了。

然而我们在圣经里读到的所有内容,都是让人在欢喜之余伴着忧虑的。比如我们读到过律法和牺牲都不是永恒存在的,君主、律法、牺牲都会在某一天终结,然后人类与上帝缔结新的圣约。律法会发生变化,他们的牺牲以及各种戒律都不是上帝想要的,只能让人不喜。

但是我们又看到了完全相反的内容:律法是永世不灭的,圣约也会永远存在,包括牺牲、王权都是不会变更的,在永久存在的主宰降临之前,这些都会永远伴随他们。

那么我们该怎么去判断,这些内容是真实的,还是说都只是象征性的符号呢?答案似乎不确定,但是我们既然已经证实了旧约中的内容与现实有出入,那么这一部分就只能是象征性的了。

这些内容都不能够反映出世界的真相,他们都只能够用符号的意义去解释,所以那书中所说的东西就不是真的,只能是象征性的东西。

Agnus occisus est ab origine mundi①. 审判那些献祭者。

686

相反性:王权会永恒存在,一直到救世主降临的那一刻,但是后来王权覆灭了。

律法是永恒不变的,但是却被人改变了。

我们与上帝缔结了一个永恒的约,但是后来上帝与人类重新立约,取代了旧约。

律法是美好的,但是后来我们说那些戒条都是不好的。《以西结书》。

687

象征——意味着耶和华所说的话都是真的,但是用书面表达出来的时候就有可能是假的含义,但是其中体现的上帝的意志是真的。Sede a dextris meis②,单纯从字面理解这段文字就是假的,但是其中的意志却是真实的。

---

① 意思是"那些从创世之初就已经作为牺牲的羔羊"。
② 意思是"耶和华对主说你要坐在我的右边"。

这样的表达只是从人的角度来表述的,因为人类有这种想法,并且上帝也想让他们坐在自己的右边,这并没有什么特别的含义;这种表达只是在象征着上帝的想法,并不是说他要用这样的方式来实现那些想法。

所以如果有人说:"如果你送给上帝芬芳的香料,他接受之后会馈赠你富饶的土地。"意思是如果一个人喜欢你送给他的香料,就会想要回馈你一片富饶的土地,这种想法上帝也是有的;原因就跟一个人在接受香料馈赠之后所产生的那种感情相同。所以 iratus est,①因为耶和华是一个会忌妒的神……有关上帝的东西都是不能够用语言来表达的,用任何的方式都不能够将它说清楚;这种方式我们在现在的教会之中仍能见到: Quia confortavit seras②……

随意地把不存在的精神附加在圣经之中,是被禁止的。所以有人说出现在《以赛亚书》中封闭体的 mem 表示的是 600 这一数值就值得怀疑了,因为这并没有明确地被指出来。还有人也许会说结尾处的 tsade 和 he deficientes 这两个词代表的含义是神秘,但是这种解释方式很显然是被禁止的,那些觉得这种解答可以点石成金的人更是大错特错。我们应该说,按照文字去理解不能得到真正的思想,因为这是先知亲口告诉我们的。

688

我不会用这样的表达:比如 mem 这个数字很神秘。

---

① 意思是"上帝愤怒了"。
② 意思是"他们加固了门闩"。

689

《申命记》第 30 章中提道：摩西曾经对人们承诺，为了让人们真心地爱上帝，上帝会为他们的精神行割礼。

690

我们可以从大卫或者摩西的那句话中来判断一个人是肉欲的还是精神的，他们说：上帝会为人类的精神行割礼。虽然圣经中很多的表达都是含糊不清的，他们的说话方式与其说是一个基督徒，倒不如说是一个哲学家。但是就像我们可以因为艾比克泰德的一句话知道其余部分都是矛盾的，我们也可以从这一句定性的话中辨识所有的东西。之前的表达都是隐蔽的，但是从今往后这些都会是清楚明白的。

691

下面这两种人所表达的东西都是愚蠢可笑的，第一种人用一种犹太式的神秘主义把事物理解为双重含义，第二种人是单纯地只看到事物的一种属性。如果一个不属于神秘主义范畴的人听到了两个人的话，就会说他们两个都是愚蠢的。但是我们换一种情境，第一个人在谈论与天使有关的事情，第二个人只是在说一些日常琐事，听到谈话的人就会认为第一个人在说一些隐秘的事情：因为我们可以从他们的谈话内容中发现第一个人是神秘的并且不会是愚蠢的，而另一个人就没有涉及神秘的问题，而且他有可能是一个愚人。

旧约本身就是一系列的象征。

692

我们中的一些人确实看到了欲望是人类唯一的敌人，上帝没

有抛弃人类,但是人类却在欲望的诱惑下主动背弃了上帝,那片被
承诺的肥沃土壤并不是真正的美好,真实的只有上帝。错误地把
满足欲望当成美好,把禁欲作为邪恶的人,我们就放任他们在感官
之中自我满足并且走向毁灭吧。那些一心只爱上帝,唯一的愿望
就是获得上帝,只会因为无法追求上帝而痛苦,把那些使他远离上
帝的人看作仇敌的人,他们发现自己周围都是这样的敌人,他们被
这些敌人统治,感到痛苦不堪。我们要给他们带来一个好消息,以
此宽慰他们的痛苦:耶和华会让你们看到那个只为你们而存在的
救主,他会对其他人隐蔽起来。耶和华已经允诺了有一个弥赛亚
会降临世间解救你们,而且这是一个要让你们摆脱不公正,而不是
摆脱敌人的弥赛亚。

大卫预言的内容是:弥赛亚会从敌人那里解放出他的子民,如
果我们单纯地从肉体的方面去理解,敌人就是埃及人,但如此一
来,这个预言就没有被实现。但是我们可以这样想,真正的敌人是
这个世界的不公正而不是埃及人,所以敌人只是一种指代意义。
如果我们换一种情境,这是很有必要的,他的预言就会变成弥赛亚
会从罪恶的手中解救出自己的人民,就如同以赛亚和其他的人,如
此一来含义就清晰明了,敌人所指代的事物也就从两重性变为了
单纯的不公正。如果一个人的精神之中有邪恶的部分,他可以把
这一部分看成自己的敌人;可是如果这个人在想自己的敌人,他不
可以把这个敌人叫作不公正。

但是敌人这个词在摩西、大卫以及以赛亚的口中都曾出现过,
我们不能确定他们在使用这个词的时候所指的事物是不同的,大
卫在提到敌人的时候显然指的就是不公正,那么我们如何能确定

摩西所指不是相同的呢？

《但以理书》第 9 章中说：但以理在祈祷能够让他的人民免予被敌人俘虏的时候，心中所想的是罪恶；而且为了加以说明，他还向子民宣称听到了加百列告知他的话，人民将会在 70 周之后被解救出来，摆脱所有的罪恶和不公正，救世主会让他们永远生活在正义里面，这种正义不是律法的形式，而是永恒存在的。

第十一编
预言

693

　　我发现人类是如此无知和悲哀的存在,他们存活在宇宙中,却听不到一点有关真理的知识,他们陷入迷失和黑暗之中,踽踽独行,看不到光明,也不知道自己是缘何而来,为何而在,又会往何处去,他们什么都不知道。这种感觉就像是在睡梦中被人丢弃在荒岛上,睁开眼的时候不知道自己身在何处,又发现自己无法逃离。于是我开始感到惊奇,人类在这种环境中居然没有感到绝望。我看到了一些跟我处境相同的人,就想知道他们会不会知道更多的事情,但是答案是否定的,这些可怜的人到处寻觅,最后找到了一些使自己幸福的事物并且让自己置于其中。可是我却无法这样去做,我仍然在思考有多少证据能够让我得知除了肉眼可见的世界,还有其他的东西存在,所以我开始寻求一个答案,上帝是不是把自已存在的痕迹隐藏了起来。

我知道有许多的宗教都是互相矛盾的,于是我知道那些都不是真的。那些宗教都企图运用权威的力量使人信服,同时威慑那些不信的人,所以我从不会为此而相信。任何人都可以说自己就是先知,并且随意地说出那些字句。但是能够预言成为现实的宗教,除了基督教就再没有其他的了。

694

预言把所有的事情都变得名正言顺,所以我们只能相信这所有的事情都是被安排好的。

如果你只剩下一个星期的生命,那么把这一切看成是注定到来的结果,对你来说是有利无害的。

一瞬或是百年,对于一个不被情感所迷惑的人来说都是一样的。

695

预言说:希腊神话中伟大的牧神潘已经消亡了。

696

Susceperunt verbum cum omni aviditate, scrutantes Scripturas, si ita se haberent. ①

697

Prodita lege. Impleta cerne. Implenda collige. ②

———————————

① 意思是"这些人疯狂的研究圣经,想要知道其中说的道理是不是真的"。
② 意思是"去阅读被预言的事情,关心已经应验的部分,整理马上就要到来的事情"。

698

在预言应验以前，人们是无法正确知晓其中内容的，所以，只有真正了解预言并且坚信不疑的人，才能够通过避世、沉思以及静默中得到有关的证明。

律法是一种表面化的东西，但是约瑟却在其中显示了内在的东西。

我们通过表层的忏悔来为精神做准备，这就如同我们的肉体承受屈辱是为了让精神的谦卑做好准备。所以这些……

699

犹太教堂和犹太人出现的时间要早于基督教会和基督徒，因为犹太的先知要为基督徒的出现做出预言，正如圣约翰要预言耶稣基督的降临一样。

700

如果你心中是真的相信，那么去读希律王或者是恺撒大帝书写的历史，你会觉得很有趣。

701

除了犹太人之外，再也没有哪一个民族会对自己的律法和神庙有如此的热忱了（你可以看约瑟夫，或者是犹太人菲罗在他的《出使盖乌斯》里面是怎么说的）。不过这种热忱对犹太人来说是不可或缺的。

上帝已经远离犹太人，第四国坚强如铁，这就是耶稣基督在预言中已经清楚说明的世界所处的时间和他的现状。我们生活在一片昏暗之中，可想而知，那为我们所见的光明会使我们多么的幸福。

如果你用一个基督徒的眼睛去看待大流士和居鲁士、亚历山大、罗马人以及庞培、希律的所作所为，你会发现他们都在没有察觉的时候就为福音书的荣耀做出了贡献，这是多么美好的发现啊。

702

犹太人在失去了自己的先知以后，仍然对自己的律法抱有强烈的热忱。

703

其实在还有先知的年代，人们并不关心律法是怎么样的；然而在先知们离开以后，他们就慢慢地对这些律法产生了热情。

704

在耶稣基督降临以前，犹太人被恶魔所迷惑，已经不再是从前的那种热忱，那是由于他们会被耶稣基督拯救；但是事情在之后的日子里就不是这样发展了。

异教徒嘲笑犹太人，他们还在迫害基督徒。

705

如何证明预言已经实现了？只要你去看看在耶稣基督降临前后，有哪些事情发生了改变，就可以清楚地知道哪些预言已经被证明是真的了。

706

我们知道，最能够证明耶稣基督是救主的就是那些预言。上帝在有关耶稣基督的预言上面做的事情最多，因为那些预言的实现，是贯穿了教会从建立之初到最终的一个神迹。在过去的1600年中，上帝为我们送来了许多的先知，而且在之后的400年里面，把这些预言和负责宣导这些预言的犹太人送到了世界的每一个角

落。上帝要让所有的人都相信福音书中的话,仅仅让那些预言被
人们信仰是不够的,他要让全世界都知道这些预言并且掌握他们。
都是为了耶稣基督的降临,所以上帝准备了这一切。

707

我们不能够只是看到这些预言就够了,而是要让这些预言传
遍世界的每一个角落,并且不会随着时间而被人遗忘。我们需要
做出预言,因为我们不能让这些人把精心设计的调和当成是一个
偶然的现象。

上帝让犹太人幸免遇难,让他们成为观察者,并且为了实现弥
赛亚的荣光,需要让犹太人成为其中的一个道具,这对于救主来说
也是可以使其光荣的。

708

我们的预言中提到了所有的事情:包括犹太人的生活,异教徒
的生活,神殿的状况以及具体的时间断代。

709

为了预言同一件事情,必须准备很多的神迹让人信服,比如在
第二个神殿彻底消失之前,那四个崇拜偶像的人、异教徒的统治
者,以及犹大的王权都要走向终结,还要有 70 个星期要在同一个
时间到来。

710

如果凭借一个人要完成一部著作,内容是有关耶稣基督降临
的话,那么他就需要在书中预言他到来的时间和方式,并且最后耶
稣基督就真的按照预言中说的来到了,于是这本书就可以拥有强
大的力量。

然而值得关注的一点是，跟现实相比，我们设想得显然过于简单了。我们看到在 4000 年的历史中出现了众多人物，他们共同的特点就是都预言了这一件事情。而且犹太民族在 4000 年中未曾断绝，并且用他们的全部来宣告这件事，他们的存在就是关于这个预言最好的见证，他们信念坚定，不会因为自己的磨难或者是其他民族加注在他们身上的苦难而动摇。

711

预言中所提到的具体的事件：犹太人在埃及属于外来人，他们没有自己的土地，所以在世界上的任何角落都不会有自己的归属。[这一点在他们漫长的历史传承之中没有丝毫的体现，甚至是在摩西创建的那个一直延续到耶稣基督时代的辛奈德林七十法官最高会议上都没有一点点表现。]犹太人的现状与所有的事件都相去甚远，雅各在临终前为他的 12 个孩子祝福，他预言这些孩子会拥有大片的土地，他还特意说了犹大这一系的子孙中，将会出现一位统治者，其余所有的兄弟都会成为他治下的子民，[弥赛亚也会从他的家族诞生。直到弥赛亚降临之前，犹大的王权是不可能会中断的。]

还是我们上面提到的雅各，他像一个主人一样分配着那些土地，并且在分配土地的时候，雅各多给了约瑟一块，并将这件事情告诉了他。约瑟把自己的两个孩子以法莲和玛拿西带到雅各面前，希望能获得他的祝福。约瑟比较偏爱自己的幼子以法莲，于是就安排玛拿西站在雅各右边，以法莲站在雅各左边，但是雅各交叉双臂，把左手放在玛拿西头上，右手放在以法莲头上，给了他们祝福。约瑟将自己的想法告诉了雅各，雅各说他非常理解这种偏爱，并且非常肯定地告诉约瑟,以法莲的后代会比他的哥哥更加繁盛。当然后面的事实证明雅各的话并没有错,以法莲这一支的后代足可以比得上组成了一个国家的整个两支,所以以法莲的名字通常是被单独列出来的。

而这个以法莲的父亲约瑟在过世之前告知自己的孩子,说他们要在两百年之后才能够到达那片被应允的土地,而在他们踏上那片土地的时候,要带上自己的骸骨。

摩西在很早之前就已经把所有的事情都写下来了,在到达那片应许之地以前,摩西也如同自己就是主人的样子,把那片土地做了分配,每个家庭都会得到他给的份额。[最后他告诉人们,上帝会在犹太人的国度里面,在自己的种族之中给他们派来一位先知,摩西自己不过是那位先知的一个象征。他把所有会发生在这片土地上的事情都清清楚楚地告诉了这些人,在摩西之后的时间里,上帝帮助犹太人战胜了敌人,但是他们却背弃了上帝,所以他们要为此而遭受惩罚并且会有其他的遭遇。]摩西给犹太人指明了可以区分这一切的人,为他们制定了全部的律法,并且给了他们一片安息之地,以及……

712

预言中除了有关弥赛亚的部分,还会提到一些具体的事件,因为这些事件要拿来被证明弥赛亚的到来,当然,这些被预言到的具体的事件也会有一个确定的结局。

713

《耶利米书》第 11 章第 11 节中说上帝将会给犹大降下灾难,而且是不可能逃脱的,那是在说犹太人成为俘虏的事情。

《以赛亚书》第 5 章：上帝建了一座葡萄园，并且希望里面能够结出葡萄，但是那里面却只会长野葡萄。所以上帝就把这座葡萄园弃为荒地，并且要摧毁它，他让里面的土地布满荆棘，并且从来都不会得到雨露的滋养。这是一个象征，葡萄园就是以色列的所在，那些葡萄嫩芽说的就是犹大的后裔。上帝希望他们能够为世界带来正义，但是他们所做的事情却恰好相反。

《以赛亚书》第 8 章：你们要畏惧自己的上帝，并且尊他为圣，他会是你们最终的归属，但是你们只能够害怕他，他会让以色列那两支后裔蒙受耻辱并且跌落尘埃。对于耶路撒冷的人来说，他就意味着末日；他会让很多人在他眼前被困住、坠落、粉身碎骨，进入罪恶的网而走向灭亡。上帝要让自己隐蔽起来，除了将来的门徒，谁也不会知道他的律法以及说过的话。

"我为那个被预言降临的弥赛亚，那个会在雅各的家族中诞生，却不为世人所见的弥赛亚，做好了准备。"

《以赛亚书》第 29 章：以色列人将会被上帝蒙住眼睛，他会让那些有远见的君王和先知再也看不清楚这个世界，整个民族的精神都将陷入一片混沌。以色列人会变得混乱而又沉醉，他们还会跌倒在地，当然，他们不是因为酒醉而陷入混乱，也不是因为这混乱才会跌倒，这一切都是上帝的行为。

《但以理书》第 12 章：这道理是讲给那些义人听的，作恶的人是不会理解其中含义的。

《何西阿书》终章结尾处在提及许多现世的福报后，说到只有睿智的人才能理解这一切。这其中的精神和真理，对于拿到它的人来说就是一本被封起来的书，即使你找到了学识渊博可以读懂它的人,那人也会告诉你这书他读不出来,因为书中的文字是被封印的;而如果你找来一个不懂这些的人,他会告诉你他不认识书中的文字。

"上帝告诉我,这些人只是在嘴上说着敬神,但是他们的精神却已经背离了上帝,所以他们看不懂那些文字,如果是真心敬神的人,就能够看懂那些预言。犹太人按照人类的方式奉献上帝,所以上帝决定在已有的基础上增加一些神迹,他会做出一件伟大而又让人惧怕的事情,他夺去了已经赐给他们的智慧,并且让他们的理智再也看不清楚现实。"

《以赛亚书》第 41 章:请来到我们身边并告诉我们关于未来的预言,这样我们就会认出你是神,并且衷心地听从你的话。你要把从创世之初到现在的一切事情都告诉我,并且要把未来也预言出来给我们。

"如果你能够为我们带来幸福或者灾难,就请那么去做吧,这样我们才会认出你是真神。让我们看到你,让我们跟你一起探讨,但是你却并不让我们看到,你真是让人恼恨……在同时代的作家著作中,没有提到你们中的任何一个可以讲述关于创世一直到现在的种种事迹。如果有,我们就可以说你是真的。我们就可以说你才是真的。但是没人过来告诉我们你是真的,也没有人出现预告将来。"

《以赛亚书》第 42 章:我是唯一的真神,我的荣光不可能有人前来分享。那些已经实现了的事情都是出自我的语言,我还有一些关于未发生的事件的预言,那时候你们要用一首全新的颂歌来歌唱上帝。

"让那些视而不见、充耳不闻的人都来到我面前，把所有的国家都放到我眼前，你们以及你们所敬仰的神明，都不能够讲述关于过去以及未来的一切事情。如果他们有证据，就拿出来证明自己才是真神；如果不能，就要承认我才是真理并且听从于我。

"上帝说你们能够认出他，并且能够全身心地信仰他，是因为你们是他所选出来将要侍奉他的仆从，并且你们的存在就是他的见证。

"上帝曾经在人类面前展示了他的神迹，他曾经做出了预言，并且曾经给人类带来了救赎，所以上帝说人类的存在就可以证明他的神性。

"上帝说是他造了犹太人，并且赋予了他们神性，并且因为对他们的眷顾，摧毁了巴比伦人的军队。

"上帝帮助他们彻底战胜了那些曾经非常强大的敌人，并且赋予了他们能力，让他们可以穿过河流、横渡海洋，在狂风巨浪中安然度过。

"但是犹太人，你们不该一直记得这些发生在过去的事情，你们的眼睛不能只盯着过去。

"我在为即将出现的新事物做准备，你们很快就会知道这些事，看，我会让荒芜的沙漠变成宜人的绿洲。

"是我自己造就了这个民族，并且让他们来称颂我的伟大，等等。

"但是我会因为自身的因素赦免你们的罪过，我不会再记得这些；而且为了自己着想，你们也该记得曾经背叛我的事实，这样你们才有可能去寻找切实可靠的证据来认识自己。你们的祖先曾经犯下罪孽,你们的导师也曾经背叛了我。"

《以赛亚书》第 44 章:"上帝说一切从我这里开始,也会在我这里终结;如果有人可以成为我这样的存在,就让他来告诉你们从创世之初到现在所有的事情以及所有的规则,让他来告知你们是我创造了第一个人类,让他告诉你们后面会发生什么事情。我既然从上古之时就在指引着你们,你们还有什么可害怕的? 况且你们是我留在这个世上的见证。"

《以赛亚书》第 45 章第 4 节有关居鲁士的预言:"因为雅各是上帝所选定的仆人,所以上帝会以此为名来召唤他。"

《以赛亚书》第 45 章第 21 节:"我们不妨来探讨一下,除了上帝这位万能之主,还有谁能够让我们理解自从开天辟地以来的所有事物? 还有谁能够在鸿蒙初始的时候就将所有的事情预言出来呢?"

《以赛亚书》第 46 章:"如果你们追溯到世界初始的那一天,你们就会发现我是这个世界上唯一的存在,在我谈到这个世界起源的那一刻,我就把接下来所有的事情都安排好了。我的话是永恒的,而且我所想的事情都会成为现实。"

《以赛亚书》第 42 章:"我们看到历史上曾经发生过的事情都是被预言过的,你们听着,我现在有新的预言要告诉你们,在它变成现实之前我要让你们知道。"

《以赛亚书》第 48 章第 3 节:"我曾经对过去的事情进行预言并且实现了那些预言,这些事按照我宣告的方式出现。你们这些人类固执、叛逆而又高傲,如果我不是以这种方式宣告出来,在事情发生之前就告知你们它的到来,你们就会把那些事情说成是你们那些异教神明的意志成就的。"

"那些曾经的预言已经在你眼前出现了，你难道不述说它吗？此刻我要告知你一些你还没有见到过的事情，那件新出现的事情是我能力的展现，我并没有为此做长期的准备，而是临时起意才做了这件事情。因为不想让你傲慢地说自己早就已经预感到此事的发生，所以我一直让这事被掩盖起来。"

"你对这些事全然无知，不会有人告诉你，你也不可能从任何地方听说过，我认识你，知道你人生中的一切波澜起伏，在你出生的那一刻起，我就已经为你定性，你注定会成为一个悖逆的人。"

《以赛亚书》第 65 章——关于异邦人的皈依还有对犹太人的指责：此刻正在寻求上帝的人，是以前从未听闻过上帝之名的；就是这些不曾追寻过上帝的人，现在发现了上帝的所在。上帝告诉他们自己就在这里，他站在了那个从来不曾呼唤过上帝之名的人面前。

"我一直在召唤那个悖逆的民族，但是他们却沉浸在自己的欲望之中，变得堕落，走上邪路，他们不断在我的面前犯下种种罪行，这些罪行都足以使他愤怒，这些人开始敬拜异教的神明……"

"等到我真正发怒的时刻到来，这个民族就会在我的怒火之中覆灭……"

"我会一一记录从他们的祖先开始就犯下的罪孽，并且在结算的日子一个个地报应给这个民族。"

"上帝曾经说过，由于他对自己的仆人以色列的偏爱，所以他不会让这个族裔彻底灭绝，他们中的某些人会得以幸存，这就好比在葡萄园中剩下一粒种子，你们不想让上帝将它摘下，因为这颗种子承载了你们未来所有的福报和希望。"

"这粒种子会从雅各和犹大的后人中间出现,他可以享有西奈山上的一切,还有那片富饶的土地,因为这些是我赐给自己选民和仆人的。除他们之外的人都将会承受末日之灾,这些人已经忘记了我的存在并且开始供奉其他的神明。他们不听从我的呼唤,他们对我曾说过的话置之不理,他们所做的事情都是我曾经明确不许他们去做的。"

"基于以上那些原因,上帝就给出了他的话语:那些真心侍奉上帝的人会得到天上的粮食、永恒的快乐,并且满怀欣喜地唱起他们的颂歌;而那些不敬神的人则会忍受饥饿、羞愧难当,并且在精神的痛苦之中哀号不止。"

"那些留存下来的被上帝选中的人,会记得那些罪人的名字并且憎恶他们,他们将不复存在,而上帝会用新的名字来给自己的仆人命名。那些在现世得到福报的人也将在天上享福,因为属于过去的一切痛苦都将会被遗忘。"

"你们可以看见我创造了一个新的世界,曾经的事情已经被抹去,所以留下来的人也不会再想到有过这些事情。"

"人们会在我创造的新世界中获得永久的幸福,我们在圣城耶路撒冷之中除了欢乐再也看不到别的什么,所以那里的人也都是快乐的。"

"我也会同耶路撒冷一起,与我的选民同在,将快乐进行下去,世界上再也不会有泪水和哀伤。"

"我在这些人开口祈求之前就允诺了这些,他们一张口就会被我听见。狼和羊能够和平共处,狮子与牛一样吃草,蛇只要以尘土为食，在我的领土之中再也不会出现杀戮和暴力事件。"

《以赛亚书》第 56 章第 3 节："上帝曾预告自己的正义会降临人世，所以人们要做到公平正直，一边迎接即将到来的救赎。"

"能够得到福报的人，就是那些按照上帝的话行事、严守安息日的戒律，并且从不做坏事的人。"

"那些已经皈依的异邦人就不要再说上帝将你们与自己的选民区分开来。上帝已经说过，只要严守安息日的戒律，服从上帝的意志并且守住当初定下的约，就能够到上帝的圣殿中去，他们会从上帝那里得到一个名，这名会比之前那些儿女们的更好，并且永远存在，不会被夺走。"

《以赛亚书》第 59 章第 9 节："我们因为自己曾经的罪孽而永远无法接近正义。我们渴望着光明，却只能够怀着这种渴望在黑暗中前行；我们就如同盲人一样摸索前进，我们能在一片光亮中跌倒，因为眼前只有沉沉黑夜，我们就如同身处幽冥的死者。"

"我们像动物一样咆哮，但是我们渴望的正义却没有因此而降临，我们祈祷自己可以被拯救，但是它却离我们而去。"

《以赛亚书》第 66 章第 18 节："当所有的人和一切国度都来到上帝面前的时候，他们的过往以及他们的灵魂都将接受检验，到那一天，所有人都会见证上帝的荣光。"

"我会让那些已经得救的人带着我的标记到那些不曾听过我的地方去，这些人会被派遣到非洲、吕底亚、意大利和希腊去，他们会在这些人中间传颂我的荣耀，并且会从这些人中把你们的兄弟带回来。"

《耶利米书》第 7 章中上帝对神殿的指责："上帝要人们前往示

罗,因为他最初显现名字的地方就在那里;在那里也能看到上帝因为选民的罪恶而做出的事迹。上帝指出,现在的人民已经犯下了同样的罪愆,于是这座他曾亲手赠予我们牧师的神殿,在这里我们呼唤上帝的名并且坚定相信,将会遭受与示罗的神殿相同的命运。"(上帝已经废弃了此处,并打算在其他的地方为自己建造神殿。)①

"这些人将会被我驱逐,就像当初我驱逐了以法莲的后代一样。(他们永远不可能再回来。)所以你们也不用再为他们祈祷。"

《耶利米书》第 7 章第 22 节:"就算你们增加了自己的祭品也于事无补。我在拯救你们的祖先逃出埃及的时候,并没有享受过什么献祭或者燔祭;我从没有对他们做出过此种要求。这才是我真正的训诫:我要你们听从我的诫命并且献出自己的忠诚,你们是我选定的子民,而我将会是你们的上帝。"(上帝为了能够把这些人不好的风俗变成好的,才开始接受献祭,那也是在他们献上了金牛之后。)

《耶利米书》第 7 章第 4 节:"那些人向你们说谎,称这里是耶和华的圣殿,耶和华的圣殿,耶和华的圣殿,你们要坚决抵制这类谎言。"

714

有关上帝说犹太人是他见证的证据,参见《以赛亚书》第 43 章第 9 节、第 44 章第 8 节。

关于所有预言都变成真的证据,可参见《列王纪上》第 13 章第

---

① 括号内的话写在原稿的页旁。

2 节、第 23 章第 16 节,《约书亚记》第 6 章第 26 节,《列王纪上》第
16 章第 34 节,《申命记》第 23 章。

犹太人、异教徒,甚至耶路撒冷之外的任何地方都一样,他们
的献祭都会遭到上帝的指责。可参见《玛拉基书》第 1 章第 11 节。

摩西在临终之时已经把异教徒的使命以及上帝对犹太人的指
责放在了他的预言当中,可参见《申命记》第 32 章第 21 节。

摩西把所有的支系将会遇到的事情都告诉了他们。

他在预言中说道:"这个名字会成为上帝选民的诅咒,而上帝
会准备另外一个名字以便召唤他们。"

上帝要用什么方法使犹太人心硬如铁?他要助长他们的欲
望,并且让他们渴望满足这些欲望。

715

《阿摩司书》以及《撒迦利亚书》里面都有过耶稣被出卖的预
言:这些人将永远都不可能听到主的召唤,因为他们曾经把那位义
人出卖。

埃及将会被人遗忘,参见《以赛亚书》第 43 章第 16—19 节、
《耶利米书》第 23 章第 6 节、第 7 节。

关于犹太人会被上帝分散到世界各地去的预言,参见《以赛亚
书》第 27 章第 6 节。关于新律法的预言,参见《耶利米书》第 31 章
第 32 节。

关于建造第二个光荣的神殿的预言,参见《玛拉基书》、格老修
斯的《论基督教真理》第 5 卷、第 14 章。关于耶稣基督即将降临的
预言,参见《哈该书》第 2 章第 7—10 节。

关于上帝将召唤异教徒皈依的预言,参见《约珥书》第 2 章第

28 节,《何西阿书》第 2 章第 24 节,《申命记》第 32 章第 21 节,《玛拉基书》第 1 章第 11 节。

716

关于最终预言了这些都是为了让人们能够认识上帝而准备的事,参见《何西阿书》第 3 章,《以赛亚书》第 42 章、第 48 章、第 54 章、第 60 章、第 61 章。这是雅杜斯对亚历山大所说的话。

717

[曾有过预言说上帝承诺大卫的后裔将不会断绝,可参见《耶利米书》。]

718

我们参阅《历代志下》里面提到的所有预言和承诺,大卫及其后代的王权是不会断绝的,但是我们在《耶利米书》第 23 章第 20 节中可以看到,这件事并没有在这个世界得以实现。

719

可能有人会觉得,先知当初预言犹大一族的王权在永恒之主降临之前不会断绝,只是为了要让他的人民高兴,况且后来希律王的出现也打破了这个预言。但是我们却发现了《何西阿书》第 3 章第 4 节中的证据,先知们表示自己的预言并不是这个意思,而且为了证明他们早就知道后来会发生的事,还说了在很长的一段时间里都不会有国王或者君主出现。

720

Non habemus regem nisi Caesarem. ① 他们觉得除了这个外邦

---

① 意思是"只有恺撒才是我们的君主"。

人之外再也没有君主，况且他们也不曾期待别的君主，那么我们就知道耶稣基督是弥赛亚了。

721

只有恺撒才是我们的王。

722

《但以理书》第2章中说："国王想要知道的那些秘密，没有人能够告诉他，那些占卜者和智者都不可以，只有天上的上帝才能做到，而且上帝已经把未来的事情在梦中告诉他了。"（这一定是让国王印象深刻的梦境。）

"我认识这个梦境是因为上帝向我解释了其中的真相，上帝给我启示，就是为了让我将它展示给你，这与我个人的知识毫不相干。

"现在我来展示你的梦境：在你的面前有一个高大而恐怖的形象，他有着金子做的头颅，白银的胸膛和手臂，铜做的腹部和腿，铁做的胫骨，然而他却有一双一半是铁一半是陶的脚。这个形象不曾改变，然后有一天出现了一块石头，它不是手凿出来的，打在那脚上，它就变成了粉末。

"之后那些金银铜铁以及陶土都变成粉末随风而逝，而那块砸碎它的石头却长成了一座高山，并占据了整片土地。你的梦境就是这样，我现在要帮你解梦了。

"你是这个世界上最伟大的君主，上帝赋予了你无上的权力，让所有的种族都畏惧你，那个金色的头颅就是你的象征。但是你之后的君主就没有你这样强大，再之后会到来一个以铜为象征的君主，他会将自己的统治扩张到全世界。

"随后的第四位君主是钢铁的象征,他可以击碎所有的一切,而且这位君主也将会把所有的一切都破坏和消灭干净。

"你已看到的脚和脚尖是由半泥半铁做成的,象征着这是一个即将分裂的国土,这个国家会同时具备钢铁的坚强和泥土的脆弱。

"我们知道钢铁和泥土的组合是不可能稳固的,所以就算有了联姻的纽带,那些由钢铁和泥土来代表的人也不可能永远团结一致。

"与此同时,上帝会建造一个永世长存并且不会易主的国度。这个国家将会取代现存的所有王国,而这个国度将会成为永恒的存在。你在梦中已经见到过它从一座山上滚落并且粉碎了那金银铜铁以及泥土构筑的一切,这块石头并不是出自人手。这个梦讲述的事情是真实的,我的解释也是忠于客观事实的,上帝已经向你预言了在你之后的时代将会发生的事情。

"听过之后,尼布甲尼撒就整个人便匍匐在地上……"

《但以理书》第 8 章第 8 节:但以理在梦中看到一只公绵羊与一只公山羊在搏斗,公山羊赢了,并且成为大地的主宰。然后山羊头上的角断掉,重新生出了四个角,它们朝着天空的四个方向;随后其中一个角上面出现了很多更小的角,它们朝向南方、东方还有以色列,这些角一直生长到天上,挑落星辰。山羊把这些星辰踩在脚下,又将君主击败,最后它停止了祭祀仪式,并且毁灭了神殿。

"但以理看到这些以后,就请求有人来给他解梦,这时有个声音出现,说:'加百列,你来向他解释这梦境。'随后加百列出现并开始为他解梦:

"你看到的公绵羊象征米底人还有波斯的君主,而那头公山羊是希腊的君主，山羊头上巨大的角象征第一位君主。

"在那个角断裂之后长出的四个角，象征着之后会有四个君主继承这个国家，但是他们的力量并不如初代的强大。

"而在这些国家走向衰败的时候，国内的不义也开始显现出来，随后会有一位暴君出现，他凭借着一种并不真实的权力独断专行，他会断绝一个神圣的民族，并且用一个虚伪和欺骗的灵魂成就自己的事业，其中伴随着大量的杀戮，最后他会与最高的统治者为敌，但是他会遭受毁灭，并且是被一种强大的力量用一种不幸的方式毁灭。

《但以理书》第9章第20节："当我匍匐在上帝的面前，诚心诚意忏悔自己和所有人民的罪过并祈祷的时候，眼前出现了异象。加百列在夜晚祭祀的时候出现，抚摸我并且告诉我，他是要给我带来启示，让我能够认识这个世界。在我开始祈祷的时候，加百列就要来帮助我理解我的愿望。他说：'但以理，你要知道预言的含义并且理解所有即将出现的异象。因为上帝已经为你的城和你的人民安排了7000个7，在那之后，过去的罪将会被免除，新的罪孽也不会产生，预言将会实现，永恒的正义即将到来，你们会为至圣者涂油。（此后，神的震怒将会平息，他的子民和这座圣城成为过去，所有人都会生活在永恒的神恩之中。）

"所以要教你清楚明白，从出现耶路撒冷将会重建以及弥赛亚降临的预言那天开始，将会出现70个7年和62个7年。（希伯来人喜欢把数字拆开来并且按照从小到大进行排序，所以就有7加上62等于69；也就是说在70个7年之中，会把最后一个剩下，也就是说还有最后的7年，这是他随后就要说到了。）

"当人们经过艰苦卓绝的努力建造了城墙和街道以后,在那之后的 62 个 7 年之后(因为这是紧接着最初 7 年之后的时间,耶稣基督会在第 69 个 7 年也就是最后 7 年之中被害),耶稣基督将会牺牲,之后会出现一位国王率领他的人民来毁灭这座城市,并且将所有的神殿一起毁掉,战争结束的时候,这里将什么都不会留下。"

"这 7 年中,即 70 个 7 中的最后一个,会出现许多盟约,而且在最后的 3 年,也就是那 7 个的一半时候,献祭和牺牲就将会废止,那些恶行会被疯狂地散播出去,并且会被那些憎恶它们的人加倍扩散开来,一直到最终的结局到来那一天为止。"

《但以理书》第 11 章:"天使告诉但以理,在居鲁士统治的时期之后,会出现 3 个强大的波斯王(冈比斯、斯美迪和大流士),然后第 4 个王薛修斯会比他们都更加强盛,他会带领自己的人民攻击希腊。

"然而后来的亚历山大将会成为一个强大的国王,他会建立一个强大的帝国,幅员辽阔,而且他所行的一切都会取得巨大的成功。但是他的王朝会在他死后迅速瓦解,他的国土将会分裂,但并非是因为他的族人,他的四位继承者将国土分为四个部分,朝向天空的四个方向(就如第 6 章第 6 节以及第 8 章第 8 节里面说过的一样)。这四位继承者都不如亚历山大那样强大,所以他的王国也会被继承人之外的一些人瓜分掉。

"亚历山大在南方的继承者(位于埃及的拉古斯之子多勒米)会变得很强盛,但是叙利亚王赛琉古将会超越他,建立一个大国。(阿皮安努斯认为在亚历山大的所有继承者之中,这是最强的一位。)

"在往后的岁月中，这两个国家会结为秦晋之好，南方王（此时的国王是有爱者多勒米）将会让自己的女儿贝伦妮斯嫁给南方王（即叙利亚与亚细亚之王安提阿库斯·徒斯）。

"但是这位南方王的女儿以及她的后代，他们所能享有的权力都是短暂的，她和那些拥护者以及自己的亲友都会被赛琉古·卡里尼库斯杀害。

"然而贝伦妮斯的同族，保护者多勒米将会变得强盛，他会带领一支强大的军队征服北方王的土地以及这土地上的一切，他会把北方的神明、君主、钱财以及所有价值连城的战利品一同带到埃及。（查士丁曾经提到，如果保护者多勒米没有因为埃及国内出现问题而提前返回，他会把北方的土地搜刮干净。）在未来的一段时间内，北方王都会是毫无还手之力的。

"所以保护者多勒米回到了埃及，然而赛琉古·希拉努斯和安提阿库斯却因此而愤怒了，他们集结了大量的军队，南方王孝子多勒米①也被激怒，两方开战，最终南部获得了胜利。南方的军队因胜而骄，南方王的军队虽然取得了很多胜利，但是这些胜利都是不稳固的，这位王还侮辱了神殿。那之后不久，北方的王安提阿库斯会率领更多的军队前来报复，此时南方的君主是年轻的显圣者多勒米②，他国内的叛教者以及暴民将会引发叛乱，只不过这些人的结局都是毁灭。北方的君主会带领他的军队摧毁一切，占领各处要塞堡垒，南方的军队无法与之抗衡，大家只能服从这位强大的君

---

① 孝子具有讽刺意味，因为他杀死了自己的父亲。
② 显圣者多勒米是多勒米第五，多勒米第四的儿子，五岁即位。

主,他会占领以色列并称王。安提阿库斯想成为整个埃及帝国的主人,于是他看显圣者年纪小,就想着将自己的女儿嫁给他,因为他与罗马军队结盟,而且信不过自己的武力,所以北方的王就想到了用计谋取胜。他想让自己的女儿背叛她的丈夫,然而没能实现。于是他开始转移视线,打算成为海上某些地方的主人,并且去征服更多的岛屿。

"然而这位北方王的脚步却会在遇到非洲领袖西庇阿的时候停下来,安提阿库斯冒犯了自己的盟友罗马,于是非洲可能遭受的耻辱就回到了他自己的身上。这位君主回到了自己在北方的王国,并在那里被他自己的部下毁灭。

"随后的继承者保全者赛琉古会对治下的子民实行苛政,成为一个暴君,在那之后他会自取灭亡,但是并非由于战争或者叛乱。在那之后会有一个奸险狡诈的小人凭借诡计和献媚得到这个国家,他不配成为一名君主。他会征服所有的军队,然后去征服那些盟国的君主;他会在自己的盟友面前施展诡计,让自己不多的军队进驻到盟国和平地带中,占领最肥美的土地,他会掠夺每一寸土地,做出他的先人都不曾有过的行为,他还会有在当时更加宏大的计划。

723

但以理的预言之中所说的 70 个 7 年,其开始和结束的时间都是不确切的,这是因为语言中所使用的预言会产生歧义,历史学家在编年的时候也会有所不同。但是这前后的偏差不会超过两百年。

724

预言中说,在第四王朝时代,第二座神殿仍然存在,犹太人的统治也没有断绝,但以理的第 70 个 7 年还在继续,那时异教徒将会被引导并认识犹太人的上帝,只要是真心爱戴这位上帝的人都将获得救赎,摆脱自己的敌人,而且那些人的心中只有对上帝的爱戴和畏惧。

就是在这个时期,第四王朝仍在,第二座圣殿仍在,已经有一些异教徒还是朝拜上帝,并且按照天使的方式生活,那些少女将自己的一生以及贞洁都用来侍奉上帝,人们不再追逐享乐。柏拉图倡导的哲学只能够说服少数特定的并且是悉心教导过的人,但是神秘的力量却可以让无数愚昧的人在一瞬间就相信了。

富有的人将不再爱惜自己的钱财,孩子们也不会再接受父母的庇护,而是到荒野中去苦行……(这些在犹太人费罗的书中都有记载)。是什么原因导致了这一现象呢?在很久之前的预言中就已经有人说到过这些事情了。犹太人的上帝在两千多年的历史中不被人所知,但是事情就按照预言的时间发生了,异教徒开始崇拜这位唯一的真神。再也没有神殿,君主也在十字架前面匍匐。所有现象的产生,不过是因为大地上已经布满了上帝的意志。

从摩西的时代开始一直延续到耶稣降临,异教徒都不曾信服过这些拉比的话。而在耶稣基督到来之后,异教徒开始成群结队地到来,信奉摩西的圣书,按照他的精神和真理行事,只是抛却了其中无意义的部分。

725

《以赛亚书》第 19 章第 19 节中已将埃及人皈依上帝的预言写

进去了,那上面说埃及人为耶和华建造了一座神坛。

726

埃及的预言,《信仰之剑》第659页,《塔尔穆德》上也有:"传说在弥赛亚降临的时代,上帝曾宣称会应验他预言的圣城会被罪恶充满,犹太人的律法家也不再具有智慧和远见,他们会被看成是顽固不化的蠢人,因为害怕犯错而被人们指责。"

《以赛亚书》第49章:"诸岛上的以及遥远地方的居民,你们都该听我说,当我还在母亲腹中的时候,上帝就为我赐名并且召唤我,我得到上帝的庇佑,他让我的话语充满力量。上帝说我是他的仆人,我要成为上帝荣光在地上的显现。我问上帝自己费尽心力是否徒劳无益。上帝让我自己去评判,将他要行的事摆在我面前。我从降生的那一刻开始就是他的,我要让雅各和以色列回归。上帝说我在他跟前也是光荣的,我的力量就是上帝的力量,我不仅仅要让雅各的所有后人回到上帝的怀抱,我还要让上帝的光辉充满整个大地,让异邦人也可以受到神恩。上帝就是这样对耶稣基督说的,那个备受屈辱并且被外邦人鄙视憎恨,并且被俗世的权威践踏的灵魂,他将会被地上的主宰敬拜,因为上帝将会实现他说的话。

"上帝说在仁爱与救赎的时刻,他倾听了祈祷并且与人们立约,你可以享有被遗弃的土地,因为上帝要让你可以做到,给那些被束缚的人以自由,给那些身处黑暗中的人以光明,给他们提供富饶的土地。再也没有饥饿困苦,再也不会备受煎熬,上帝怜悯众人并且会引导他们,让他们拥有新的生活,并且帮他们克服所有的困难。你可以看到人们从世界各地涌向这里,整个大地被快乐的气氛浸染,所有的荣耀都属于上帝,上帝会宽慰他的儿女们,那些渴望上帝的人终将摆脱苦难。

　　"但是锡安却敢说出主抛弃自己忘记自己的话,他在质问一个母亲为何能够遗忘自己的孩子并且不再关心他。但是你要知道,纵使你的母亲会将你遗忘,上帝却必不会如此,他会一直关注你并且庇佑你,将会有人到来帮助你建立权威,驱逐你的敌人。你抬头去看,就会发现有人投奔你而来,这些人都会成为你的威仪的装饰,永远不会叫你失去他们。他们会来填满你的寂寞和你荒芜的土地,对于这个人数来说,你的土地完全不够容纳他们。那些在你孤寂的岁月中被养育的子孙会告诉你,这地方是如此狭小,不要留着疆界,赐给他们土地生活。但是你会奇怪,自己已经不再生育并且又被带到别处,为什么会有这些人出现呢?上帝会告诉你,因为他要对外邦人展示自己的威力,让他的名为人听到,那些异邦的国王和王后将会为你抚育子孙后代,他们会匍匐在你的面前,亲吻你脚上的尘土。于是你会知道我就是你的上帝,那些曾经追随上帝的永远都要坚定信心,没有人能从强者手中抢夺猎物。就算有人能够抢走这些,我依然能够拯救你的后人,帮助你消灭所有的敌人,没有人会不认识我这个上帝,我是你的救赎者,也是雅各强大的救主。"

　　"上帝又问道:我休弃你们母亲的休书去哪里了,我就是因此让犹太人的教堂荒废掉的。就因为你们曾经触犯了我并且犯下了罪孽,我就把你们放到了敌人的手里。

　　"我来到这里你们却不来迎接我,我唤你们的名却没有人应我。是你们认为我的能力不再强大,不能够赐给你们救赎了吗?

"我要把天空遮蔽起来,我要让你们陷入黑暗之中,因为你们冒犯了我,就要承受我的怒火。

"上帝使我巧舌如簧,那是因为他要我去安慰那些处于苦难之中的人。他要我认真听取他的话,就像是认真的学生一样。

"我得到了上帝的指示,承袭了他的意志,一刻都不曾忘记。

"只要上帝仍在我的背后给予我力量,我就会永远充满信心,就让那些人来鞭笞我的肉体,打我的脸,在我的脸上留下口水和屈辱吧。

"因为我一直跟正义的上帝同行,没有人可以指控我,我被上帝所庇护,没有人可以指责我,也没有人可以判我的罪。

"所有的生命都会消失在时间的长河里面,那些敬畏上帝的人,你要听从他仆人的话语;在黑暗中承受苦难的人,你们要把自己的信仰托付给上帝。但是你们却只是惹他愤怒,你们在自己的罪恶所燃起的火焰中穿行,这是上帝降下的灾祸,你们将会在苦难忧愁之中走向死亡。

"正在寻求真理并且追随上帝的人,你们要仔细地聆听上帝。你们看看自己是如何被上帝从岩石中创造出来的,听听你们的父母亚伯拉罕和撒拉的故事。当亚伯拉罕被上帝感召的时候,他是孤独并且无子的人,但是上帝让他拥有了众多子嗣,并且上帝让他的后裔得到福报,你只需要看看上帝曾经赐给锡安的东西,就会完全明白了。

"神的儿女要仔细聆听上帝的训诫,你们要好好考量这些事情,因为上帝会带来新的律法,还会用新的规则让外邦人也可以感受上帝的恩赐。"

《阿摩司书》第 8 章:"先知在宣判了以色列所有的罪名之后,便告诉他上帝发誓要报复他的行为。"

先知还补充道:"在复仇的日子,上帝要让太阳在正午时分落下,整个世界会陷入一片黑暗,你们将会用泪水迎接自己最盛大的节日,整个世界只剩下叹息,不会再有任何的欢声笑语。

"上帝要让这片土地陷入悲伤之中,人类的生活中只能充满苦难,你们就像失去了独生子一样痛苦,因为你们的终结是一个苦难的日子。上帝宣告着末日即将到来,你们会在一片充满饥渴的土地上生存,并不是肉体上的饥饿,而是因为背弃上帝而产生的灵魂的饥饿。你们会无处可去,你们将会四海漂泊,你们试图找到那个曾经向你们预告了一切的先知,但是却一无所获。

"青年男女会在这场饥荒中消失,那些树立了偶像撒玛利亚的人,那些信奉异邦神明别是巴的人们,你们都将会在那个日子到来的时候跌落在尘埃之中,永无翻身之日。"

《阿摩司书》第 3 章第 2 节:"上帝只拣选了一个民族作为自己的子民,尽管世界上有很多其他的种族。"

《但以理书》第 12 章第 7 节:在弥赛亚成为这个世界主宰的时候,当分散在世界各地的犹太人实现他们的使命之后,所有被应允的事情都将会实现。

《哈该书》第 2 章第 4 节:"索罗巴、耶稣基督还有地上所有的人,你们都要持之以恒地劳作,那些因为两座神殿荣光的差异而心生轻蔑的人,你们要抱有信心。因为上帝与你们同在,他曾经在埃及所承诺的事情也不会更改,上帝就在我们中间。所以我们要有信心,上帝已经说过他马上就会颠覆这个世界,沧海桑田只在顷刻之间,他会覆灭所有的权威。上帝告诉我们,他要使你们蔑视的那座神殿被光辉填满,那些外邦人祈祷的赐福即将到来。

"上帝说你所有的财富本就是属于他的,(他不要靠这些来赢得你的崇拜,这就如同曾经在别处发生的事情,上帝也曾说过,原野中的野兽都归他所有,你拿这些来祭祀他有什么意义呢?)上帝要让第二神殿的光辉远远超过第一神殿,因为他要在其中建造自己的神殿。

"当你们在何烈山上相聚的时候,祈祷过上帝不要亲自降临人世,因为你们不想再见到毁灭之火。所以上帝就说你们的祈祷是正义的,会有一位上帝派遣的先知降生在你们的族人之中,上帝把话放在他口中,他就会把上帝的意志传达给你们;如若有人胆敢不按照他的话行事,那么就等着上帝的判罚吧。"

《创世记》第 49 章:"犹大将会被自己的兄弟赞美,并且他们都将崇拜他,他还会征服自己所有的敌人。犹大,神的儿女啊,你已经站在所有猎物的顶端,你卧如雄狮,坐如母狮,无人可犯你威严。"

"犹大的王权不会断绝,立法者将会永远支持着他,一直等到细罗到来的时候,万民必将归附。"

727

属于耶稣基督这个救主的时代:Aenigmatis[①]。《以西结书》第 17 章。

耶稣基督之前的先知。《玛拉基书》第 3 章

---

① 意思是"谜"。

基督以人类的身份降临。《以赛亚书》第 9 章

耶稣基督在伯利恒出生。《弥迦书》第 5 章。弥赛亚一定要降临在圣城耶路撒冷，并且是犹大和大卫的家族中。

耶稣基督会让那些有智慧和有知识的人显得盲目，参见《以西结书》第 6 章、第 8 章、第 29 章；他会给卑微的人带来福音，参见《以西结书》第 29 章；他会让盲人复明，让病人痊愈，让迷失在黑暗中的人看见光明，参见《以西结书》第 61 章。

耶稣基督会带领我们走上通向美好的地方的道路，并且就连外邦人都可以接受他的引导。参见《以西结书》第 55 章、第 42 章第 1—7 节。

不诚心敬拜上帝的人是不会明白先知的预言的，参见《但以理书》第 12 章、《何西阿书》终章第 10 节；但是那些被精心教育过的人则是能够理解其中真意的。

有关救主的穷困，以及他会主宰万民的预言，参见《以西结书》第 52 章第 14 节、第 53 章，《撒迦利亚书》第 9 章第 9 节。

那些有明确时间的预言，只是告知我们耶稣基督会成为外邦人的王并且将会牺牲，他没有出现在云端里，也不是来进行审判的。但是有关光荣的审判内容的预言，却并没有指出确切的时间。

耶稣基督将会凭借一人之力承受整个世界犯下的罪孽，参见《以西结书》第 39 章、第 53 章，等等。

救世主会成为义人通往救赎的奠基石。参见《以西结书》第 28 章第 16 节。

救世主也会绊倒那些不信者并且让他们的污名流传下去。参见《以西结书》第 8 章。耶路撒冷将会攻击耶稣基督。

那些圣城的维护者们会斥责耶稣基督。参见《诗篇》第 117 篇第 22 节。

上帝要让耶稣基督成为人类的基石。

而且这块基石会逐渐变成一座大山，它将覆盖到全世界。参见《但以理书》第 2 章。

耶稣基督将会承受背弃、拒绝和背叛，参见《诗篇》第 108 篇第 8 节；他还会被人出卖，参见《撒迦利亚书》第 11 章第 12 节；被人唾弃、殴打、嘲讽、灌注苦胆汁，还有各种各样的残害，参见《诗篇》第 68 篇；他会被刺伤，参见《撒迦利亚书》第 12 章；耶稣的手脚将会被长钉子刺穿，并且被杀死，然后他身上的衣服让人抓阄。

但是在他死后的第 3 天，《何西阿书》第 6 章第 3 节；他就会复活，《诗篇》第 15 篇。

耶稣会升天并且在上帝的右边，《诗篇》第 110 篇。

地上所有的君主都会集结起来与他敌对，《诗篇》第 2 篇。

因为耶稣在上帝的右边，所以没有敌人可以战胜他。

尘世的君主和他们的子民都要崇拜他。《以西结书》第 60 章。

犹太人也将会有一个国家并且延续下去。《耶利米书》

犹太人的子民仍然要被分散在世界各地，他们不会有一个国王，《何西阿书》第 3 章；犹太人也不会再出现先知《阿摩司书》；他们仍然会期望救赎，但是却永远不可能实现。《以西结书》。

耶稣基督也会让他的话传到异邦人中，《以西结书》第 52 章第 15 节、第 55 章第 5 节、第 60 章等。《诗篇》第 81 篇。

《何西阿书》第 1 章第 9 节："上帝说等这些人被分散并且子孙繁盛起来以后，他就将不再是他们的上帝，也不会再称他们是自己

的子民。而在那些不再是我子民的地方，那些人就会成为我的
子民。"

728

因为耶路撒冷是被上帝选中的地方，所以献祭只能够在耶路
撒冷城内进行。《申命记》第 12 章第 5 节，《申命记》第 14 章第 23
节，第 16 章第 2 节、第 7 节、第 11 节、第 15 节。

何西阿曾有过预言，耶路撒冷将会失去国王和君主、所有的牺
牲和偶像都被废除，因为在耶路撒冷之外的地方献祭都是违法的，
所以这件事就要在今天变成现实。

729

预言中已经提到，弥赛亚降临之后会订立新约，新的圣约订立
之后，人们将不会记得埃及，参见《耶利米书》第 23 章第 5 节，《以
西结书》第 43 章第 16 节；弥赛亚的律法不是流于表面而是要深入
人心的，那些表面上的敬畏也会变成人心底的敬畏，因此我们会发
现耶稣基督的律法无处不在。

730

弥赛亚会战胜所有的偶像崇拜，世界上的偶像将会不复存在，
而他会引导人们去崇拜唯一的上帝。

所有偶像崇拜的神殿都会被摧毁，动物牺牲将会被废除，全世
界都会用一种全新的纯洁的方式来进献自己的牺牲。

耶稣基督将成为犹太人和外邦人的君主，但是这两方的掌权
者却都要加害于他，想要置他于死地；他们毁掉了耶路撒冷圣城，
那是摩西建造的作为救主的第一座教堂；他们还摧毁了罗马（那里
曾经被作为救主降临后的主要的教堂所在）。

731

耶稣基督曾经被预言会出现在上帝的右边,那时候他所有的敌人都会被上帝摧毁。

所以我们说面对那些敌人,耶稣根本不必亲自动手。

732

"上帝会让自己充满所有人的内心,于是再也不会有人需要被自己的邻居指点才能认出上帝的所在。"

"你的儿子们将会说预言,上帝会把自己的灵降在他们身上,他们会因为认识而畏惧上帝的灵。"

所有这一切都是为了说明同一个真理,预言是不需要说出来,不需要被证明,而是直接作用在每一个人心上的。

733

上帝一定会让我们走在追随他的道路上。

不管是从前还是现在,都只有上帝才能够让我们知道与神圣如此接近的存在。

734

但以理预言中的石头就是耶稣的象征,开始时是很小的一块,之后就会变得非常伟大。

即使我没有听说过有关弥赛亚的预言,但是只要我见证了那些可以改变世界规则的伟大预言的实现之后,我就会认为这一切都是神圣的。如果我知道弥赛亚的出现是被这些书预言过的,那我会对他的降临充满信心;我了解到那个预言的时间是在第二座神殿遭到毁灭之前,所以我会告诉你弥赛亚马上就会降临。

735

预言说到了犹太人不认识弥赛亚并且侮辱他,上帝因此而叫他们受辱,他们犯下了这个错,所以上帝园中被选中的葡萄嫩芽只能结出酸涩的果实。犹太人作为选民而不敬拜上帝、他们不信奉上帝还要悖逆他。上帝会让犹太人的智慧变得盲目,他们会在正午时刻,陷入一片黑暗,而在那之前,他会派遣一个先知到他们中间。

736

Transfixerunt①,参见《撒迦利亚书》第 12 章第 10 节。

一定会有一个弥赛亚出现,他将会毁灭所有的恶魔,让所有的子民摆脱罪孽,ex omnibus iniquitatibus②;他会跟上帝订立新约,这约将会是永恒的,会出现一群祭司遵循麦基洗德的戒律,这个团体会永远存在下去;耶稣基督是强而有力的荣耀存在,但是同时他也会境遇凄惨,让世人都认不出他;人们没有将他当作本该迎接的那个人,他们拒绝他并且杀害他;那些否定了他的子民将会被排除在外,那些偶像崇拜者会认他为主并且崇拜他;他让锡安作为偶像崇拜中心地带的君主;弥赛亚会出现在犹大的后裔中,尘世中将不会再有国王,但是犹太人仍然会是一个不断绝的种族。

---

① 意思是"扎刺"。
② 意思是"脱离所有罪孽"。

第十二编
耶稣基督的验证

737

所以，我不会接受除此以外的任何宗教。因为我能在这里找到对所有问题的答复。只有内心真正纯洁的人才能够看到一个如此纯粹的上帝，这并没有什么问题。所以我才会热爱基督教，而且基督教因为它本身所具备的神圣的德行而让他能够具备完全的威信，我甚至在这里面还看到了更丰富的内涵。

我能给出的明确有力的答案：从人类最初的时代，犹太人就已经存在了，他们是这个世界上最古老的民族；还有我们都知道人类会全部堕落，有一个弥赛亚将会降临，在弥赛亚到来之前，会有一个民族不断地散播他会到来的消息，等他来到人世，所有人都会奉他为神。所有人都在说有关他的事情，并不是随随便便的几个人，犹太人在4000年的历史中从不曾间断过有关他的预言，我们都明白这个民族就是为此而生的，犹太人的书籍已经在世上流传了400 年之久。

当我研究得越深入，我就越肯定这是真理，无论是曾经发生过的还是即将发生的事情，以及关于最终的时刻，偶像和国王都将消失，还有预言中提到过的犹太人的教堂，和那些盲目相信这座教堂的悲惨的人类，这些人与我们为敌，也是这些人成为验证这个预言真理性的最佳见证，我们都看到了他们的盲目和悲惨结局都是可预见的。

我看到基督教是完全神圣的宗教，无论是从它的权威性、延续性、永恒性，从基督教的道德学说以及其行为和产生的结果上来说都是这样的。预言中曾说过犹太人经历的可怕黑暗时期：Eris palpans in meridie[①]. Dabitur liber scienti litteras, et dicet：Non possum legere[②]；当第一个来自异邦的侵略者掌握政权的时候，弥赛亚的降临就已经被预言过了。

所以我们要把自己的手交到弥赛亚的手中，因为 4000 年之前就已经有过他要到来的预言，他在按照预言的时间和方式来到人世，为拯救人类而牺牲；因为他的仁慈，我可以来到他那里并且满怀希望地走向生命的终结；不管是他因为喜悦而赐予我幸福，还是为我的福祉而叫我忍受磨难，我都会欣然领受这种生活。

738

既然所有的预言明确了在耶稣基督到来的时候天地之间会出

---

① 意思是"你们将在正午时分像盲人一样摸索前行"。
② 意思是"你们把书拿给识字的人，但是他却说我不会念"。

现许许多多的异象,那么它们必然会在同一时刻发生。所有在但以理预言的 70 个 7 年结束的时候,第四个王国就会产生,犹大将会失去他的王权,这些都是毫无阻滞地发生的;就在这个时候,那个名为耶稣基督的弥赛亚到来,这也是自然而然发生的事情。于是我们可以清楚地看到预言的真理性。

739

先知的出现是有过预言的,但是也有些是没有过预言的。继之而出现的圣者曾被预言过,但是他们却没有给出过任何预言。而耶稣基督被预言过,也给出了他的预言。

740

新约和旧约同时把耶稣基督作为自己的中心,他们共同关注耶稣基督的到来,是旧约中带给人类拯救希望的弥赛亚,是新约中引导人类的万民之主。

741

人类历史上最早出现的两本书,一本出自犹太人摩西,一本出自异教徒约伯,他们两个人都在期待耶稣基督的到来,这是他们两人共同的愿望和使命:摩西在书中写到了上帝的预言,和他跟亚伯拉罕、雅各立的约;而约伯的书里面则 Quis mihi det ut. . .① Scio enim quod redemptor meus vivit. . .②

742

所有的一切都是与耶稣基督联系起来的,福音书里面有关圣

---

① 意思是"谁能让我"。
② 意思是"我知道我的救世主活着并且最终会出现在地上"。

母玛利亚贞洁品行的描述到耶稣基督降生就不再继续了。

743

关于耶稣基督就是弥赛亚的证明。

《路得记》为什么会保存下来？

为什么有他玛的故事？

744

"祈祷吧，以免被诱惑。"被诱惑对人来说是非常有危害的，那些不祈祷的人，就没能抵制这些诱惑。

Et tu conversus confirma fratres tuos①. 但在以前，conversus Jesus respexit Petrum②.

圣彼得请求耶稣基督允许他打马勒古，在没有听到基督回应的时候就动了手，而耶稣基督的回答就是在那件事情完成之后的了。

那些犹太人在彼拉多面前指控耶稣基督的时候才说到加利利，这好像是出于偶然，但是这却让彼拉多有机会把他送到希律王面前，这样就实现了犹太人和异教徒审判耶稣这一神秘的预言，所以说表面上的偶然只是出于预言将会实现的必然因素。

745

不愿意相信基督教的人总会拿犹太人也没有信仰来说事儿。觉得如果说清楚了的话，犹太人才是会第一个相信的。但是他们也不愿意做出一副完全不相信的样子，因为他们害怕自己成为第

---

① 意思是"你回转过来以后，就要去坚定你的兄弟们"。

② 意思是"耶稣转过来看着彼得"。

一个拒绝相信的人而被人指责。但是他们的不信却恰好坚定了我们的信仰,如果他们这样的人也与我们一样信仰,我们反而会有所疑虑,到那个时候他们才会是更好的理由。最让人惊叹的事情莫过于犹太人对预言实现的极度热忱以及他们将成为预言实现的最大阻力。

746

犹太人见多了伟大的奇迹,比如红海和迦南所发生的事情,这些都是关于弥赛亚即将到来这个最伟大事件的象征,所以他们自然而然地认为,那将会出现更加宏伟和令人惊叹的奇迹,而摩西分开红海只不过是其中的一些样品而已。

747

不管是被欲望迷惑的犹太人、异教徒还是基督徒,都有自己的可悲之处。异教徒从未希望过救赎,所以他们不可能拥有救主。而犹太人虽然一直追求并渴望着他们的救主,但是所有的努力都是徒劳。只有基督徒才可能获得救主(参考永恒性)。

748

在弥赛亚降临的世界有两种人,一种人是属于精神的,他们承认并且接受了弥赛亚,而另一种人只能作为弥赛亚的见证,因为他们的鄙陋。

749

"如果预言已经清楚地展现在犹太人面前,为什么犹太人还要有所怀疑?换句话说,犹太民族为什么能够在违背了这样明确的真理之后,还能延续下去呢?"

我的答案是这样的:预言中已经说过犹太人会对真理视而不

见，而且他们的种族将会永远存在。这是能够加在弥赛亚身上的荣光，因为只有先知的预言是不足以说明的，我们需要一个让人无可辩驳的证据，所以才会出现一个犹太民族。

750

如果犹太人全部认出了耶稣基督就是弥赛亚并且跟随他，那么作为见证人，他们就不那么可靠了；然而如果犹太人因此而被灭绝，那我们就再也找不到见证人了。

751

关于耶稣基督的预言，先知到底是如何讲述的呢？他们并没有说这是一个明确的上帝，而是说明了这个上帝是隐蔽性的，不能被人认识的。你不能够认出这就是上帝，而且还会有人在他那里跌倒再也起不来……所以我们承认确实没有将事情明白地说出来，希望人们不要再对这一点横加指责了。

但是他们还是要说这一点是不明白的。如果不是因为这些，人们就会毫不怀疑地相信了，但是这点暧昧正是先知们刻意为之的：Excaeca①...

752

摩西最先告诉世人关于三位一体、原罪以及救世主的知识。

大卫是上帝奇迹的见证者，他是一位善良、强大，而且拥有高贵灵魂的伟大君主，在他身上上帝创造了奇迹，而且这是永恒的福报。

如果大卫有一颗虚荣之心，那么他可以说自己就是弥赛亚，因

---

① 意思是"使人瞎眼"。

为预言中关于大卫的部分比弥赛亚更加清楚明白,这一点在圣约翰身上也是一样的。

753

有人认为希律王是弥赛亚,因为犹大手中的王权被他夺走了,但是希律并不是犹大的后裔,这点疑惑就让不同的派别在这里出现了。

希腊人诅咒了那些人,因他们对三个时期的计量。

如果为了应验弥赛亚的预言,犹大的王权就不应该中断,而是要等到降临的时候,才将王权在犹大手中拿走,所以怎么能确定他是弥赛亚呢?

这便是一个最好的办法,让这些人有眼睛却看不到,有耳朵却听不见。

754

Homo existens te Deum facit. ①

Scriptum est"Dii estis" et non potest solvi Serptura. ②

Haec infirmitas non est ad vitam et est ad mortem. ③

"Lazarus dormit"et deinde dixit：Lazarus mortuus est. ④

755

福音书在文字上有矛盾的地方。

---

① 意思是"你被世上的人当成了上帝"。

② 意思是"因为圣经是永恒的,而那上面说你就是上帝"。

③ 意思是"导致这种不坚定的原因不是生,而是死"。

④ 意思是"'拉撒路睡了',然后耶稣又说'拉撒路死了'"。

756

上帝已经把自己的想法明确地告诉我们了,他要带给我们光明,但是又要把这光明隐藏在昏暗当中,他已经把即将发生的事情明白地说出来了,但是又要在里面夹杂一些暧昧不清的事物,对此,我们只能深深地崇拜而别无他法了。

757

救主第一次降临人间的时间在预言中是明确的,而第二次却没有被说明,因为第一次到来是不为人知的,而第二次则是无上荣光的,那种神圣和崇高是连他的敌人也不得不认同的。但是如果他要隐蔽自己的行踪,只让那些看得懂圣经的人知道……

758

上帝用这种方式宣告弥赛亚的到来,只是为了让好人可以认识他,而坏人看不到他。如果所有的事情都是明确的,那么就不能在坏人面前隐藏自己,反之,如果没有确切的时间,那么好人也会困惑不解。因为就算是好人也不会知道,封闭的 mem 是指 600 年。所以弥赛亚到来的时间是明确指出来的,但是到来的方式用了象征符号表示。

正因为如此,坏人会把上帝的允诺看成是物质方面的,所以他们忽略了确切的时间而犯下错误,这种事情不会发生在好人身上。因为上帝所允诺的东西是精神方面的,能够让精神愉悦的东西就是好的,而明确指出来的时间却不会随着精神而改变。所以明确时间而不明确指出允诺了什么,就只是针对坏人的障眼法。

759

如果你不是基督徒也不是犹太人,那么你必定是一个恶人了。

760

　　犹太人在一定程度上拒绝承认耶稣,只有精神上的圣者而不是那些肉欲的人才能接受他。犹太人所做的事情不仅没能折损他的荣光,反而会成为这荣光之中耀眼的部分。因为犹太人在他们的所有诸如《塔尔穆德》和那些博士的著作中,能够提出的唯一一点反驳的理由就是,耶稣基督没有用自己的武力征服各国的君主,gladium tuum,potentissime①。(这些人能提出来的无非就是:耶稣基督已经遇难,他没有成功也没能用武力使异邦人屈服,他没能够把战利品赐给我们,让我们拥有财富,除此之外他们再也提不出别的什么了。不过正是因为这样耶稣基督才是值得我们去爱的,犹太人塑造的弥赛亚并不值得人去信仰。)很显然,犹太人不接受耶稣基督的原因是他献出了生命,而且因为这样,犹太人成了耶稣基督最佳的见证人,甚至可以说犹太人因此而验证了弥赛亚的预言。

　　[正是因为犹太人不承认耶稣基督,才会产生后面的奇迹,只有预言才是这个世界上能为人所知的永恒不变的神迹,但是却总有人要站在它的对立面。]

761

　　犹太人将耶稣基督身为弥赛亚的最后一个标记赋予他,正是通过不承认他进而伤害他来实现的。

　　并且在杀害他之后仍然不承认他是弥赛亚,于是犹太人毫无争议地成了这一预言的见证人:因在将他杀害之后仍然否认他,犹

---

　　①　意思是"你的刀是最有威力的"。

太人就此应验了预言。参见《以赛亚书》第 60 章、《诗篇》第 71 篇。

762

这些犹太人作为耶稣基督的敌人并没有什么好办法。如果接受了他，那么作为被指定在人间传播弥赛亚预言的民族，他们就是直接证明了他；就算他们不接受他，也只是用自己否定他的行为来证明他而已。

763

耶稣基督是人类，这一点在犹太人验证他是否为上帝的那一刻已经被证明。

764

因为耶稣基督同时具有神性和人性，所以教会想要证明耶稣基督是人类，从而可以反驳那些不承认他的人，但是要证明这一点与证明他是神同样困难。

765

耶稣基督身上具备的两种天性，他的两次降临体现了人类的两种截然相反的状态，这就是其矛盾性的根本原因：第一次降临，他是一个被钉在十字架上，饱受屈辱而死的上帝；第二次降临，他是一个通过死亡并战胜死亡的救世主。

766

救世主、天父、牺牲者、祭祀、粮食、君主、智者、立法者、苦难、贫穷这些都是上帝的象征，他在事前创造了一个民族，指引他们、教导他们，最后让他们来到人们中间。

耶稣基督降临需要完成的工作，是唯有他能够做到的，那就是创造一个被拣选的、神圣的、伟大的民族，引导他们、教养他们，让他们到达应允之地，让他们在上帝面前获得荣光，让他们在上帝的神殿里与上帝和解，安抚上帝的怒火，让他们免予所有人类的罪孽，为他们制定律法并让他们铭记于心；他会为了这个民族而牺牲自己，他是纯洁的献祭者也是祭品，他把自己的血和肉给出去，他献给上帝酒和面包。

Ingrediens mundum。[①]

"这块石头会作为一切的基石。"

不管是在他之前还是在他之后的。所有的犹太人仍然会存活下来并且仍旧流浪着。

767

耶稣基督只会分担人们的痛苦而不会分走你们的快乐。他爱所有的人，他的友邻，他的敌人，甚至是上帝的敌人。

768

耶稣基督的降临在约瑟的象征中被预言，他被天父所眷顾，同时被天父派来看顾他的兄弟们……他的兄弟为了 20 个银币而出卖了无辜的耶稣，耶稣因此而成了他们的君主，他们的救世主，他是异邦人的救主，也是这个世界的救赎；如果没有人阴谋杀害他，如果出卖和刑法都不能实施，那么后面的事也不会发生。

被下狱的约瑟是无罪的，他身处两个罪人中间，而耶稣基督被钉在十字架上的时候，左右两边是两个盗贼。两个罪人表现一致，约瑟却为其中一人预言了得救，而另一个是死亡。耶稣基督在同样的罪责面前，为上帝的选民送去救赎，同时批判了背离神的人。

---

① 意思是"降临到人世"。

约瑟只是预言了他们的将来，而耶稣直接将之实现了。约瑟让那人在自己的荣光来临的时候要记得自己，而耶稣基督则是在给出救赎之后，被要求在将来的天国之中，耶稣能认出他来。

769

柏拉图和苏格拉底那样的圣人不能够说服异教徒，所罗门和先知的话也不能让他们有所改变，而犹太人持续的斗争都没能取得丝毫的胜利，所以让异教徒皈依这件事，只能够由弥赛亚降下神恩才能实现。

770

耶稣在上帝所准备的很多先知和预言之后，终于降临，他说："时候已到，我就来了。先知们曾经预言过的事情都会在往后的时间里应验，我的使徒会把这些事情一一实现。犹太人会被神抛弃，耶路撒冷也会被摧毁，上帝的神光将会照到异教徒身上。在犹太人杀害了葡萄园的继承者之后，我的使徒们就会完成这些事。"

在那之后，使徒们告诉犹太人将会受到诅咒，赛尔苏斯嘲笑他们表示不相信，他们还说异教徒会被上帝赐福，最后这些事情都实现了。

771

耶稣基督降临就是为了让明眼人变得盲目，又要叫盲人看见；让身体健康的人死亡，让病人被治愈；让有罪的人可以伸张正义，让那些正义的人忏悔自己的罪过；让富有者看到自己的虚无，让贫穷的人变得富有。

772

Effundam spiritum meum①,使你们圣洁。在这个所有人都在欲望中徜徉并抛弃信仰的时代,所有人都被一种仁爱之心激起了热情。统治者们放弃了财富地位、少女们甘愿奉献一切,是什么让他们拥有了无比的热情? 那是因为弥赛亚已经到来,而这些人的反应正是因他的到来而出现,也同时是在向世界宣告他的降临。

773

耶稣基督覆灭了犹太人和异教徒：Omnes gentes venient et adorabunt eum。② Parum est ut③, 等等。Postula a me④。Adorabunt eum omnes reges⑤。Testes iniqui⑥。Dabit maxillam percutienti⑦。Dederunt fel in escam⑧。

774

耶稣基督是来拯救所有人的,摩西只是为了拯救犹太民族。

亚伯拉罕曾为犹太人祈福："为你祝福的人,我也会赐福给他们。"然而,"地上的万民都会因他的后裔得福。"Parun est ut⑨,等等。

---

① 意思是"我用我的精神浇灌"。
② 意思是"他要接受万民朝拜"。
③ 意思是"这也不是什么大事"。
④ 意思是"你求我"。
⑤ 意思是"所有的王都要拜你"。
⑥ 意思是"那些有罪的证据"。
⑦ 意思是"他们打他的脸"。
⑧ 意思是"他们喂我吃苦胆"。
⑨ 意思是"所有民族都要来拜你"。

Lumen ad revelamtionem gentium①.

谈及法律，大卫说：Non fecit taliter omni nationi②。可是我们在谈及耶稣基督时，却要说：Fecit taliter omni nationi③。Parum est④，等等，以赛亚。因此，唯有耶稣基督是普遍的。就算是教会，也只会为虔诚者做出牺牲，而耶稣基督为之奉献十字架的牺牲的，是整个人类。

775

异端之中有些人把 omnes⑤ 理解为所有人，但是有些人却不这么认为。Bibite ex hoc omnes⑥，雨格诺派⑦就认为此句中的 omnes 指的是所有人。In quo omnes peccaverunt⑧，在这里他们又觉得这个词不包括那些虔诚信徒的后代。所以我们一定要尊重传统还有教父的引导，才能知道在不同的时候该做怎么样的理解，因为任何一种意义的倾向都有可能被异端乘虚而入。

776

"Ne timeas pusillus grex⑨." Timore et tremore. Quid ergo?

---

① 意思是"启示各民族的光"。
② 意思是"他对任何一个国家都没有这么做过"。
③ 意思是"他对任何一个国家都这么做过"。
④ 意思是"任何一个民族都要来拜你"。
⑤ 意思是"一切，大家"。
⑥ 意思是"大家都唱这个"。
⑦ 雨格诺派，宗教改革时法国的"加尔文"教派。
⑧ 意思是"因为大家都有罪"。
⑨ 意思是"那一小部分人，你们不要害怕"。

Ne timeas,(modo) timeas①：如果你觉得恐惧,那就不要害怕;如果你感受不到恐惧,那你应该害怕了。

Qui me recipit,non me recipit,sed eum qui me misit②.

Nemo scit,neque Filius③.

Nubes lucida obumbravit④.

圣约翰要做的事情,是让上帝的心回到地上的儿女那里,然而耶稣基督是要在人间引起纷争,但是这两种做法并不冲突。

777

In communi⑤ 与 in particulari⑥ 的作用。半皮拉基派的错误在于他们把特殊化的神恩当成了一种普遍的现象。加尔文派的错误则是反过来,把普遍性的存在看成了个例。(当然这是我的个人观点。)

778

Omnis Judaea regio, et Jerosolomytae universi, et baptizabantur⑦.因为到达这里的人都有着各自不同的倚仗。

上帝可以让亚伯拉罕从这些石头中繁盛自己的后代。

779

如果人类能够认清他们自己,上帝就会宽恕他们并让他们不

---

① 意思是"你们充满恐惧和颤抖,是因为谁? 不要害怕,不管你是如何的恐惧"。

② 意思是"那些款待我的人并不是为了我,而是因为那位差遣我来这里的"。

③ 意思是"如果我不是神之子,就该默默无闻"。

④ 意思是"他们的头上笼罩着光明的云彩"。

⑤ 意思是"普遍性"。

⑥ 意思是"特殊性"。

⑦ 意思是"耶路撒冷的所有公民以及所有犹太人居住的地方都受了洗"。

再盲目下去。Ne convertantur et sanem eos, et dimittantur eis peccata①.

780

耶稣基督如果要惩罚一个人，必定要先听他的解释。他对犹大说：Amici, ad quid venisti?② 他对那个在婚礼上没穿礼服的人，也一样询问了缘由。

781

象征着救赎普遍性的那个符号，就像是阳光会同时照在好人和坏人身上一样，仅仅象征着它的普遍性；但是象征着摒弃的那个符号，就好比犹太人是上帝的选民而异教徒是弃民一样，是摒弃的符号。

"耶稣基督是所有人的救世主。"这话没错，因为耶稣基督就是这样的一个形象，只要是愿意皈依他的人，都会被他赦免。那些还没能追随他就失去了生命的人，只能怪自己不走运。但是从耶稣的角度上来说，他也给了这些人获救的机会。如果救世主和复活死人的是两个人，我们确实可以用上面的说法，但是在耶稣基督这里就行不通了，因为这两件事他都可以做到。他之所以没能让所有人都获救，也许是因为他们还没有认他为主，只要他成为万民之主，那么他就会救赎所有人。

所以在我们说到耶稣并没有为了所有人牺牲的时候，就是把这种特殊性拿来证明自己，这样我们便走向了错误；这是一种消极

---

① 意思是"不叫他们改变，获得治愈和免罪的机会"。
② 意思是"我的朋友，你为何而来？"

绝望的倾向,而非怀有希望的方式。如果这样下去,我们就会因为外部的习惯而使自己的内心变得容易屈从。

782

上帝和耶稣基督让我们战胜了死亡,假设一个人的灵魂已经不在,就算是拥有了全世界,也是毫无意义的。如果你想要守护自己的灵魂,那么你就先要舍弃它。

"耶稣基督来到世间不是要废弃律法,而是要成就它的。"

"人们祭献羊羔并不能抵消自己的罪孽,但是耶稣基督却可以成为抵消全人类罪恶的那只羊羔。"

"摩西没能让人得到来自天上的粮食,也没有让他们摆脱被奴役的命运,更没有给他们带来真正的自由。"

783

耶稣基督降临的时候就对人们说:他们的敌人只有他们自己,人类本身的欲望使他们背离上帝,而基督就是来消除他们的欲望并为他们赐福的,他要让所有人都皈依那个唯一的神圣的教会;他要让异教徒和犹太人都皈依教会,他要打碎异教徒的偶像,消除犹太人的执迷。但是没有人会赞同耶稣基督,因为人类的欲望在驱使他们反对耶稣基督,更何况人间的那些君主们也要共同毁灭这个新出现的宗教,这些都是预言中曾经提到过的。(Proph:Quare fremerunt gents. . . reges terrae. . . adversus Christum① .)

全世界有力量的人都集结起来反对耶稣,那些有知识有德行

---

①　意思是"预言:各民族为何如此喧闹,因地上的君主联合起来要与上帝为敌"。

的人进行口诛笔伐,那些君主们则用暴力征伐。但是被他们攻击的那些最普通的毫无战斗力的人却在这些人的强暴行为之中保全下来,不仅如此,他们还战胜了这些有智慧有德行的人,战胜了那些强大的君主,甚至打碎了大地上的一切偶像。所有这些成就都源于预言中所提到过的那个力量。

784

耶稣基督想要的见证只来自上帝和施洗约翰那里,那些恶魔与未曾被拣选的人所提出的见证,并不是他想要的。

785

我的观点是耶稣基督是无处不在的,我们每一个人都可以在自己的身上找到他:他可以是上帝的化身,可以是我们的弟兄,可以成为穷人也可以成为富翁,可以成为博士、牧师以及君王,等等。因为耶稣基督是神,所以他可以是一切伟大的光辉和神圣的代表;可他同时也是人,于是凡人所有的卑微脆弱在他的身上也都可以体现出来。这样一来,耶稣基督就让自己陷入了一种非常悲哀的境况,这使他能够代表这个世界上的任何一种人,并且成为任何一种情况的典型。

786

因为按照世人们的说法,耶稣基督一直处于暧昧不明的状态,所以那些只关心军国大事的历史学家几乎不可能把目光放在他的身上。

787

那些包括约瑟夫和塔西佗在内的历史学家都没有记录过关于耶稣基督的事情,但是这一个现象不仅不能否定他的存在,反而强化了这一事实。那是因为耶稣基督确实在历史中出现过,他创立的宗教被舆论广泛地关注,而那些历史学家也都注意到了他的宗教,这些都是毫无疑问的。那么事情就变得简单了,或者是这些人故意不去记载有关他的历史,又或者是他们曾经写下来相关的记载,但是这一部分内容被另外一些人禁止或修改了。

788

耶稣基督为他自己在以色列人中保留了 7000 人。他对那些不被人知晓,甚至连先知都不曾知道他们存在的追随者十分喜爱。

789

耶稣基督行走在世上的人群中间而未被人认出;所以他所宣扬的真理也和普通的学说一样,没有被人发现什么不同;所以他的圣餐也跟普通的面包混在一起,让人看不出差别。

790

耶稣基督希望自己通过公正的方式牺牲自己,因为相较于在不公正的狂暴之中遇害,死于公正更能使他蒙受屈辱。

791

彼拉多的伪正义是为了实现耶稣受难这一见证,他用自己虚假的正义来践踏耶稣基督,进而杀害了他。如果彼拉多在最初的时候就杀死耶稣基督会更好。他就是那种奉行虚伪正义的人:他为了讨好世人可以做许多事,无论好坏。他们还会表明身份说自己不屑与耶稣基督为伍并以他为耻,而最终这些人在偶然的情况下,被利益驱使将耶稣基督杀害了。

792

犹太人在他降临之前都在传播关于他的预言,异邦人在他到来之后都追随他、奉他为主,他成了犹太人和异邦人的中心,再也没有人能够超过耶稣基督的光荣和尊崇了。

但是在 33 年的人生之中,他默默无闻了 30 年,在最后的 3 年中,人们视他为行骗者,他被牧师和显贵们拒绝,被自己的亲友轻蔑,被自己的一个门徒出卖而死,又被自己的另一个门徒否定,所有的门徒都背叛了他。这个世界上还有什么人会比耶稣基督承受的屈辱更多吗?

但是他在这所有的荣光与尊崇之中扮演什么样的角色呢?他是这个世上最为崇高的人,也是这个世界上最卑微的人。他的一切荣光跟尊崇都是为了让世人认出他,那之中没有一丝是为了自己准备的。

793

肉体与精神之间的距离是无穷大的,这可以用来比拟精神和仁爱之心中间的距离,只不过距离较之无穷更为遥远,因为仁爱之心是超自然的产物。

追求精神的人对于任何物质上的光辉和伟大都是毫不在意的。

君主、领袖以及任何在物质方面获得尊崇的人,都难以察觉精神方面的伟大。

理智如果不依靠上帝而存在,就什么也不是,不过单纯追求物质和精神的人都是发现不了这一层面的。以上就是三种品类不同的秩序。

精神的伟大是肉眼不可见的东西,这一点足以说明一切。那些天才的伟大与物质没有任何关系,他们有属于自己的空间、尊崇、伟大、胜利和荣光。

圣人们则是在上帝或者天使那里才能够被看见，只要有上帝就可以满足了，物质和好奇心于他们而言都是虚无。而这些圣人的空间、尊崇、伟大、胜利和荣光，丝毫不会被物质或者精神上的东西所影响。

阿基米德没有很好的出身却依旧能够被人尊重。他没有战场上的功勋，但是却把自己宝贵的思想留给了全人类，他在精神领域是如此的伟大和崇高！

耶稣基督没有财富地位，没有著书立说，也没有什么伟大的创造留存下来，但是他是如此的纯洁神圣，他谦卑忍耐、纯洁无瑕，他在上帝面前可以是神圣的，他可以让魔鬼战栗。如果你拥有一个充满智慧的灵魂，那你就能够看到耶稣基督背后的神光，你会看到他是何等的伟大而光荣！

在几何学的著作中成为一名主宰者对于阿基米德来说是毫无意义的事情，尽管他毫无疑问地主宰了其中的一切。

同样的，对于耶稣基督来说，以一个圣洁君主的光辉形象降临在地上也是毫无意义的事情，但是他又实实在在地是在那种圣洁的荣光和尊贵之中降临的。

那些诋毁耶稣基督的人提出了一种十分滑稽可笑的观点，他们针对他的卑贱并且指出这种卑贱竟是与他的伟大同一层次。但是我们可以很清楚地发现耶稣基督的伟大，并且也肯定那之中没有任何卑贱的成分，让我们一起来看看他的生平，那些苦难和不为人知，他在自己的牺牲、门徒拣选、承受背叛以及秘密复活等所有方面展现出来的伟大，就能够清楚了。

但是世界上总有一些人只能看得到物质的荣光而丝毫察觉不到精神的存在，还有一些人一心感叹精神的崇高并且再也意识不到在那之上还有着更崇高伟大，与之有着无限距离的智慧存在。

最渺小的精神都要比所有的物质、宇宙、星系、土地以及那上面的国家还要庞大；那是因为所有物质的东西都是无知的，但精神却了解有关物质和自身的一切。

而仁爱之心又是在那之上的属于无限崇高的另一种规则，它的任何一点点小动作都要强过所有物质、精神以及它们的衍生物的总和。

就如同所有物质的总和并不能够衍生出任何的思想，因为它们遵循的规则是完全不同的；所以在物质和精神的集合中，我们也不能派生出关于仁爱的任何动作，因为仁爱所遵循的是一种超自然的规则，所以这种可能性是不存在的。

794

耶稣基督要通过象征来告知自己将会降临的消息是出于什么原因呢？为何他不能直接以本来面目出现在地上，而一定要从以前的预言之中验证自己的存在呢？

795

若耶稣基督降临是要让人类变得神圣，那圣经和世上的一切都会引导人走向圣洁的道路，那些怀疑的人也会很容易就被说服；若他的目的与此相反，是为了让人盲目无知，那所有的事物就会是毫无章法的，于是想要说服那些怀疑的人就成了不可能完成的任务。不过以赛亚已经预言过，耶稣基督是在圣洁与毁谤中来到世上，于是基督徒与怀疑者都不可能改变对方；不过这正是我们能够战胜他们的地方,究其原因那就是不管从任何一个角度去看,耶稣基督的所有行为对我们而言都是不可预测的未知。

796

耶稣基督从未否认过自己是来自拿撒勒的,也没否认过自己是约瑟的后裔,之所以这样做就是想让那些不正义的人一直处在盲目之中。

797

证明耶稣基督就是弥赛亚:他在说起一切重大事件的时候都能淡然处之,这种朴实无华的态度就好像这个问题从未让他挂心,但是他又能将这些问题说得如此清楚,让我们能够明显看出他确实是思考过的。用这样一种态度明确地剖析重大的命题,这是值得赞颂的行为。

798

福音书中的叙事风格在各个方面都是可圈可点的,有一点就是从来不曾对耶稣基督的敌人和谋杀者做出过任何侮辱性和攻击性的言论;这是由于不管是在那些不认同犹大和彼拉多的还是那些不承认犹太人的史学家中间,都不曾出现过这种过激言论。

假设记录福音书的那些史学家都是为了要引人注目才会这样说,即使他们自己还不曾有这个勇气,并且他们那种克制的言论和温和的品行都是装模作样的话,那么这些史学家们就肯定会有一些朋友,而这些朋友可以很好地满足他们想要的瞩目。但是因为这些史学家的行为完全是发自肺腑的,并且他们没有任何的私心以及虚荣心,所以他们在很长一段时间里都是默默无闻的,而且我确信还有许多类似的事情潜藏在水下未被发现,这所有的一切都可以证明他们的宁静淡泊。

799

工匠可以谈论自己的财产，律师可以说说战争和忠诚……但是有钱的人只能讨论钱财，君主们只能淡然地说起他们的丰功伟绩，而能够好好说一下上帝的只有他自己。

800

福音书的作者可以如此准确无误地描绘出耶稣基督身上那些优秀品质，那是只有完美无瑕的英灵才具备的品质，到底是谁把这些告诉那些作者的呢？为什么作者笔下的耶稣基督要在自己遭难的时候表现出一种脆弱呢？因为这些作者知道就是那个圣路加，他在写到圣司提反牺牲的时候，要比描写耶稣基督的时候展现了更多的坚强。

所以在面对死亡的时候，耶稣基督的第一反应也是恐惧，而在那之后恐惧就被驱走，只留下坚强的精神了。

然而这些作者笔下出现耶稣基督的恐慌时，恰恰因为那是出于他的意愿；但是如果有人要让他感到恐慌，他表现出来的就会是坚强。

801

证明耶稣基督就是弥赛亚：说那些使徒在行骗根本就是在无理取闹。我们不妨来理顺一下真实的情况，耶稣的 12 个门徒在他受难之后并没有离散，而是聚在一起筹划他的复活。他们想要用这个消息来破除那些强权。然而人心难免会向往权力、变幻无常、甜言蜜语还有财富。这个谋划最终能够实现，是因为那些门徒中没有一个被这些诱惑影响，也没有人在苦难的威胁之中屈服，这件事情才没有出现失败的可能。我们可以仔细研究一下这个问题。

802

骗人或者被骗,那些门徒只能是这两者之一,但是无论哪一种都是说不通的,因为让死人复生这一点是不可能有人当真的……

在使徒们与耶稣基督同行的时候,就会得到基督的引导;但是在基督离开以后,如果那些人不曾再见到过他,又是在听从谁的指示在行动呢?

第十三编
奇迹

开始——我们可以通过奇迹判定学说,也可以通过学说来证明奇迹。

因为学说不都是真的,我们需要一个判定标志才能够知道它们是真是假,不然它们的存在就显得没有意义了。但事实上它们不仅很有用,而且还是这一切的基础。所以我们就由此得出了这样一条规定:用奇迹来证明真理这一点是不能够被任何学说推翻的,因为奇迹存在的目的就是为了证明真理。

摩西根据上面的标准给出了两个规则:预言都是未曾实现的事实,参见《申命记》第18章;还有就是任何学说都不可能让你成为一个偶像崇拜者,参见《申命记》第13章;但是耶稣基督的规则却只有一个。

如果所有的奇迹都可以被学说的规则安排,那么奇迹也就没有存在的价值了。

但是如果奇迹才是这些规则……

反对这一准则:通过时代来判定。其中一条是摩西时代的,另外一条是现代的。

804

奇迹是指那些人类凭借自身力量或者运用各种自身的手段所不能够实现的事情;反之非奇迹就是那些并没有超出人类能力和手段范围就能够实现的事情。所以我们说,有些人向魔鬼祈求,让自己的疾病痊愈,这并不是什么奇迹,因为这些事情仍然属于魔鬼所能掌控的自然力量。然而……

805

基础分为外在的和内在的两种;不管是神恩还是奇迹,它们都属于超出自然力之外的范畴。

806

对于信徒来说,奇迹和真理缺一不可,因为他们需要从内到外把自己全部奉献给自己的信仰,这种信仰既体现在肉体上,也体现在他们的灵魂上。

807

或者是我们在谈论着真正的上帝,或者是那位真正的上帝把他的话教给我们,事情总逃不过这两种情况。

808

为什么说耶稣基督就是弥赛亚,因为他一直以来都是用自己的奇迹来告诉世人真理,而不是通过圣经或者是预言。

耶稣基督用自己创造的奇迹赦免了罪恶。

他还告诫世人，不应该因为自己眼前看到的奇迹而心生喜悦，真正需要喜悦的事情是你们的名字要被记录在天上。

如果这些人怀疑摩西的预言，他们也就不会相信耶稣基督的复活。

尼哥底母正是因为看到了耶稣在地上所行的奇迹才认定他的学说是来自上帝的真理：Scimus quia venisti a Deo magister; memo enim potest haec signa facere quae tu facis nisi Deus fuerit cum eo。①。所以我们看到他并非以学说为根据来评判奇迹，而是依据奇迹来判断学说的。

关于谁才是上帝，犹太人有他们自己的学说，同样我们也有一套学说来判定谁是耶稣基督，只不过我们的学说被奇迹肯定过。相信奇迹制造者在犹太人中被视为禁忌，而且他们的传统是只能追随大祭司的脚步，凡事都要向他求教。

于是犹太人的先知有许多可以质疑奇迹制造者的理由，凡是我们所想到过的那些理由，都已经在他们的先知那里了。

但是他们所犯下的罪正是由于他们见证了之前属于犹太人的奇迹，所以拒绝相信一切先知，也拒绝承认耶稣基督。如果他们不曾见过那个奇迹，那么也就不会犯下这样的罪：Nisi fecissem... peccatum non haberent②。所以我们知道，信仰也都是建立在奇迹的基础上的。

---

① 意思是"老师，我们知道您是来自上帝那里的，因为除了与上帝同在的人，无人可以行此奇迹"

② 意思是"如果不曾做过，也就不曾犯罪"。

预言并不能被看作奇迹：举个例子，圣约翰先说了在迦拿出现的第一个奇迹，然后说明了耶稣对撒玛利亚的女人所说的话，耶稣是在揭露了她所有不为人知的面貌之后说的，随后他又让百夫长的儿子恢复了健康，所有这些都被圣约翰称为"第二项标志"。

809

一系列的奇迹组合在一起。

810

第一个出现的奇迹可以被第二项作为一个条件，但是反过来却不行。

811

如果世界上没有出现这些奇迹，那么不信仰耶稣基督也就不会是一种罪。

812

圣人奥古斯丁不会成为一名基督徒，如果他不曾见过这些奇迹。

813

奇迹——我非常憎恨那些宣扬了怀疑主义的人，比如蒙田。有必要指出的是，他在作品中的两处都提到了怀疑主义者。其中一个地方我们可以看到他在判断一个学说时候的谨慎，但是在另一个地方我们看到他赞同那些不信神的人，而且还带着讽刺意味。

无论如何，要是怀疑论者的话值得相信，那么也就不存在什么能证明教会是真理的东西了。

814

蒙田反驳了奇迹。

蒙田承认了奇迹。

815

我们没有办法找出一个强有力的原因，让人们不去相信奇迹。

816

一个怀疑奇迹的人却对别人所行的奇迹坚信不疑。他因为坚决反驳了摩西创造的奇迹，于是就对韦斯巴襄①创造的奇迹深信不疑。

817

标题：为什么有人宁愿相信一个声称见证过奇迹的骗子，却不肯相信一个说明自己持有让人长生不老秘诀的人呢？我们可以思考一下是什么让那些人对这种骗子怀有强大的信心，可以把自己的生命托付给别人。我觉得是因为这个世界上确实存在救治的办法，如果我们不确定这种方法的存在，那么也就不可能对一个欺骗者有如此的信心。如果我们知道任何的灾难都是不可避免的，那么我们也就会知道不可能会有人想得出补救的办法，那么就更不可能有人会相信那些自称掌握了这种方法的人了。比如有一个人对大家说自己是永生不死的，大家就不会相信他，因为我们从来都没有见过有人可以做到。然而我们知道许多伟人凭借自己的智慧断定这种救赎之道是切实存在的，那么人们会去相信也就无可厚非。有人确定了存在的可能性，那么人们就觉得这是存在的了。由于很多人的判断都是这样，一件事情既然有可能性，那么就是真实存在的。既然我们已经确认它产生了某些真实的效果，那就不

---

① 韦斯巴襄，罗马皇帝，传说他曾经在亚历山大港治愈过瞎子和瘫痪。

能够轻易地否定这个事物。但是我们不能够判定这些效果孰真孰假，于是就不假思索地全盘接受。正因如此，我们才会对月亮那些毫无根据的作用也深信不疑，因为其中混杂着像潮汐这样真实的作用。

同理可证，预言、奇迹、预兆梦和邪术都同样是真假参半的。如果其中没有任何真实的成分，那就不会有任何人去相信，所以我们不可以因为虚假的奇迹出现了太多次而否定了有真正的奇迹存在，反而要相信正是因为存在真正的奇迹，才会有那么多的人愿意去伪造。关于宗教真理性的论证也是一样的，如果没有一个真的宗教，那么人类是没有办法想象出如此多伪宗教的。有人会质疑说，野蛮人也拥有自己的宗教，但是我可以很肯定地说，他们也知道真正宗教的事情，例如大洪水、割礼、圣安德罗十字架象征的那些事物。

818

正是因为其中有真实的部分存在，所以世界上才会出现无数伪造的奇迹、预兆和邪术。如果这些东西都不曾有一个真的存在，那么这些假的就都不会存在，没有真的作为参考，奇迹、预兆、邪术都是不可能被伪造的，因为他们想不到，更不可能会有人去相信这些。然而那些异常宏伟的现象既然都是真的，而且曾经的那些伟人也都坚信这一点，出于一种盲从权威的心态，人们要相信那些假的奇迹也就是自然而然的了。所以我们不可以说，因为假的奇迹太多就可以否定真的奇迹存在，而是要说正因为有那么多伪造的奇迹，我们才坚信有一个真的存在，因为伪造奇迹的原因正是由于有一个真的奇迹存在，同理，世界上之所以存在假的宗教，正是因为有一个真正的宗教存在。有人会质疑，野蛮人也拥有自己的宗教，但是我可以很肯定地说，他们也知道真正宗教的事情，例如大洪水、割礼、圣安德罗十字架象征的那些事物。因为人类的精神接受了真理而对于某一事物存在倾向性，那么这种倾向性就会让他更容易感知其中的虚假性……

819

《耶利米书》第 23 章第 32 节中说，"假的先知所创造的奇迹"，在希伯来文和瓦塔布尔刊本中用到的描述则是诡谲。

奇迹一词并非一直以本身的意义出现。在《列王纪上》第 15 章中出现的奇迹就象征着恐惧，在希伯来文中也有此意。《约伯书》第 33 章第 7 节里面也出现了同样的含义。还有《以赛亚书》第 21 章第 4 节、《耶利米书》第 44 章 12 节。Portentum① 用来指代 simulacrum②，参见《耶利米书》第 50 章第 38 节，希伯来文和瓦塔布尔刊本当中也是同样的含义。《以赛亚书》第 8 章第 18 节中说：耶稣基督表示自己和他所有的一切将变成奇迹。

820

正如耶稣基督说过的，如果魔鬼倾向于能够毁灭自己的学说，就会导致自身的分裂，同理，如果上帝是更倾向于毁灭教会的说法，也会导致教会的分裂：Omne regnum divisum③。通过耶稣基督击败魔鬼这一象征性的事件，我们知道他所做的一切站在魔鬼的对立面，他要把人心里的鬼都赶走，并让上帝的国度在他们心里

---

① 意思是"奇迹"。
② 意思是"偶像"。
③ 意思是"全国大分裂"。

扎根。所以耶稣基督还说了：si in digito Dei... regnum Dei ad vos。①。

821

试探和引入歧途是不同的两个概念。上帝会给人类试探，但是他不会把人引入歧途。因为试探是给你一个机会去选择，不是毫无反抗地接受必然结果，如果人类没有对上帝的爱，那就必然会有相应的行为。但是引入歧途就不一样了，那是要让人得出错误的结论并且在错误的道路上一直走下去。

822

亚伯拉罕以及基甸②：身上的印记不仅仅是预言中说到的那些。犹太人因为一味地根据圣经的记载去判定奇迹，所以眼盲到不认得上帝。真心爱上帝的人永远不可能被遗弃。

耶稣基督能够创造奇迹，给出预言，拥有上帝的学说可以带来永恒，所以我会追随他而不是别人。

多那图斯派③：因为没有被奇迹证明过，所以人们断定他们是魔鬼。

如果我们总是想要特殊化那些关于上帝、耶稣基督以及教会……

823

我们不能够毫无疑问地确认奇迹，是因为还有很多奇迹是伪造的。我们需要一些能够判定它们的规则，这些规则正是奇迹存

---

① 意思是"以上帝的名……他的国降临到你们这里"
② 基甸，以色列勇士。
③ 多那图斯派，4世纪北非多拿图斯创建的教派，要求严格的圣洁。

在的意义，也是我们能够坚定自己信仰的原因。

但是人间却不存在可以建立信仰的确凿性，人类有的只是理性。

824

如果上帝不是在奇迹之中掺杂了一些假象，那他就是曾经预言过这件事，不管怎么说，上帝自己都是处在一种力量之上的，那种力量对我们来说是超出自然范围的，而且上帝把我们也带到了那里。

825

我们不可能让奇迹皈化，我们只能去指责它。(Q. 113，A. 10，Ad. 2)[1]

826

因为这些原因，才会有人不信仰。

《约翰福音》第 12 章第 37 节：Cum autem tanta signa fecisset, non crede bant in eum, ut sermo Isayae impteretur. Excaecavit……[2]，等等。

Haec dixit Isaias, quando vidit gloriam ejus et locatus est de eo. [3]

"Judaei signa petunt et Graeci sapientiam queerunt, nos autem

---

① 括号里的意思是圣汤玛斯·阿奎那斯《神学大全》第一部第 113 问，第 10 款，答第 2 条反驳。

② 意思是"尽管耶稣基督在地上行了众多的奇迹，但是这些人依旧不承认他，所以以赛亚的预言就被证实了，这些人瞎了眼"。

③ 意思是"以赛亚指着他说出了这些话，因为那时他看到了基督身上的圣光"。

Jesum crucifixum. "Sed plenum signis, sed plenum sapientia; vos autem Christum non crucifixum et religionem sine miraculis et sine sapientia. ①

人们的内心缺少对于上帝的爱,所以他们才会怀疑眼前的奇迹。《约翰福音》:Sed vos non creditis, quia non estis ex ovibus. ②

也正是因为缺少这种爱,他们才会被假的奇迹迷惑。参见《贴撒罗尼迦后书》第 2 章。

奇迹是宗教的基础,那你还想怎么样呢? 上帝可没有说过要推翻奇迹,或者让人类去反驳自己信仰的根基所在。

上帝既然是真实存在的,那么世上就肯定会有坚信上帝的人。然而耶稣基督的反对者并不曾有过关于他创造奇迹的预言,但是耶稣基督却预言过与那些反对他的人有关的奇迹。所以我们看到耶稣基督如果不是弥赛亚,那么就会把我们引入歧途,然而反对他的那些人却没有这种能力。你认为耶稣基督预言他的反对者的那些奇迹,是为了削减对自己奇迹的信心吗?

摩西预言耶稣基督的到来,并且要人们追随他,耶稣基督预言反基督者的出现,告诉大家不要追随他们。

在摩西的时代,还没有出现反基督者,所以人们也不可能对他们的学说有任何的概念。但是在反基督者出现的时代,我们却能够很容易地做到去追随耶稣基督的脚步。

---

① 意思是"犹太人要看到奇迹,希腊人要得到智慧,我们只传播被定在十字架上的耶稣基督。就算具备了奇迹和智慧,因为你们的基督没有被钉在十字架上,所以你们的宗教里就不会有奇迹和智慧"。

② 意思是"你们不相信,因为你们不是那羔羊"。

所有可以说服我们相信反基督者的学说都可以让我们相信耶稣基督，但是有些让我们相信耶稣基督的理由却不能让我们相信反基督者的学说。

827

《士师篇》第 13 章第 23 节："如果上帝想要杀了我们，那他一定不会将这些事情都向我们指明的。"

希西家。西拿基立。

《耶利米书》。那个假的先知哈拿尼雅第七个月就死去了。

《马卡比书下》第 3 章第 24 节：那些反叛者想要毁掉神殿，但是最终神殿被奇迹般地保存下来了。——《马卡比书下》第 15 章。

《列王纪上》第 17 章：以利亚将寡妇的儿子复活了，然后她便告诉以利亚："因为这奇迹，我相信耶和华借你口说的话是真的。"

《列王纪上》第 18 章：以利亚与来自巴力的先知同行。

我们会发现，在遇到关于上帝和宗教真理性的争辩中，所有的奇迹都是站在真理这一边的，错误的学说无法创造奇迹。

828

在所有的争论中，能够占优势的永远是真理的一方，比如：亚伯与该隐、摩西与魔法师、以利亚和假先知、耶利米和哈拿尼雅、米该亚和假先知、耶稣基督和法利赛人、圣保罗和巴-耶稣、使徒和驱魔人、基督徒和异教徒、天主教徒和异端、以利亚和以诺，最后还有那些反基督者和基督徒。

我们认识耶稣的十字架也认识强盗的十字架，于是真理的一方总会获得胜利。

829

耶稣基督只说了圣经是为了给他做见证的,但是却没有说明圣经要在哪方面为他做出见证。

况且预言也没有在耶稣基督生前为他做出证明,如果缺少指引的奇迹,并不能充分证明他的话,人们也就不该因为在耶稣生前未能信仰他而获罪。但是在耶稣基督还活着的时候就已经亲口判了不信仰者的罪,丝毫没有想过要宽恕他们。我们猜测一定是这些人曾经背离了上帝的指引,但是他们除了奇迹之外并没有获得过跟我们一样的引导;所以我们知道,在奇迹与引导的方向一致时,我们就不再需要那种引导,相信那个奇迹就足够了。

《约翰福音》第 7 章第 40 节:犹太人和现在的那些基督徒一样,在这一点上产生了意见分歧。有些人认为他是基督,有些人却怀疑他,因为预言中提到他出自伯利恒而不是加利利。所以那些人持保留意见,尽管耶稣展现的奇迹已经很清楚地指明了犹太人的学说与圣经之间所存在的那些暧昧的不协调,只是这种暧昧不能够让犹太人庆幸反而使他们盲目了。所以犹太人的罪是不能被宽恕的,他们仅仅因为自己想象中的不协调就拒绝相信耶稣的奇迹。

有些人因为耶稣基督展现的奇迹而信仰他。法利赛人就说:"要诅咒那些对律法一无所知的民族,法利赛人和君主都不会承认耶稣基督,因为加利利不曾出现过任何一个先知。"于是尼哥底母反驳道:"他还不曾辩解就要被你们的律法定罪了吗?"(而且是展现了这样一个奇迹的人。)

830

在耶稣基督到来之前的预言都是隐晦不明的，但是在他降临之后，所有的事情都变得清楚明白了。

831

五条命题在那之前也是不清不楚的，但是耶稣基督出现之后就完全不一样了。

832

因为奇迹已经在这个时代出现过了，所以人们就觉得这已经不再是必要条件了。人们开始忽视传统，只认识教皇，并且从他那里得到关于真理的教诲。他们利用教皇的权威来威慑他人，而完全忘记真正的道理都是来自被抛却的传统之中，教皇的存在已经被扭曲了，这个世界的真理也遭到绑架：当人们开始远离真理的时候，真理就要以自己的方式重新出现在世人眼前。在阿里乌斯的统治时期就曾经出现过这样的事情，这就是戴克里先与阿里乌斯时代的奇迹。

833

人们都是通过自己的精神去判定一件事是否可以成为奇迹的，如果你一定要知道一件事会成为奇迹的理由……

出现在规则之外是一件很悲剧的事情。我们需要做出严格的规范，不允许有任何特殊情况存在。但是没有什么规则是可以涵盖一切的，那就要求我们怀着一颗公正的心，以严格的标准去判断这些例外。

834

《约翰福音》第 6 章第 26 节：Non quia Vidistis signa, sed quia

saturati estit. ①

那些因为见证耶稣基督创造的奇迹而信仰的人,他们会在其权力所达到的所有奇迹之中崇拜着这些权柄;但是那些仅仅因为这些奇迹而假意追随的人,只不过是想要通过耶稣基督来满足自己在世俗的欲望罢了,一旦耶稣的奇迹不能再满足他们的肉欲,那么他们也就不再崇拜这位基督了。

《约翰福音》第 9 章:Non est hic homo a Deo, qui sabbatum non custodit. Alii: Quomodo potest homo peccator haec signa facere?②

那么有什么东西是清晰明确的呢?

那座院落并不属于上帝,因为他们觉得五条诫命不可能都在冉森中间;还有些人相信这是上帝的院落,因为我们在这里见到了许多奇迹的发生。

那么到底有什么是清晰明确的呢?

Tu quid dicis? Dico quia propheta est. Nisi esset hic a Deo, non poterat facere quidquam. ③

835

当旧约里的人让你远离上帝,新约里的人让你远离耶稣基督的时候,就再也不需要别的什么排斥了,因为标记出来的那些信仰

---

① 意思是"你们是因为吃饱了,而非因为见证了奇迹"。
② 意思是"这个人既然不守安息日,那他肯定不是来自上帝那里。还有人说:一个有罪的人怎么又能够创造奇迹"?
③ 意思是"你觉得他还能是谁呢?如果不是来自上帝那里的先知,还有谁能够实现这么多的奇迹呢"?

排斥,也足够成为奇迹出现的理由了。

那我们是否可以这样说,人们可以拒绝任何一个出现在他们面前的先知?答案是否定的。因为如果他们接受了那些不承认上帝的人,他们就会成为罪人;同样的,如果他们排斥了那些承认上帝的人,他们也一样会获罪。

所以如果你在奇迹出现的时候没有顶礼膜拜,那么你身上就会出现那种明显的排斥信仰的标志。这时候我们就要判断,那是不是在反对上帝或者耶稣基督或者教会了。

836

坦诚地说出自己不愿追随耶稣基督,与假装追随内心却否定耶稣是完全不一样的。因为那些纯粹的否定可以引发奇迹,但是那种假装的追随却不能,由此可见,奇迹是一种非常清晰明了的存在。

837

有一件事情是十分清楚明白的,我们不需要通过任何奇迹来证明就可以知道,那就是我们一定要爱上帝,因为他是唯一的上帝。

838

耶稣基督以及最后出现的使徒和大批早期的圣人们都创造了各种各样的奇迹,他们在一步步为了最后那个预言的实现而不断地创造奇迹,因为那个预言还没实现,所以我们只能用奇迹来证明。预言中说到耶稣将会接受万国朝拜,但是如果万国朝拜的结果还没有出现,那么这个预言就不会被实现。而想要他们前来朝拜,就要让他们看见弥赛亚的预言已经实现。所以耶稣受难、复活并接受万国朝拜之前,所有的事情都还在继续,而在这个过程中也会不断地出现奇迹。然而我们已经不需要反对犹太人的奇迹了,因为那些曾经应验的预言会成为永恒的奇迹。

839

耶稣最坚定而有力量的话语:"就算你们要怀疑我,也要相信这些奇迹。"

耶稣基督已经告诫过犹太人和基督徒,不要总是盲从先知的话语,但是法利赛人和犹太人的史官却把耶稣基督的事迹传播出去,并且告诉人们耶稣基督行的奇迹是假的,那是借由魔鬼的力量达成的;如果犹太人认为耶稣的力量源于上帝,那么这件事情就再没有什么可怀疑的了。

虽然我们现在不会花费力气去分辨那些奇迹的真伪,但其实那是很容易被证明的:那些在上帝和耶稣基督这个问题上明确表示了认同的人身上都出现过显而易见的奇迹。Nemo facit virtutem in nomine meo, et cito possit de me male loqui. ①

然而我们完全没有必要去判断这件事情,因为有一个神圣的遗迹已经出现在我们面前。那就是耶稣受难时头上的荆棘冠,这个冠冕的权威远超过这个世界上的一切君主,它是由于为我们而流的那种血所固有的权威而成就了奇迹的。所以上帝亲手为他准备了一个院落,让耶稣基督的权威得以在那里实现无上的荣光。

我们很容易认出那些神秘主义的并且本身德行并不可靠的人所创造的奇迹,真正让人困惑的是上帝以及他所采取的方式——

---

① 意思是"没有人能够以上帝的名义行奇迹,还能随意地诽谤他"。

让独子受难。上帝在很多地方都通过这种方式抚慰了许多受难的人，不管他们来自何处、承受过怎么样的痛苦。

840

教会有三个敌人：犹太人、异端和坏基督徒，第一个一直拒绝加入教会；第二个在中途退出了教会；而第三个企图从内部分裂教会。

虽然这三种人抨击教会的办法层出不穷，但是在面对奇迹的时候却口径一致。因为他们无法创造奇迹，但是教会却用很多奇迹有力地反击了回去，所以他们就统一回避了这个问题，说：我们不能凭借奇迹来断定学说，而是要用学说来判断奇迹。而见证过耶稣奇迹的人也分成两个阵营：一部分人因为这奇迹而成为他的信徒，相信他的学说来自上帝；而另一部分人认为……加尔文时代的人也形成了两个派别……现在还出现了耶稣会等等。

841

我们可以通过奇迹去分辨很多难以辨认的事物，比如犹太人和异教徒、犹太人和基督徒、天主教和异端、污蔑与被污蔑者，还有两种不同的十字架。

但是异端却不能用奇迹来做任何事，因为我们相信那些奇迹为教会建立的权威，而教会告我们这些异端是没有信仰的。这是显而易见的，因为他们的所谓信仰在最开始的时候就没有被教会接受。所以在教会成立之初，那位伟大的人物就已经留下了对于这一个奇迹有力的反驳。

有人说那些女修士开始让自己堕落，她们被自己的忏悔师欺骗了，那些人告诉她们圣餐之中并不能遇见耶稣基督，他也并没有出现在上帝的右边,于是她们便被蛊惑来到日内瓦;这些说辞让女修士们大为惊异,因为她们所接受的学说都是不正确的,而她们在这种错误的引导下将自己献给上帝:Vide si via iniquitatis in me est.① 然而事情的真相是怎么样的呢? 上帝把那个被人们称为魔鬼巢穴的地方建造成了他的神殿,上帝把那些要被人们驱逐的孩子给治愈了,他让众人口中魔鬼的军火库变成了沐浴神光的圣地,那些人还用各种愤怒和惩罚了威胁她们,但是上帝却赐予她们自己的恩宠。所以那些认为女修士们堕落的人,才是真正的丧心病狂。

(我们可以肯定的是,自己身上有着与圣阿达拿修斯相同的标记。)

842

"Si tu es Christus, dic nobis. "②

"Opera quae ego facio in nomine Patris mei, haec testimonium perhibent de me. Sed vos non creditis quia non estis ex ovibus meis. Oves mei vocem mean audiunt. "③

《约翰福音》第 6 章第 30 节:"Quod ergo tu facis signum ut videamus et credamus tibi?"——Non dicunt: Quam doctrinam praedicas? ④

---

① 意思是"看我们身上并没有什么罪行"。

② 意思是"如果你是基督,就请告诉我们"。

③ 意思是"我以上帝的名行走世间,就是我的证明。你们不信我,是因为你们不是我牧养的,因为我牧养的羔羊可以听见我的声音"。

④ 意思是"让我们看到你创造的奇迹,我们就相信你。他们并不关心耶稣基督想要宣扬的学说"。

"Nemo potest facere signa quae tu facis nisi Deus. "①

《马卡比书下》第 14 章第 15 节："Deus qui signis evidentibus suam portionem protegit. "②

"Volumus signum videre de caelo, tentantes eum. "③——《路加福音》第 11 章第 16 节

"Generatio prava signum quaerit; et non dabitur. "④

"Et ingemiscens ait：Quid generatio ista signum quaerit. ⑤"（参见《马可福音》第 18 章第 12 节。）在这个时代提出这种要求就可以看出你们居心不良的心思。

"Et non poterat facere. ⑥"但是他却承诺要给那些人看约拿的标记，那是在他复活之时无与伦比的最崇高的标记。

"Nisi videritis signa, non creditis. "⑦耶稣基督并不会因为那些人在奇迹的出现之前不愿相信而指责他们，他所指责的是那些只有亲眼看见了奇迹才肯相信的人。

圣保罗说：反基督者 in signis mendacibus⑧。参见《帖撒罗尼迦后书》第 2 章。

"Secundum operationem Satanae, in seductione iis qui perunt

---

① 意思是"你行的那些奇迹，只有借上帝的力量才可以实现"。
② 意思是"上帝用显而易见的奇迹来保护自己的分内"。
③ 意思是"又有人试探耶稣，向他求从天上来的神迹"。
④ 意思是"在一个邪恶混乱的时代，即使你要求，也并没有什么神迹可以给你看"。
⑤ 意思是"耶稣叹息：这样的时代怎么还会要求奇迹呢"？
⑥ 意思是"耶稣什么都不能做"。
⑦ 意思是"只有看到奇迹你们才肯相信"。
⑧ 意思是"身上都有谎言的标记"。

eo quod charitatem veritatis non receperunt ut salvi fierent, ideo mittet illis Deus optationes erroris ut credant mendacio. "①

恰好与摩西的话符合：Tentat enim vos Deus, utrum diligatis eum. ②

Ecce praedixi vobis：vos ergo videte. ③

843

这个世界上并没有安置真理的地方，人们对于他们身边出现的真理毫无所觉。因为上帝将那些真理隐蔽起来，叫那些听不到真理声音的人无法发现它的所在。所以那些亵渎神明的人就有了充足的空间，他们可以肆无忌惮地抨击那些显而易见是真理的东西。假如我们看到福音书中间出现了一条真理，那么反驳它的东西也会在同一时间出现；真理就会变得模糊不清，让人认不出来。有人会问：你做过什么事情让我们能够拒绝别人而选择相信你呢？如果只是那些学说的话，我们能够说出来，最好的办法是你能够为我们展现奇迹。用奇迹来证明学说是一条真理，然而却有人滥用了奇迹从而毁谤了那些学说。人们看到了奇迹，却认为奇迹是不能没有学说而存在的，这就是在毫无疑问地毁谤奇迹了。

耶稣基督让天生眼盲的人重见光明，而且还在安息日的时候创造了许多的奇迹，那些要通过学说才能够断定奇迹的法利赛人，就因为耶稣基督的这些奇迹而变得盲目了。

---

① 意思是"照撒旦的运动，行各样出于不义的诡诈，因他们不领受爱真理的心，使他们得救，故此上帝就给他们一个生发错误的心，叫他们信从虚谎"。

② 意思是"上帝试探你们，看你们是不是爱他"。

③ 意思是"看吧，我已经给出了预言，因此你们就要自己来看看"。

摩西是犹太人的先知，但是他们却不知道耶稣基督是从哪里来的。然而他们不能知道耶稣基督来自哪里，这正是我们要赞美的地方，正是这样的耶稣基督创造了许多的奇迹。

耶稣基督的学说没有与上帝相背离的地方，也没有反驳过摩西的预言。

新约和旧约中提到的那些反基督者和假先知，会在众人面前反对上帝和耶稣基督。只有站在明处的人……如果是藏身于暗处的敌人，上帝是不可能会让他在众人面前出现奇迹的。

如果有一场众所周知的争论是关于上帝、耶稣基督以及教会的，那么在这场争论之中，只有真正的基督徒所在的那一方才会出现奇迹，假基督徒是绝对不会有这种可能的。

有人说："耶稣基督是借着魔鬼的力量行事。"参见《约翰福音》第 10 章第 21 节。但是又有人说："魔鬼能够让盲人重见光明吗？"

问题就出在耶稣基督和他的使徒们在圣经之中引述的部分证据都不是论证性的，他们只说了会出现一个先知，但是没有指出这个先知就是耶稣基督。所以这些不实的内容也只能够说明大家并没有与圣经的内容相违背，其中也没有出现任何的偏差，但是这并不表示完整的事实就是这个样子的。所以合适的做法就是把那些偏差和奇迹一起摒除在外。

上帝要与人类之间形成一种相互的义务，这样有利于他的工作，也方便他的赐予。Venite. Quid debui?① 所以在《以赛亚书》中上帝说：谴责我吧。

-----

① 意思是"来吧，有什么要做的吗"？

上帝有义务实现他的允诺……

人类要接受上帝赐予他们宗教。上帝要把人类引向正确的道路。但是上帝并不曾警告我们不要随便相信奇迹，于是当有人创造了一个奇迹并且宣扬了一种与事实相违背的学说的时候，我们就有可能追随虚妄了。

所以如果教会从内部分裂出来一个像阿里乌斯派这样的，声称自己的学说是来自圣经，就跟天主教一样，然后他们创造出了一个奇迹，这并不是天主教徒的奇迹，于是人类就被他们迷惑，就会走上错误的道路。

一个向他人传播上帝隐秘的人，他的个人威信不可能让真正的基督徒信服，当然，不信教的人也不会信服这种人；但是如果有一个人可以起死回生、告知未来、移动大海并且治愈疾病，他把这些都当作自己来自上帝的标志，那么所有人，包括不信神的人也要拜服在他的脚下了，当然法老和法利赛人的固执盲目是不能够用人类的常识去解释的。

如果我们看到奇迹出现在确凿的学说之中，就可以毫不犹豫地肯定了；但是如果奇迹出现在被人质疑的学说这边，我们就要仔细判断哪一种才是确凿无疑的，因为耶稣基督就是被人质疑过的。

假充先知的犹太人巴耶稣成了盲人，因为上帝要比他的敌人强大许多。

犹太人的驱魔者在被恶魔整治的时候问："我知道耶稣基督，也知道保罗，但是你们是谁呢？"

奇迹出现是为了判断学说的，但是学说却不是因为奇迹才产生的。

即使我们可以判断出这个奇迹是真实可信的，我们仍然不可能让人去相信所有的学说，这种事情不会发生。Si angelus[①]……

准则：我们要依据奇迹来评判学说，同时依据学说来判断奇迹，两者互为真理，且彼此之间并无冲突。

由于我们一定要明确时间。

当这种具有普遍意义的标准被发现之后，你们就会觉得十分轻松，并且考虑从现在开始让所有复杂的问题都靠边站，让所有的事物都失去意义。天啊，一定不可以让这种事情发生，要知道真理是具有唯一性的并且是不可撼动的。

因为上帝有义务传播真理，所以你们就不可能做到把坏的学说伪装成好的学说，而且还要让它与上帝和教会保持一致，以至于这种精心包装过的虚妄的学说可以通过一些奇迹而变得受人欢迎，这一切都是不可能实现的。

这里还要强调一点就是：上帝对人心的洞察也不可能让他把奇迹加在这种人的头上。

844

永恒、圣洁和奇迹是宗教所具备的三个标志，而耶稣会士则用概然性打破了永恒，用他们的德行绑架了圣洁，又在反对奇迹的真理或者学说的时候粉碎了那些奇迹。

如果耶稣会士的话是可信的，那么教会也就不必再去提圣洁、永恒还有奇迹了。异端不承认宗教的这三种标志，或者说他们不承认这些结论，耶稣会也同样如此。然而想要否定这一切并不需

---

① 意思是"无论是天使"。

要你的真诚,也不需要你完全不用脑子才可以去否认这个结论。

没有人会因为一个不真实的奇迹甘愿成为一个殉道者,就算人类因为自己的愚蠢而出现此种行为,像土耳其的异教徒一样为了他们相信的东西丧命,也不可能因为这种被自己看到过的假象而犯傻。

845

异端从来都不具备圣洁、永恒和奇迹,但是他们却从没放弃过攻击这三种标志。

846

反对意见一:"天使曾告诫过我们不能够把奇迹作为判断真理的标准,而是要用真理来检验奇迹,所以说奇迹是没有必要的。"

但是奇迹却有自己的作用,它们必须是要符合真理的,所以林让德神父①才会说:奇迹不会成为导致谬误的原因,因为上帝不准……

如果教会的内部出现了意见分歧,那么奇迹就会出现在真理那一边。

反对意见二:"然而基督的反对者可以制造出假的奇迹。"

法老派来的魔法师不会去引导人犯错,所以反对基督的人也不能说耶稣基督把他们引入歧途。那些反基督者要极力避免走入歧途,否则他们就无法叫人反对基督了。上帝绝对不会让他们制造出假的奇迹,不然他们就要创造出更大的奇迹才行。

[耶稣基督是一直存在的,单凭这一个奇迹就可以让反对他的

---

① 林让德神父,当时的耶稣会士,雄辩过人。

人所做的一切都显得徒劳。]

如果在教会产生分歧的时候，奇迹出现在错误的一方，人们也就不可避免地会犯错。我们看到了教会内部的分歧，我们也看到了奇迹。但是奇迹所代表的真理的象征显然要比教会的内部分裂所产生的错误的象征弱，这时候奇迹是不可能导致错误的。

然而除了教会的分裂之外，我们可以很容易地发现奇迹但是却不容易察觉到错误，这样子就好像是奇迹把我们引向错误的。

Ubi est Deus tuus?① 奇迹就是那道指出了上帝所在的光。

847

有一首圣诞节晚祷时候的颂歌：

Exortum est in tenebris lumen recits corde. ②

848

如果上帝在自己不能被人认识的时候，都在以这种伟大的仁慈引导我们，那么当他在我们面前出现的时候，我们所期待的所有光明都将会从他那里得到。

849

Est et non est③ 这种两面性会不会像奇迹在信仰之中的地位一样，让人不会拒绝呢？而且要是所有的事物都同时具有这种两面性的话……

在圣沙勿略创造了奇迹以后。［圣希莱尔就感慨道：正是因为这些愚昧的可怜人，我们才不得不展现出这些奇迹。］

---

① 意思是"你的上帝在何方"？
② 意思是"正直的人在黑暗中可以看到光芒"。
③ 意思是"是与否"。

那些邪恶的审判者就不要再制定新的法律了,你们可以用已经存在的法律,靠你们的理智来作出判断:Vae qui conditis leges iniquas. ①

一系列伪造的奇迹。

你们让教会变得毫无防卫能力,就是因为你们要让对手变得虚弱。

如果有人说自己是依靠上帝获得救赎的,那么这些人就是异端;如果有人说自己是教皇的追随者,那么这些人就是伪善者;如果有人说他们要在所有的信仰条款中都签上自己的名字,那也不足以说明什么;如果他们指责为了苹果而谋杀他人的行为,那么这些人就是在指责天主教的道德;如果这些人中间出现奇迹,我们不能认为他们是圣洁的,反而有理由怀疑他们是异端。

教会从来不曾覆灭这件事就足以证明其真理性,根本不存在争论的必要,就算有人要争论这个问题,我们也可以转向教皇,再怎么说我们还有教会。

850

谴责五条命题的行为并不能被称作是奇迹,因为他们没有针对真理本身做出任何抨击。但是索邦和教皇却……

真心爱上帝的人是不会不认识教会这一显著标志的,同理,不敬神的人也不可能相信并且服从教会。

因为奇迹的影响力过大,以至上帝也在警告人们不要因为看到奇迹就做出违背上帝的事情;如果不是因为上帝的存在是毋庸

---

① 　意思是"灾难会降临到这些制定不公正法律的人头上"。

置疑的，那么这些奇迹的存在就真的足以引起巨大的恐慌。

所以在《申命记》第13章中出现的一些不实言论，不仅没有影响到奇迹的权威性，反而能让人感受到奇迹本身所具备的强大力量。当然反对基督的人也是这么认为的，他们说："奇迹从不放过迷惑那些选民的机会。"

851

天生盲目的人的故事。

圣保罗并没有一刻不停地在传播预言，他只是在讲述自己的奇迹。耶稣基督也没有散播预言，他的遇难也并没有让预言成为现实；然而他却这样说：Si non fecissem①。所以那些奇迹是我们应该相信的。

超自然宗教是建立在两种超自然基础之上的，一种是可见的由神恩引发的奇迹，一种是不可见的非神恩引发的奇迹。

犹太人的教堂是作为真正的教会的象征而出现的，所以人们在想到他的时候既满怀热爱又满怀憎恨，只要我们看到他们的会堂在上帝身边面临毁灭而又被挽救的时候，就知道那只是一个象征。

奇迹在人身上所展现的绝对权威，就象征着上帝对于人心的绝对权威。

教会对于异端的奇迹从来都是持否定态度的。

作为宗教的支撑，奇迹区分了犹太人、基督徒、圣人、圣洁之人以及真正的信徒。

---

① 意思是"如果我不曾做过那些事"。

分裂教会的人所创造的奇迹不足为惧,因为他们造成的分裂行为过分的显著,完全突出了他们犯下的错误。然而在分裂出现之前,在内部出现意见分歧的时候,我们就可以通过奇迹来找出错误的观点。

"Si non fecissem quae alius non fecit.①"那些非要我们展现奇迹的可怜人啊。

亚伯拉罕和基甸都通过创造奇迹来证明了自己的信仰。

《犹蒂丝》②的故事中,上帝迫于无奈给出了自己的话。

神恩的一个终极作用就是在人们缺乏仁爱之心而对教会冷漠的时候,通过展现奇迹来启发人们对教会的信仰。

如果耶稣会的修士也能够创造出一个奇迹的话!

如果目睹了奇迹的人对他所见之事感到失望,而且奇迹与他本人的信仰状态之间出现不对等的状况时,奇迹就可能会使这个人产生变化。但是对耶稣会的人来说,情况会有所不同。很多证据都可以说明这一点,如果可以通过圣餐仪式让死者复活,那么你们就应该从天主教徒改宗成为加尔文派。但是如果奇迹可以实现你的愿望,让那些向上帝祈求救赎之道的人在没有获得真理的时候就获得救赎……

对无神论者而言,上帝或者魔鬼都不曾拥有过任何显而易见的标志,甚至连这些象征性事物会出现的预言,他们都不曾听闻过。

①　意思是"如果我做的事情不是史无前例的"。
②　犹蒂丝,犹太女英雄。

852

那些攻击上帝眷顾之人的不公正者：如果这些人说你们行为过当，他们就是在说异端的言论；如果他们说自己可以在耶稣基督的仁慈之中得以证明，那么这些人就是异端；如果这些人创造了奇迹，那么这奇迹就是他们作为异端的象征。

《以西结书》中提到那些人说：上帝的选民就是如此，他们的说话方式就是这样的。——希西家。

先知确实告诉我们教会是必须相信的，但是他们却没有说过不能怀疑奇迹；因为奇迹是自然的，但教会却不是。教会不需要诫命存在，但是奇迹却不能如此。

犹太人的教堂作为教会的象征在过去不曾被摧毁，但是因为它不是真理，而仅仅是一个象征，所以在真理到来的时候，这个象征也没有存在的意义，于是就毁灭了。

我所敬拜的上帝，因为其他的一切都不过是一个符号，所以除了这个唯一的宗教以外，其他的宗教都会消失不见。

奇迹的重要性超过你的想象，它曾经是教会的基础，也被用来维持教会的存在，反基督者出现的时候需要它，一直都需要奇迹。

有两种见证。

不管是旧约还是新约中的奇迹，它们的出现都离不开象征性事物。若不是为了告诫世人想要得救便不能违背圣经，那神圣的礼仪作为一种象征也就毫无意义了。

853

[上帝啊，所有的圣礼都应该经过审慎的评判。]

如同圣保罗在马尔他岛上的时候。

854

在固执程度上，耶稣会士较之犹太人有过之而无不及；犹太人不承认耶稣基督仅仅是因为怀疑他所创造的奇迹并不是凭借上帝的力量；但是耶稣会士相信了波·罗雅尔通过上帝之力创造奇迹，却不肯相信那座修道院是正义的。

855

我猜你们都不怀疑自己看到的奇迹，只是你们没有严肃对待它所象征的真理，人类出于对朋友的偏爱，出于对敌人的攻讦，就肆意地亵渎了宗教。

856

关于奇迹——我们希望上帝不会发现有一个家庭对他怀有特别的感恩，因为他公平地对待了每一个家庭。

第十四编
附录：论断片段

857

　　明确、模糊：真理如果缺乏一个显而易见的标志，就会显得模糊不清。不过它现在有一个值得称赞的标志，那就是一直存在于一个教会和一群明确的人中间。为了不让真理变得过分清楚，教会就不能只有一种德行，但是想要分辨出哪一个是真理却并不难，因为除了真理之外任何东西都不具备永恒性，所以只要看看哪一个是一直存在不曾消逝过的就知道了。

858

　　对于教会历史最准确的称呼应该是真理的历史。

859

　　最让人开心的事情莫过于看到一艘船在暴风雨中前行，我们却不担心它会有沉没的可能性，同理，我们看待那些反对教会的宗教迫害也是一样的心情。

860

冉森派在充分体现出身为信徒的虔诚表现后仍旧遭受迫害,这便是最能体现虔诚的标志了。

861

教会的状况不可能会很坏,因为那是上帝所支持的。

862

从未有过现在这种情形,教会同时被许多彼此之间互相矛盾的谬误攻讦。不过因为那些谬误的多样性,出来质疑它的问题越多,这些问题彼此之间因为矛盾互相抵消的可能性越大,对教会来说倒是一件好事。

教会对于矛盾两端都有怨言,但是因为宗教的内部分裂,加尔文派就显得更加可恨一些。

两个彼此矛盾的宗派都蛊惑了不少人,我们有必要让他们从盲目之中走出来。

有很多性质相反的真理在信仰之中共存。比如:人生就是有时欢笑有时悲苦;再比如 Responde. Ne respondeas,①等等。

信仰中蕴含的真理的双重性来自耶稣基督身上的双重属性,还有自然的两面性(新的世界,新的生命和死亡,万物皆有两面,然其名唯一);再者义人也可分为两种(因其自身而成就两重世界,又是在耶稣基督之中,又是其在世上的影子。于是我们可以任意称呼他们:是义人也是罪人;是死者也是生者;是生灵亦是亡灵;是选

---

① 意思是"回应与不应"。

民亦是弃民……)

所以我们会看到信仰以及德行之中都存在着很多彼此矛盾而又相互协调的真理，他们被一种赞美维持在其中。异端产生的原因就在于他们不能够接受全部的真理，而他们会反驳我们的原因是忽略了另外的一些真理。一般来说是这样的，异端无法理解彼此矛盾的真理如何协调统一，他们接受了其一就要拒绝与之相反的，并且认为我们接受了他们拒绝的真理，拒绝了他们接受的真理。于是拒绝接受的那一部分真理让他们变成了异端，而他们对我们的反驳则出于对我们掌握的真理的无知。

首先，耶稣基督具备神性，同时也拥有人性。亚里乌斯派认为这两种天性不可能同时出现在一个躯体中，所以他们就认为耶稣基督是人，这一观点与天主教徒是一致的；但是他们却不肯承认耶稣基督身上的神性，从这个观点我们就可以判断出这些人是异端。而且他们还对外宣扬我们拒不承认耶稣基督的人性，这足以看出他们的无知。

其次，与圣餐礼相关的争论。我们从不怀疑面包变成了耶稣的血肉这一事实，因为我们在那里面发现了耶稣基督。而且还有一条真理表示圣餐礼是用来纪念十字架与光荣的一种象征。天主教的信仰总是把两种看起来好像是截然相反的真理放在一起。

现在的那些异端不能理解为什么圣餐礼中既含有耶稣基督本身，又含有他的象征符号，意识本身就是他的牺牲同时又是为了这一牺牲而存在的纪念，所以就有人认为这两种互相矛盾的真理不能够共存，我们相信一个就必然要拒绝另一个。

那些异端并不是因为坚持圣餐礼只是一种象征而被定性的。

他们觉得我们不接受它为象征的这一部分,并且在圣书中寻找各种证据,只要是牧师谈到的有关圣餐礼的东西,他们都要拿出来反驳。最终他们不承认耶稣基督现身的事实,这才是他们成为异端的根源。

最后,是赎罪券。

不管是防止异端的产生,还是反驳已经出现的异端,最好的办法就是把所有的真理都展现在他们面前,只要他们看到了,就再也没有什么可以辩驳,只能乖乖认同了。

想要判断一种思想是不是来自上帝……

863

这些异端在承认一条真理这方面越执着,他们就越容易导致谬误的出现,他们并不是因为自己追随了谬误而犯错,他们是因为拒绝全部真理而犯错。

864

现在这个世界已经被谎言控制了,真理因为掩藏太深而很难被人发现,所以只有真心想寻求真理的人才能够认识真理。

865

只有在他们想要指责我们否定了其中一种真理的时候,才不得不认同这两种互相矛盾的真理是存在的。所以耶稣会士和冉森派的错误就在于想要彻底让另一种真理在人们的视线里消失,不过耶稣会士的做法不像冉森派那样过分,他们至少对于两种真理这个事实有更好的承认态度。

866

有这样两种人,他们看不出事物之间的任何区别,觉得节假日和工作日是一样的，牧师和基督徒的身份也没有什么不同，还有他们这些人所有的罪过……前一种人就认为只要一样东西对牧师来说是不好的，那么就对基督徒有害；而后一种人的判断是，如果一件事情对基督徒无害，那牧师也可以允许的。

867

如果早期的教会是一种谬误，那么教会就不可能继续存在。然而如果说现在的教会出现问题，却不会消失，原因在于现在的教会依旧要服从于早期教会传承下来的真理，于是这种一致性的保持就让它避免了因为谬误而走向覆灭。但是早期教会在创立的时候没有设想过今天的状况，也不会如我们现在考虑早期教会一样考虑到现在的教会。

868

我们总是喜欢把圣阿达拿修斯[①]、圣德丽撒还有其他圣者都看作是带着光环来到人世的神明一般的存在，所以这就让我们没有办法去对比之前在教会里出现的事情和现在我们在教会中看到的事情。圣阿达拿修斯在被迫害的时候只是一个普通人，圣德丽撒只是一个普通的修女。圣雅各说过："以利亚跟普通人一样被自己的感情左右判断。"他想通过这句话来告诉我们不能不考虑圣者的事迹，他们的状态与我们一样，区别看待是不正确的。不能说他们与你多么不同。然而事实又是如何呢？圣阿达拿修斯作为一个普通人的时候被指控多项罪名，主教们甚至连教皇都同意了这项

---

① 圣阿达拿修斯，曾经担任亚历山大港大主教，因为反对亚里乌斯派的神人异质论，被判处了亵渎神明的罪名。

判决。人们如何对待那些提出异议的人呢？认为他们带来了纷争并引起宗教分裂……

热情和光辉。这世界上有四种人：愚蠢但热情的、睿智冷酷的、愚蠢并且冷酷的、睿智而热情的。前面的三种人都鄙视最后一种人，但是这些人却宽恕了他们，所以教会就跳出来践踏他们，但最终还是这些人把教会引入正途。

869

如果圣奥古斯丁和他的拥护者一样没有权威，那么他现在来到这也注定会失败。于是上帝在那之前就给教会指明了正确的方向，并且让他带着权威在很久之前就来到人间。

870

上帝希望教会可以有赦免罪愆的权力，就像上帝在宽恕罪过的时候把教会也包含在其中一样。上帝赐予教会的权力就像是国王赐予议会的权力一样；但是如果教会想要不通过上帝就赦免或者定罪，那它就不再是教会了。就好比在议会里面，国王赦免的人还要议会批准，但是如果议会要枉顾国王的意愿去自行裁决，那么这个议会就不属于国王，而是一个反动势力的组织。

871

教会与教皇之间的关系，要从一个和多个两方面去看：如果我们认为教会是一，那么教皇作为教会的首领就代表整体；如果我们认为教会有多种构成，那教皇就只是其中的一分子。教会在牧师眼中可以是一也可以是多，这要根据情况而定。由此而来的对于教皇的判断也就有所不同,圣西普里安①就称其为上帝的牧师。但是要注意一点,这两种真理是一起被他们接纳的。多种元素不能统一协调就会形成混乱,但是只听从一家之言而不许出现其他声音就是暴政。大概只有在法国,人们才会容许宗教大会的权力在教皇之上。

872

教皇是教会的首领,此外还有谁能够像他一样广为人知? 他手中掌握着遍布各地的教会的主要权力,谁能否认教皇才是那个可以深入一切团体的人呢? 拥有这样权力的人想要实施暴政再容易不过了。所以耶稣基督才会告诫他们:Vos autem non sic.②

873

对那些不愿意对教皇宣誓效忠并听命于他的学者,教皇是既恨又怕的。

874

我们决不能向希腊人学习,在宗教大会上用口头上的原则去判断事物,所以评判一位教皇就不能单纯地听信牧师们说了什么,而是要根据教会的规定并且参考教会和牧师们做了些什么。

Duo aut tres in unum③。一个和多个这两条真理需要被同时接受,教皇那种只认同一的行为与胡格诺派那种只接受多的行为一样都是谬误的。

---

① 圣西普里安,迦太基主教。
② 意思是"但你们万万不能这样做"。
③ 意思是"二或者三合一"。

875

难道我们会因为教皇的光辉来自上帝以及传承,就对他缺少尊敬吗?难道说一旦教皇从上帝和传承之中被剥离出来,我们就会不尊敬他吗?

876

在一般情况下,上帝的奇迹是不会出现在教会之中的。如果我们说教会中那个一可以代表永恒的正确性,倒不失为一件特殊的奇迹,但是我们知道最正常的情况是真理掌握在大多数人手中,这也是上帝为什么要将自己隐藏在自然界中,就像他把自己隐藏在所有的造物中一样。

877

一个国家的君主可以对他的王国为所欲为,但是教皇却不能以同样的方式对待教会。

878

Summum jus, summa injuria. ①

少数服从多数是一种很有说服力,也是效果非常明显的方法,这是最好的一种方法,但也是最不明智的一种。

如果有那种能力,人们是想让正义可以支配强大力量的,但是因为强力可以影响人的感官而不被随意支配,而正义却又因为是精神层面的东西可以被人任意摆布,于是结果就变成了强权把正义握在了自己的手中,人们就把那些不得不接受的东西看作正义的。

---

① 意思是"极度正义就是一种极端化的不公正"。

所以就有了被武装的权益，因为拥有武器的人可以获得真正的权力。不然我们就可能见到正义与暴力对峙的场面了。这一观点可以到《给外省人的信》第十二书的结尾处了解详情。所以我们就在那些投石党身上看到了那种不正义，他们用自己所谓的正义来反抗暴力。但是教会之中仅仅存在真理而没有武器，所以情况又会有所不同。

879

关于不公正的讨论：审判的目的在于被审判者而不是审判者，但是为了避免麻烦却不能让人们知道这件事。如果人们对你推崇备至你就不应该去伤害他们，因为他们可能会为你所用。所以就必须说：Pasce oves meas①，而不是 tuas②。

880

人类喜欢所有确定而又稳固的东西，所以他们倾向于在信仰方面教皇从来不会犯错，在德行方面博士们永远都是对的，因为这样一来他们就可以确切地知道信仰和德行是什么样子。

881

上帝传递给世人的启示以及教会的训诫都是不会错的。但是教会所做的事情都是赐福或者惩戒的事前准备，它只能惩罚你却不能启示你。

882

耶稣会士在每一次操纵教皇的行为之中，都让整个基督教做

---

① 意思是"喂养我的羊"。
② 意思是"你的"。

出了虚假的宣誓。

教皇容易被操纵是由于他在教会中的职务以及他对耶稣会士的深信不疑;而耶稣会士在操纵人这一点上表现出色,因为他们总是喜欢造谣生事。

883

那些可悲的人迫使我必须讨论基督教的根源。

884

不需要忏悔就可以让人摆脱罪孽,不需要仁爱之心就可以证明一个人是正义的,所有的基督徒都没有沐浴耶稣基督的恩泽,上帝无法左右人类的意志,上帝的前定①没有任何神迹加以证明,所有得救的办法都是不明确的。

885

就如同回到了耶罗波安统治时期,只要你想,就可以成为一名祭司。

这些人居然敢于提出教会目前的纪律已经很好,想要改变现状的人都可以被视为罪人,这简直太可怕了。早期的教会确实是非常好的,而且那个时候我们知道想要做出改变也不是一种罪过,但是现在教会已经变成这副模样,要改变它,我们却不敢去想。我们曾经的要求过于严苛,以至选不出能够胜任祭司这一职务的人,这一点是可以被调整的,但是现在出现了那么多不称职的祭司,我们却连抱怨都被禁止了。

---

① 前定,是由加尔文派提出的力量,主张是否得救跟教会或牧师的作用无关,只取决于上帝的前定。

886

异端：《以西结书》中说到先知曾经指责过以色列，全部的异教徒也都说过他那样的话；然而以色列人却不能够指责先知说的话跟异教徒是一样的，于是他最强有力的部分就在于异教徒像他一样说话。

887

冉森派教士与异端相似的地方在于他们对道德的改革，而耶稣会士与异端相似的点在于他们的恶行。

888

如果你对即将到来的事情一无所知，那么你就不会看到这些关于国王、先知、教皇以及教士的预言，不过教会是永远都不会变的。因为上帝的仁爱心，我们并没有沦落到那种境地。这群教士要倒霉了！然而我们祈祷上帝不会迁怒于我们，让我们落得同样的下场。

《彼得后书》第 2 章：从前的那些假先知，就是以后那些人的象征。

889

我们知道教会里确实混杂着一些腐败堕落的人，就是那些没有获得教阶的懒散的教士，还有一些精神堕落的耶稣会士；但是同时我们仍然看到教会之中有真正获得了神谕的人，那些真正的牧师始终坚定不移地跟敌人抗争，让正义不至于被掩盖，能够长久地流传下来。

所以虔诚的基督徒完全可以去追随仁爱的牧师教导他们的那些真理，而不必去理睬那些令人陌生的耶稣会士提出来的怠惰方式,因为那是毫无道理的。这样一来,无神论者和异端教派也不能诽谤说上帝没有给自己的教会标明天意的所在了。因为教阶团体才是真正属于教会的力量,我们不可以因为社会上的那些腐败现象就断言上帝不再眷顾教会,任其败坏下去,而是应该说现在我们才能够清楚地看到,上帝是在有意识地阻止教会走向堕落的。

如果有一些特殊人群因为一种特别的感召而声称自己要穿上僧侣服过隐士的生活,为的是让自己能够进入一种超越基督徒的更完美的状态,然而他们却因此而导致错误,这些人使得普通的基督徒感到了极度的恐惧,在世人眼中,他们成了犹太人的假先知那样的存在,当然这种可悲的状况只是个例。我们可以为他们的境遇感到惋惜,但是却不能就此认为上帝已经不关心教会;预言中早已经清清楚楚地提到了这些事情,我们要在很长的一段时间里经受这些考验,明白了这一点,我们就能够从这些行为中看到上帝的意志,肯定自己是被上帝所关怀着而不是被他遗弃了的。

890

特尔图良①说过:Nunquam Ecclesia reformabitur。②

891

我们有义务告诉那些把耶稣会士的学说当作教会的学说来加以引用的人,那并不是属于教会的学说,而且教会的分裂也没有让这些学说的神圣光环暗淡。

892

如果我们因为彼此意见不一致就互相指责,那么你就是有道

---

① 特尔图良,罗马作家,早期教父之一。
② 意思是"改造教会这件事永远都不会发生"。

理的。如果只有一个观点而不能发出其他声音，对别人是没有意义的，意见太多不能彼此协调就可能让我们走向终结。前一种错误的危害是从外部产生，后一种错误的危害则是在内部出现的。

893

我们只要把真理展示出来就很容易让人们信服，但是揭露了权贵们的恶行却不能阻止他们继续。我们指出了别人的错误就能够心安，但是我们揭露了罪恶却不能使自己生活富裕。

894

教会的拥护者会惋惜人们的道德败坏，不过至少我们还能保留下法律。可是那些人却连法律都败坏了，让我们再也无例可寻。

895

人类所有的恶行，只有在良心的名义下才会让人觉得兴奋而又痛快。

896

教会想出了一个主意，把教派和异端都从教会中分离出来，但这么做毫无用处，只是增加了人们反对教会的理由。

897

主人通常只会让仆人去做事却不会告诉他们这样做的目的，所以仆人很难了解主人的事情，于是他们像奴隶一样服从命令却与主人想要的东西完全相反。然而耶稣基督已经明确了他的目的，你们这些人还要将其毁灭。

898

因为这些人不能够从上帝那里获得永久的福祉，他们就把目标转向了普遍的救赎，于是他们就企图让教会堕落，好使自己可以称圣人。

899

对于那些只要在圣经中发现有利于自己谬误观点的语句,就可以断章取义地乱加引用,并且还以此为傲的人,我们要坚决地抗议。比如讲述晚祷的章节,在耶稣受难的那个安息日,为君主祈求上帝。

我们可以这样理解类似的话:"不赞同我意见的人就是我的敌人。"还有跟这比较相似的话:"没有反驳我就等于认同我的观点。"如果有人表示既不能认同也不会反驳的时候,就应该做出这样的回应……

900

如果有人想用自己的思想去解释圣经,而不是从圣经之中获得所需要的思想,那么他就是与圣经为敌了。(奥·d. d. ch. [1])

901

《Humilibus dat gratiam》; an ideo non dedit humilitatem?[2]

《Sui eum non receperunt quotquot autem non receperunt》an non erant sui?[3]

902

费扬派[4]的观点是只能认为真理是不明确的,因为只要产生

---

[1] 即参见奥古斯丁的《论基督教学说》。

[2] 意思是"'赐福给谦卑的人',难道上帝没有把谦卑也赐给人类吗"?

[3] 意思是"'自己的人反而不接待他,而只要是没有接待他的人',难道这些就不是自己的人了吗"?

[4] 费扬派,1850 年由巴里霭创建的教派。

分歧就意味着不确定（圣阿达拿修斯、圣克烈索斯图姆，德行与无神论者）。

耶稣会士非但没有证明真理的不确定性，反而彰显了自己的不虔诚。

矛盾永远不会消失，因为要叫不义的人盲目，因为我们要遵循真正的规则，只要是与真理和仁爱为敌，就都是邪恶的。

903

现存的一切宗教以及宗派都是遵循内心的理性引导，但基督教除外，它要求基督徒遵守约定，从外部获取有关自身的真理，还要学习耶稣基督留下来的那些真理，并将这些真理传播到真正的信徒那里。这种约定让一些好的教士不喜，他们要学习那些异邦人听从自己的内心，去追求自由的假象。尽管我们给出了劝诫，可是他们完全不肯接受，就像当初的先知被犹太人拒绝一样：先知要求犹太人走进教堂学习先人留下的律法并且按照那些规则行事；但是犹太人却不肯进去，他们要按照自己的思想行动，还说自己要学习那些异邦人。

904

这些人让个例变成了普遍现象。

从前的人可以不用忏悔就摆脱罪孽吗？这种情况是极个别的。但是这些人却让这种本应该是特殊情况的事情变成了稀松平常的东西，于是你们更过分地认为其中再也不应该出现任何特殊状况了。

905

关于忏悔和免罪在没有悔恨作为参照时要如何评定：上帝是

通过内心来判断,教诲则是只看外在来决定。只要你真心忏悔,那么上帝就会赦免你的罪;但是教诲却要求忏悔的行为。上帝想要的是一个充满圣洁灵魂的教会,那种源于内心的圣洁可以让骄傲的智者还有法利赛人真心服从;但是教会却培养了一批道貌岸然的人,他们可以用外在的道德使异教徒感到羞耻。但是如果教会中有一些人善于伪装内心的邪恶,而教会又不能透过伪善的表象看到他们恶毒的灵魂,那么这些人就会被教会接纳,就这样,即使上帝不会被他们欺骗,但是人们却很容易接受这种假象,所以教会并不能因为他们的欺骗蒙羞。因为上帝只判断人的内心而不去管他的外表,所以教会既不能去判断一个人的内心,也没必要去评判他的外表,于是它就不加选择地为一切人敞开大门,结果就是让最糟糕的人和最能给它抹黑的人进入了内部,这些人是被犹太人和哲学家们认为一无是处并且缺乏虔诚的人,他们厌恶并且驱逐了这些人。

906

世人眼中最安逸的生活在上帝那里反而被认为是最艰难的,相反,在世人眼中宗教生活最为艰苦,但上帝却认为这是最容易实现的一种方式。世人都认为拥有了地位和财富以后才能拥有安逸的生活,但是上帝却认为这种生活是非常艰难的,这里指的是以这种方式生活却并不觉得快乐和享受。

907

决疑论者用堕落的理智来判断,并且用堕落的意志来做出抉择,他们是想要让人性中所有堕落的部分共同影响自己的行动。

908

谁能说不确定性就一定能保证事物是不确定的呢?

如何区分真正的安心和真正的良心。这个世界上只有真理被确定是真的,那么想要获得安心就只能够全身心地投入到对真理的探索之中。

909

所有的决疑论者包括他们的组织都不能够为一个误入歧途的良心提供担保,所以我们知道事情的关键在于选对导师。

而这些人则犯了两条罪:其一是他们走上了一条错误的道路,其二是他们选错了应该追随的导师。

910

你除了接受别无选择,因为你终究会发现这个世界上没有一件事情是确定的。可是你要用什么理由说服我认同这就是真理;如果社会上不曾刮起决斗的风潮,你们在见证他人决斗的时候能够发现决斗发生的可能性都是不确定的吗?

911

你要通过杀人的方法来清除这个世界上的坏人吗?那你所做的事情只是剔除了一个坏人再用两个补上去。圣·奥古斯丁告诉我们:Vince in bono malum①。

912

普遍性——语言和道德都具有特殊性,但它们也是一种普遍存在的科学。

---

① 意思是"你要以善胜恶"。

913

人人都可以把不确定性挂在嘴边,却没有一个人能说说什么是确定的。

914

这些人助长人类的欲望却在打消他们的顾虑,然而正确的做法却应该是反过来的。

915

蒙达尔①——一个人的观点要是能够不受任何约束,那该是让人无比舒畅的,若是以这样的方式得出的结论不能让人感到惬意,我们就应该觉得奇怪了,因为它可以跨越所有的秩序。另外,还有不少人虽然知道了真理的存在,却没有能够找到它的所在。但是几乎没有人会不晓得宗教的圣洁与人类的堕落是完全对立的。如果说埃斯柯巴②那一个派系的人所提倡的道德标准也能够获得无穷的报偿,那可真荒唐可笑了。

916

不确定性——这些人其实是掌握了一部分真理的,然而他们却不能够妥善地运用这些真理,这种恣意妄为就应该和故意欺骗一样被惩罚。

这好比同时存在两个地狱,一个惩罚没有仁爱之心的,另一个惩罚不义罪行的。

917

不确定性——如果唯一能确定的事情就是没有什么是确定

①　蒙达尔,作者在写《给外省人的信》时所用的笔名。
②　埃斯柯巴,西班牙耶稣会士,决疑论派作家。

的，那么圣人们对真理的狂热追逐就要付之东流了。圣人们对于真理的敬畏让他们不可能摆脱对于确定性的尊崇，就像圣德丽撒从不会反对自己的忏悔师一样。

918

如果所有事情都是确凿的，那么世人都会讨厌我们；但如果事情变得不确定了，我们就会变得很讨喜。

919

耶稣会士以及所有的异邦人一起犯下的罪孽，造成了今天这种局面：有地位的人喜欢听好话，而耶稣会士想要被位高权重的人喜爱。这两种人都十分崇尚谎言的美丽：一个乐于上当，另一个善于行骗。这些人都像禽兽一样野心勃勃而且贪得无厌：Coacervabunt sibi magistros. ① 于是开始上行下效，想要被奉承的人找到的都是阿谀之人。

920

如果那些耶稣会士还要坚持或然性的学说，那么他们那些好的学说也要跟坏的学说一样失去神圣性了，因为这些学说都是基于世俗权威的。就算他们的学说在公正性方面有更好的体现，那也只能说这种学说是更合理的，却不会有助于它的神圣性。因为它所关注的不是问题的主干，而是嫁接在上面的旁支。

如果我这些话不能够让耶稣会士清楚自己的错误，也能够让大家清楚你们的问题所在。

如果这些人还不站出来说点什么的话，就连石头都忍不住要

---

① 意思是"他们为自己认了很多师父"。

开口了。

圣人从来都不会保持沉默，因为那是一种最严重的迫害。我们需要召唤，可那应该是根据舆论的需要而不是教会的禁令。在教皇的圣谕发布之后，我们认为这是对真理的指控，还有人将其记录了下来；然而等到那些意见相左的著作消失在禁令之中，那些禁令越发缺少公正性，他们还越是强硬地控制言论，我们就更不能保持沉默。我们要呼唤一位能够遵循古代的传统，倾听原被告双方陈述的教皇，如果他出现，就会知道教会从来都没有沉默过。

真理的最大不幸是遇见了异端裁判所还有耶稣会。

为什么不能说那些人是亚里乌斯主义者？那是因为他们承认了耶稣基督是他们的上帝，但或许他们想表达的并不是出于自己的本心，而是因为大家都承认 Dii estis①。

如果教皇要指控我的言论，那么我的言论中所反对的东西就该被上帝谴责：Ad tuum, Domine Jesu, tribunal appello②。

你们这些人都要腐朽的。

我发表的文章受谴责，让我担心自己的观点是错的，然而在我之前已经有那么多虔诚的作家做出榜样，我坚信自己并没有错。异端裁判所的愚蠢和堕落已经使认真写作变得异常艰难。

"我们应当顺从上帝而不是那些人。"

我无所畏惧，也一无所求。然而那些主教与我不一样，波·罗雅尔开始畏惧，但是解散修道院这个主意真的糟透了，那些修士已

---

① 意思是"耶和华就是上帝"。
② 意思是"我主耶稣，我请求你审判我"。

经没什么好怕的，但是他们会让恐惧在别处滋生。如果你们禁止我的作品不是依据传统来执行的话，那我就一点都不害怕。你们要禁止所有的一切，甚至连我的虔敬也要一起禁止吗？如果不是，那就请说清楚要禁止的是什么。如果你们无法指出什么是坏的并且怎么样才算是做坏事，那你们就什么都禁止不了。当然你们对明确这一点无能为力。

不确定性——那些人很滑稽地对确定性做出了解释；在他们确认自己所走的道路全都是确定的以后，就再也不说那些能够引导我们通往上天但是却妨碍我们到达那里的危险是确定的，而是说能够引导我们通往上天并且确保我们不会误入歧途的事物是肯定的。

921

圣人们变幻无常是要找到自己身上的罪孽，指控自己的善行，但是这些人变化多端就只是为了为自己的恶行开脱。

那些异教徒之中的睿智之人，在邪恶的基础上构建出了一种看似美好的事物，而魔鬼就利用了这种外表美丽内在邪恶的东西来欺骗世人。

我的理由肯定是有史以来最充分的，而且你们所能够得到的奖赏也是古往今来最丰盛的……

他们越是指出我个人的弱点，就越能够证明我提出的理由的权威性。

是谁允许你们指控我为异端？就算没有人来为我主持公道，难道你们就不惧怕上帝的审判吗？

真理会显示出它真正的力量，到时候你们就只能在它面前退却的……

有一些超自然的事物存在于他们的盲目之中。Digna necessi-
tas. ①

Mentiris impudentissime. . . ②

Doctrina sua noscitur vir. . . ③

虚伪的虔诚,这是双重的罪过。

难道我是靠自己一个人在与 3 万人为敌吗? 当然不。你们这
些骗人的法庭,偏袒他们吧,但是真理却站在我这一边,它是我所
有力量的来源,如果你们能夺走它,就能让我失败。质控和迫害从
来没有离开过我,但是真理也没有,就让我们走着瞧,看谁能笑到
最后。

我没有资格捍卫宗教,但是你们也没有资格维护谬误和不公
正。希望上帝以仁爱之心将一切赐给我们,不管我身上的罪恶,却
看到你们身上的美好,这样我持有的真理就不会被迫妥协,你们的
欺骗也不会……

---

① 　意思是"他们的功绩必然会到来"。
② 　意思是"你们这些最厚颜无耻的骗子"。
③ 　意思是"从你说出的话就可以知道你是什么人"。